函館・道南 鉄道ものがたり

SLから新幹線まで

原田伸一
HARADA Shinichi

北海道新聞社

長声一発、見送りのテープ乱れる連絡船。
急行まりも、釧路目指してまっしぐら。
大沼遠足は仁山でスイッチバックだったっけ。
青函トンネルで「一本列島」の要となった函館駅。
その「大いなる旅路」を独自の視点で語り尽くす。

七飯から大沼に抜ける藤城線を行くSLけん引の貨物列車。仁山頂上から望むと、煙が雲海のように見えた＝1970年10月

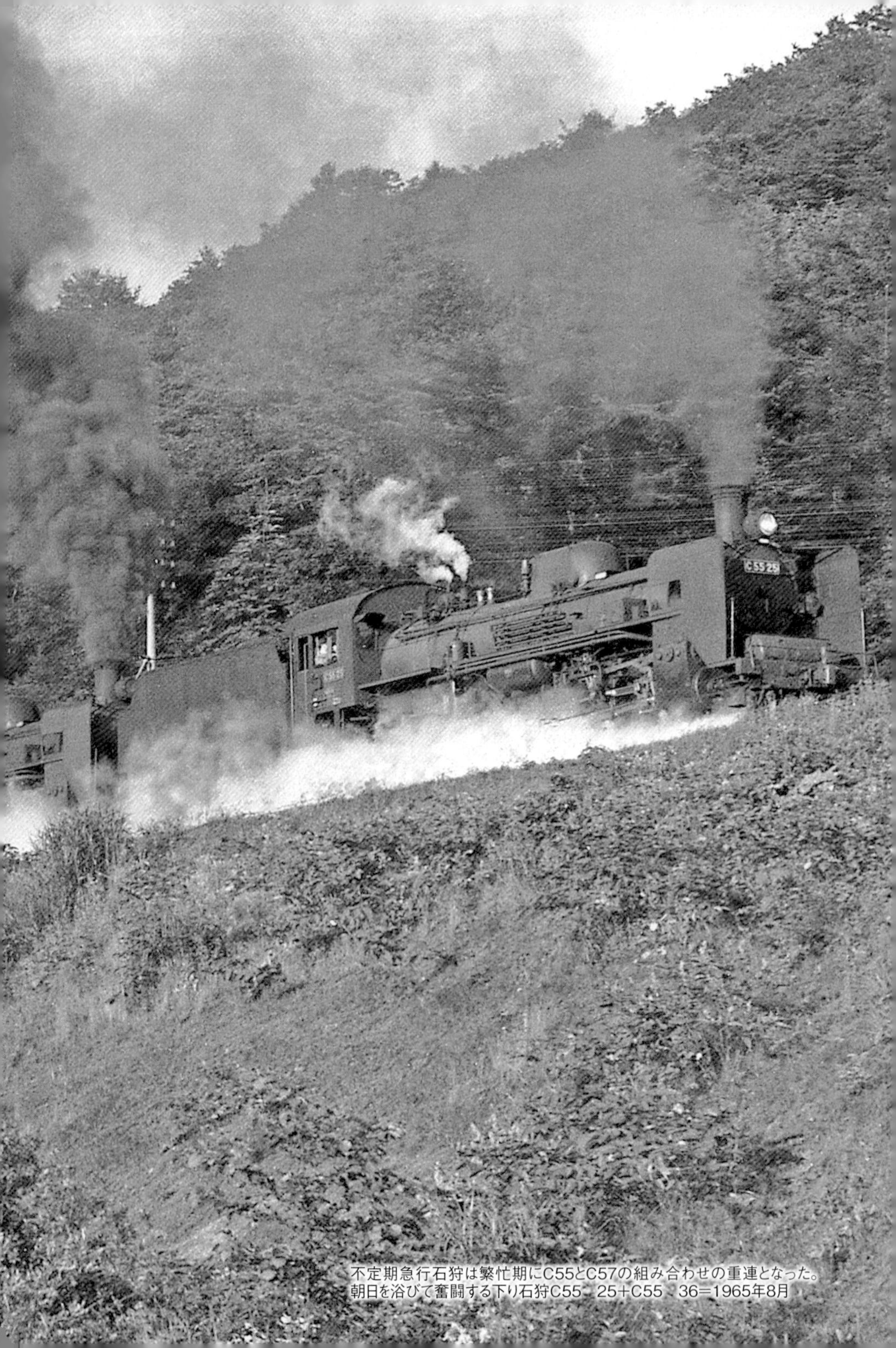

不定期急行石狩は繁忙期にC55とC57の組み合わせの重連となった。
朝日を浴びて奮闘する下り石狩C55　25+C55　36=1965年8月

五稜郭駅に普通列車が到着。夏服の女子学生らが待っていた。
賑やかな声が聞こえてきそう＝1971年8月

D51 163

函館本線蕨岱付近を快走する急行オホーツク・宗谷・摩周＝1970年夏

大阪から2日目の朝、落部付近を走るトワイライトエクスプレスを秋の太陽が優しく出迎えた＝2014年9月

渡島海岸鉄道
函館本線
大沼電鉄
日本セメント専用鉄道
道南いさりび鉄道
雲町
森町
北斗市
鹿部町
七飯町
函館市
石谷
桂川
森
尾白内
掛澗
砂原
東森
尾白内
掛澗
渡島砂原
渡島沼尻
鹿部
姫川
東山
駒ヶ岳
赤井川
池田園
鹿部
大沼公園
銚子口
流山温泉
池田園
大沼
仁山
渡島大野
新函館北斗
七飯
大中山
桔梗
五稜郭
函館
戦朗
南部坂
万太郎沢
上磯
清川口
久根別
東久根別
七重浜
上磯工場
新七重浜乗降場
茂辺地
渡島当別
北海道新幹線
函館本線
道南いさりび鉄道
江差線
松前線
大沼電鉄
日本セメント専用鉄道
渡島海岸鉄道

寿都鉄道
瀬棚線
新小樽(仮称)
札幌
倶知安
長万部
新八雲(仮称)
北海道新幹線
木古内
新函館北斗
青函トンネル
奥津軽いまべつ
新青森
七戸十和田
八戸
東北新幹線
盛岡
寿都鉄道
寿都
樽岸
湯別
中ノ川
黒松内
瀬棚線
瀬棚
北檜山
丹羽
神丘
今金
種川
北住吉
花石
美利河
茶屋川
国縫
渡島海岸鉄道
新川
東森(仮)
尾白内
学校裏
尾白内
押出
掛澗
東掛澗
度杭崎
砂原
大沼電鉄
大沼公園
大八湾
池田園
新銚子口
銚子口
大沼温泉
駒見
宮ノ浜
鹿部
江差
江差町
厚沢部
上ノ国
中須田
桂岡
江差線
宮越
湯ノ岱
神明
木古内町
上ノ国町
木古内
札苅
吉堀
渡島鶴岡
湯ノ里
知内町
森越
松前町
千軒
福島町
重内
渡島知内
北海道新幹線
松前
及部
渡島大沢
渡島吉岡
渡島福島
白符
松前線

プロローグ

2016年1月28日午後1時、北海道新幹線H5系10両編成が試乗客を乗せて、新函館北斗駅12番線を滑るように出発した。5号車に座った私は高揚感を抑え切れない。右カーブの高架線上で速度を上げると、昨夜来の雪で真っ白に化粧した大野平野が流れるように去って行く。

左前方には津軽海峡に突き出し、夜景で有名な函館山。「間もなく260キロで走行します」というアナウンスがあり、H5系はこの区間、最高速度に向けて一段と加速する。しかし、不快な揺れはまったく感じない。先頭車は文字通り、雪を蹴立ててまっしぐらに突き進んでいることだろう。

暗いトンネルと明るい雪景色が瞬間、瞬間、チャンネルを切り替えるように眼前を通過して行く。「矢のように」とは、こういう速さだ。列車を囲む防音壁の切れ間から、津軽海峡がちらっと見えた。隣の木古内駅まで13分。本州、九州に比べて取り残されていた北海道に、やっと「高速鉄道新時代」が到来したことを実感した試乗だった。

新函館北斗の駅名は渡島大野から引き継ぐが、もともとは本郷と言った。1902年、函館からの鉄道が開通した函館・道南では最初の駅の一つである。景勝地、大沼に至る「仁山越え」の起点で、半世紀前の1966年まで蒸気機関車（SL）が煙を吹き上げて急坂に挑んでいた。

北海道と本州の鉄道による接続は1908年から80年間、旅客も貨物も青函連絡船が一手に担い、その後は青函トンネルが役割を果たしてき

た。全長53・9キロ、世界最長の海底トンネルを今度は最新鋭の新幹線車両が走り抜ける。

ただ、札幌延伸の時期を含めて、北海道全体の活性化につながるかどうか、まだ確かな見通しは立っていない。函館や札幌、それに各地の温泉などへの二次交通は機能するだろうか。観光だけでなく、新しいビジネスの芽を根付かせることが出来るのか。貨物列車とのすれ違いによる速度制限の解消や安全対策の確立など、長期的な課題は少なくない。

3月26日午前6時35分、上り初列車「はやぶさ10号」が新函館北斗を発車する。一方、東京駅からは6時32分に下り「はやぶさ1号」が出発。北の大地の新ターミナルを目指して最高時速320キロで北上する。両列車は盛岡で停車中に交換するはずだ。

九州新幹線、北陸新幹線が巻き起こした一大ブームを北海道にも―。その夢を乗せて、新函館北斗―東京間最速4時間2分で走り抜ける「超特急」が街と街を、人と人とを結びつけ、かつてないほど東北・北海道の一体感を生み出すのは間違いない。

北海道新幹線開業に当たり、ここに至る函館・道南の1世紀を超える鉄道の歴史を振り返り、先人のパイオニア精神を思い起こすのも、なにがしかの意味があろうと考えた。まずは20世紀初頭、函館―本郷間16・7キロから始まった物語の1頁目を開いてみたい。

【目次】

第1章

函館に汽笛一声

函館山を背に煙を宙に上げて急勾配に挑むD51重連貨物列車＝1966年9月

札幌に22年遅れる

今から１１０年以上前の１９０２（明治35）年12月10日、函館駅に「ポーッ」と細いが力強い汽笛が鳴った。北海道鉄道会社（本社・函館、以下北鉄社と表記）が経営する函館・道南では初めての鉄道が函館―本郷間で開業したのだ。真新しい陸蒸気《おかじょうき》（蒸気機関車）に引かれた1番列車はゆっくり出発し、煙を吹き上げながら16・7キロ先の本郷駅を目指す。

師走を迎えた函館は数日前から雨が続き、一応の祝賀行事は行ったものの、予定していた相撲興行や紅燈装飾などのイベントは中止に追い込まれた。それでも乗車希望の市民や見物客が駅に押し掛ける盛り上がりを見せた。

日本初の鉄道が１８７２（明治5）年10月14日、新橋―横浜間に開業してからすでに30年。道内では１８８０（明治13）年11月28日の手宮（現・小樽市内）―札幌間開業から22年が経過し、時代はすでに20世紀に入っていた。

函館の当時の人口は札幌を優にしのぐ9万１０００人（札幌は5万１０００人）。北海道随一の大都市にしては遅きに失したこの鉄道は、それでも函館が後年、北海道と本州連絡の要所として急発展する交通革命の幕開けだった。

この時から２０１6年3月26日の北海道新幹線開業まで脈々と連なる物語が始まった。本郷は後に渡島大野と改名。さらに新幹線延伸に伴って新函館北斗駅として全国デビューする駅に発展する。

1907年ころの初代函館駅。当時の名称は亀田駅

さて、現在の函館市海岸町に作られた木造平屋の簡素な函館駅（当時は停車場と称した）を出発した列車は途中、緩い勾配を上るものの、ほぼ平坦地を走行。桔梗、七飯に停車した後、左にカーブを切り、田畑の

中を勢いよく走りながら終点、本郷に到着した。ここでも住民が1番列車を一目見ようと詰めかけ、ごった返したという。

当時の時刻表を見ると、函館発が午前7時、同11時、午後4時の3本。途中停車する桔梗の発車はそれぞれ函館発から17分後、七飯発は30分後、そして本郷には39分後に到着した。所要時間は39分となる。

本郷発は折り返しの午前8時30分、午後0時30分、同5時30分で、1日3往復だった。函館—本郷間の運賃は1等が53銭、2等が36銭、3等は21銭。当時の1銭は現在の価値では約200円とされ、庶民には高めだったに違いない。

これに先立つ函館—本郷間の工事は1902年6月に始まり、桔梗付近で盛り土工事があったものの極めて順調に進み、わずか半年足らずで全通に至った。この年は大凶作で収穫が見込めないことから、生活費稼ぎに鍬をツルハシに持ち替えて、助っ人として工事に加わった付近の農民もいたという。

駅立地に逆風も

実は建設工事が始まろうとしていたとき、北鉄社の意気込みとは裏腹に、地元ではあまり歓迎されなかった。住民の中に反対運動が起き、その理由は「鉄道なんて危険極まりない」「うちの土地を通すことはまかりならん」といった近代システムに対する警戒心、あるいは私利の打算から生じたものだった。

相当激しい抵抗があったのか、北鉄社としてはやむなく、当初函館桟橋に近い街の中心部、若松町に建設を予定した駅舎を断念し、1・2キロ亀田寄りの海岸町付近に暫定措置としての函館駅を作ることで妥協を図った。機関車を保守、管理する機関庫は亀田機関庫とし、駅近くに置かれた。

北鉄社側はこうした反対運動を黙って受け入れたわけではない。今では考えられないことだが、会社は函館駅の入り口を道路と逆側に作り、材木で垣根を作って駅への接近を遠回りさせた。このため人力車が一回りするのに時間を要し、客が列車に乗り遅れることも。中には焦って「陸蒸気の船頭さん、待ってください」

1904年に現在地の若松町に完成した2代目函館駅

と必死に叫ぶ人もいたという。

船頭とは機関士のことだろう。客に嫌がらせをするなど、民間会社らしくない振る舞いだが、当時のことだから「乗せてやる」式の上から目線があったのかもしれない。現実問題として列車と船を使って青森側と往来する人は、函館駅と桟橋の間を鉄道馬車に乗るか、重い荷物を担いで歩くしかなく、不便この上なかったという。

北鉄社は「予定通り本来の函館駅を作る」と決めていた。早々に工事に取り掛かり、開業2年足らずの1904年7月、現在の函館駅付近に駅舎を建設し、線路を港にぐいっと引き寄せた。駅舎は待合室と駅事務室から成る木造で、写真を見ると駅前広場もある大きな建物だったことが分かる。

これにより開業時の函館駅は亀田駅に変更された。住民もいったん開業すると鉄道の威力、役割を十分理解し、もはや反対運動は起きなかった。この二重投資はずいぶん回り道をしたが、ともかくも将来、函館と青森を青函連絡船で直結する基盤が整ったことになる。なお亀田駅は1911年、五稜郭駅ができると同

開業のころの本郷駅構内。奥が大沼方向

時に廃止された。

本郷にも反対の声

一方、暫定ターミナルの本郷駅も大野村（現・北斗市）中心部に作る予定だったが、函館同様、反対論が出て、結局大野村の中心部から約3キロ離れた本郷、それもさらに外れた市渡《いちのわたり》地区に作ることになった。

北鉄社が当初、村中心部を予定していたのは住民の利便性もさることながら、この先線路は地形上、大沼まで急な峠を越えなければならないため、出来るだけ線路を迂回させて勾配を緩やかにする必要があったからだ。

これは鉄道建設においては当然の考え方だが、「汽車の振動で収穫が落ちる」「煙の煤で作物に影響が出る」と農村特有の反対論が巻き起こり、北鉄社はここでも不本意ながら駅を本郷地区に建設せざるを得なかった。

同駅は函館と違って移転せず、その後もずっと市街地から外れた場所にあった。このため、大沼まで急勾配を上るための補助機関車（補機）の基地としての役割を担うことになる。

開業間もないころの本郷駅舎を背景に撮影された駅員の集合写真があり、それを見ると、８人が制服姿で写っている。前列の３人は椅子に座り、胸をそらして、鉄道員としての誇りを感じさせる。中央は駅長だろうか。

この付近は北海道の水田の発祥地として有名だ。江戸時代、「蝦夷地でコメを作るのは無理だ」と言われていたが、岩手の野田村から移ってきた農民が１８５０年代に収穫に成功。その後、安定的にコメ作りが進んでいた。

手前の七飯駅は駅長以下、駅員４人の体制でスタート。この地は明治初めのころは七重《ななえ》と称し（その後、飯田村と合併して七飯になる）、北海道開拓使がモデル農業的な官園を開いて農民を移住させ、西洋式農法でリンゴなどの果樹、野菜の栽培を本格化させていた。

鉄道開業の30年近くも前、「北海道酪農の父」と称される若き米国人エドウィン・ダンが４ヵ月間の出張でこの地に赴き、チーズ製造、去勢術などを熱心に指導。その際、地元の女性、松田つると知り合って国際結婚したのは今に伝わる熱いエピソードだ。

開拓と同時に石炭採掘や林業が始まった内陸部に比べて、函館近郊は明治維新前後から新しい産業、文化がすでに根付いていた。それだけに、函館―本郷間で運行を始めた列車が人の交流、作物や荷物の輸送に早速威力を発揮したのは当然だったろう。

また、本郷駅近くの峠下という地点は函館―森、函館―江差間の定期馬車のターミナルになっていた。当時、函館―峠下は馬車で４時間かかっていたが、鉄道開業で１時間以下に大幅短縮。しかし、馬車はこれで撤退するどころか、まだ鉄道がない江差方面への乗り場を本郷駅近くに移して乗り継ぎを容易にした。今で

開業間もないころの本郷駅員

いうアクセス列車のように円滑な接続で、江差との往来の便宜を図る経営感覚を持っていたのは特筆すべきではないか。

日米英独の精鋭そろう

ところで開業したころ、どんな機関車が走っていたのか、鉄道ファンならずとも知りたいテーマだ。当時の形式の付け方は複雑で、かつ民営各社、鉄道院、国鉄時代などで同一機関車でも表記が異なる。ここでは1906年の国有化以降に付けられた数字3桁ないし4桁の形式表示で統一し、カッコ内に国有化以前の形式を表示する。

記録では開業時点の亀田機関庫には蒸気機関車230形（B1形）2両、600形（B2形）、1170形（A2形）、1180形（A1形）各1両の計5両が配置された。これらは5年間在籍し、函館方面のパイオニアとして活躍する。路線が延伸するに連れ、翌1903年には1850形（A3形）3両、7700形（C1形）2両を追加。

1904年に4510形（D1形）1両、7800形（C2形）6両。函館―札幌間が全通した1905年には2120形（E1形、E2形）5両を増車。1906年には同形を5両追加し、計10両の大勢力となった。当時最新鋭のSLたちは旅客、貨物の輸送にフル回転で働いたに違いない。

もう少し、これらの機関車の素性を調べてみたい。手元にある「国鉄蒸気機関車小史」「日本の蒸気機関車」などの文献を調べると、これらの写真とともに製造会社や配置場所などが記述されている。

それによると、開業を担った230形は大阪の汽車製造会社が英国製を模倣した初の国産量産機関車である。先輪1軸＋動輪2軸＋従輪1軸のタンク式（石炭と水のタンクが機関車本体と一体化しているタイプ）で長い煙突を持ち、合計38両作られた。当時としては満足できる国産機関車だったに違いない。

600形は英国の名門ナスミス・ウィルソン社製で230形によく似た外観。78両量産され、このうち647号1両が函館に渡ってきた。1170形も同社製で動輪が3軸あり、長い煙突の先端が映画の西部劇に出てくるようなダイヤモンド形になっていた。その後、1914年に常総鉄道に譲渡されたという。

米国ボールドウィン社製の1180形は均整のとれた外観を持ち、戦後も北海道炭礦汽船会社の専用線で動いていたとの記録がある。

異彩放つマレー式

列車の増発に伴って配属された第2陣の1850形は英国ダブス社製で製造番号1882〜84号の3両が函館に来た。7700形は英国ベイヤー・ピーコック社製で北鉄社としては初のテンダー式（本体後部に炭水車を固定連結したタイプ）。先輪1軸＋動輪3軸のC形で、函館─小樽間の全通に備え長距離用として導入された。ボイラー本体と炭水車の下部ラインが一直線になるよう設計されるなど、洗練された機能美を誇る。

さらに注目したいのは4510形だ。これはドイツ・マッファイ社製でマレー形と呼ばれる特殊な機関車。シリンダーと動輪2軸が2組装備され、1両で2両分の力を発揮できる構造で、山が多い区間での活躍を期待された。

7800形は当時、世界最大の機関車製造会社だった英国ノース・ブリティッシュ・ロコモティブ社製で、6両すべてが函館に配置され、その後、札幌、岩見沢、釧路、北見などで入替用に使われた。

製造元が同じである2120形は動輪3軸＋従輪1軸で当時としては破格の268両が量産され、そのうち北鉄社には2378〜2387号の10両が順次配置された。同形は後にB6形と名付けられたが、牽引力が強く、1950年代まで各地で「ビーロク」の愛称で入替用として活躍し、「明治の古豪」と称された。

このほか客車では小型の木製2軸、あるいは大型の木製ボギー（台車2組を装備）のそれぞれ1等車、2等車、3等車のほか郵便荷物車なども配置され、旅客、郵便輸送に使われた。小編成の列車は当時としては最新の交通機関だが、水田や野菜、果樹畑が広がる田園風景の中を走る列車は、現代の私たちがもし見れば、まるでおとぎの国の汽車ポッポに映っただろう。

函館—本郷間開業時に函館に配置された230形と同形の233号が旧大阪・交通科学博物館に展示されていた

函館に大量投入された2120形の同形の2291号機。戦後も入替用として使われた＝1959年ころ、品川駅構内と思われる

石炭最優先の北海道

ここで時計の針をいったん戻して、鉄道の函館開業に至る経緯を見てみたい。前述したように、函館・道南の鉄道は札幌に比べて20年以上遅れてやっとレールが敷かれた。

その理由は北海道内陸部で発見された無尽蔵の石炭、木材などの資源を本州に円滑に搬出してこそ北海道開拓の意味があると考えられたからだ。そのために最優先で札幌を中心とする鉄道と、積出港としての小樽・手宮桟橋の建設が計画された。反面、道内一の商業、貿易地ではあるが、資源に乏しい函館方面は鉄道の必要性が低いと判断された。

当時の石炭重視の一例として、北海道の鉄道事始めに関して必ず出てくるのが、茅沼炭鉱の石炭運搬システムだ。1869年、倶知安近く岩内の茅沼炭鉱から海岸に石炭を搬出するため、外国人の知恵を借り、鉄を張った角材で2条の軌道を敷設。山の上の小屋には大型の「ろくろ」を設置して作業員がそれを回転させる。ろくろには綱が巻かれ、その両端には1トン積載の

函館に鉄道ができる前、北海道内陸部ではかなり建設が進んでいた＝1892年ころ、岩見沢駅構内

石炭車が1両ずつ計2両つながれており、山の上から石炭を満載した車を下すのと同時に、片方で海岸から空車を引き上げた。力学的によくよく考えられた方式だが、動力は人力であり、正式な鉄道と認定されていない。しかし、鉄道を先取りしたこのような施設が、石炭を運び出すために実用化されていたことは注目に値する。

話を本筋に戻すと、いよいよ明治政府及び北海道開拓使は手宮から札幌を通って空知地方に至る鉄道を敷設することを決めた。しかし、本州と違い、未開地が多く、本州とは段違いに冬が厳しい北海道でどうやって鉄道を作るのか。日本人には未経験のことばかりだった。

義経、弁慶号が活躍

このため開拓使はお抱え米国人などから情報収集し、米国人鉄道技師のジョセフ・クロフォードに白羽の矢を立てた。1878年、開拓使はクロフォードを米国から招請し、彼の指導のもと、手宮―札幌間35・

大阪・交通科学博物館で見ることが出来た米国製7100形「義経」号。北海道の鉄道のパイオニアだ=2014年4月

9キロの鉄道敷設工事に着手。崖と海が接する銭函付近では山側を崩し、海岸には石垣を築くなど、難工事が続出したが、日本人労働者も過酷な仕事に耐え、わずか11ヵ月で完成させた。

同時に船が着岸する手宮桟橋も完成。ここにおいて、空知地方の石炭を鉄道で迅速に搬出する産業基盤が整った。

そして1880年11月28日、ついに北海道最初の鉄道である官営の幌内鉄道が開業し、1番列車が走った。手宮機関庫に配置された蒸気機関車は米国エッチ・ケイ・ポーター社製のテンダー式C型機関車6両。これらはおなじみの義経、弁慶、しづかなどの愛称を持ち、カウキャッチャー（牛除け）を装備した西部劇スタイルのSLだった。

当初、手宮―札幌間1日1往復で、午前9時に手宮を出て札幌午後0時着。折り返しは札幌を同2時30分に出発し、手宮に同5時に帰ってきた。およそ36キロを2時間半要しているので、停車時間を含めて平均速度は14・4キロ。駅では停車時間をたっぷり取って、保守点検を行っていた。機関車は運転席前方に付いている鐘をカランコロンと鳴らしながら牧歌的に走ったという。

冬、大雪で義経が立ち往生したとき、「しづか」が助けに駆け付けたという、微笑ましいエピソードも残っている。その2年後には炭鉱のある幌内（現在の三笠市内）まで開業し、いよいよ石炭の搬出が本格化する。それは日本の近代化の原動力となった。

北海道の鉄道発祥の地、小樽・手宮に建設され、歴代の車両を展示している小樽市総合博物館の敷地には、正装し、帽子を手にしたクロフォードの立像が据えられ、その功績をたたえている。

ところで本州の鉄道は1号機関車（150形）をはじめ英国人の指導で英国から小型機関車を輸入した。ところが北海道は米国人主導で最初から米国製の大型機関車を使用。さらに本州が主に旅客輸送からスタートしたのに対し、北海道は石炭など貨物輸送を重視する性格を帯びた。

また北海道同様、炭鉱が開発された九州はドイツ人の指導を受け、ドイツ車両を輸入した。このように、同じ日本の鉄道でも成り立ちが違っているのは興味深い。英米独の技術者が出身国の利益を優先させながら各地で指導に当たり、日本の鉄道を個性的に発展させたのである。

道東北に延びる鉄路

この幌内鉄道は1888年、いったん北有社（本社・手宮）という団体が輸送・営業を請け負うが、翌1889年に元北海道庁部長の堀基《もとい》らが設立した北海道炭礦鉄道株式会社に払い下げられた。堀は明治維新の立役者を多数輩出した薩摩（現・鹿児島県）出身で、元開拓長官黒田清隆と同郷だけに、急な民営化は舞台裏で何かと勘ぐられる一幕もあった。

それはそれとして、北海道炭礦鉄道によって札幌を中心とする石炭輸送網は急速な拡大を見せる。瞬く間に岩見沢―砂川―歌志内、砂川―空知太（現在の砂川市の一部、その後廃止）、1892年には室蘭線岩見沢―室蘭（現・東室蘭）、追分―夕張間などが次々と開通。室蘭を急いだのは手宮と並んで石炭の積み出し港の役割を持たせるためだった。こうして石炭輸送の体制づくりは着々と進んだ。

また、十勝線旭川―帯広間（現在の富良野線、根室本線の一部）、天塩線旭川―名寄間（同宗谷本線の一部）など移住者による開拓が急ピッチで進む道東北での工事も始まっていた。

ではこの時期、鉄道で直接結びついていない函館と内陸部との間の交通はどうだったかというと、室蘭線岩見沢―室蘭間開通に伴って函館と室蘭の間に噴火湾航路が開設されている。

もともと日本郵船の貨客船が青森と函館を結んでいたが、これを室蘭まで延長し、札幌方面と本州との連絡通路とした。この間、明治政府は資源の迅速な搬出と、次第に脅威を増してきたロシアの南下政策に対抗するため、函館―小樽間の「函樽鉄道」敷設のための現地調査を行っている。

しかし、政府内部は国家財政がひっ迫する中、「函館は船があるから鉄道は急ぐこともなかろう」といった時期尚早論が多数を占め、函館・道南の鉄道の実現はまだ遠い夢に過ぎなかった。

その一方、日清戦争（1894―95年）に勝利した後、民間経済界では「鉄道は儲かるビジネス」として鉄道建設ブームが起きていた。鉄道先進国である米国や英国の動きに習った形だ。

このため函樽鉄道が話題になるや、京都の豪商有志が名乗り出て同鉄道の建設請願を議会に提出する一幕も。これは認可が下りず、やがて道外のブームも下火になるが、後の民営鉄道に関する株式募集の仕組みや政府補助政策立案のきっかけを作った意味は小さくない。

函館で高まる鉄道熱

このように函館・道南の鉄道建設は冷遇されていたが、本州に目を転じると、上野から東北を縦断して北へ北へと延びてきた日本鉄道会社の線路が1891年、ついに本州の最北端、青森に到達した。

これは北海道側から見れば、東京につながる路線が津軽海峡を挟んで、すぐ目の前まで来たことを意味する。今でいえば、東北新幹線が東京から新青森まで延びてきた状況と似ているだろうか。これによってようやく函館が鉄道、船舶を通じて本州側への玄関口になる重要性がクローズアップされてきた。

1896年、函館の実業家で「函館四天王」と呼ばれた経済人の一人だった平田文右衛門らが呼びかけ人となり、函樽鉄道株式会社を発足させ、地元代表として帝国議会に建設を請願する運びとなった。

これはいったん却下されたが、なお怯むことなく運動を続け、その結果、議会はようやく翌1897年、「後志《しりべし》国小樽ヨリ渡島国函館に至る鉄道（函樽鉄道）」の敷設を公布し、線路予定地の実地測量を許可するに至った。

国外に目を向けると、南下政策に拍車をかけるロシアへの危機意識の高まりが、函樽鉄道への注目度を強めた。つまり、いざ戦争となった際、首都圏や本州への石炭等資源の大量輸送、兵員の迅速な移動など、鉄道が果たす役割は大きいものがある。青森と函館の間こそ船舶輸送になるが、それを「海の鉄道」とみなすと、函館まで線路を延ばすことで全国鉄道網と連係することが可能になろう。

ロシアの脅威、追い風に

ロシアの極東進出のための鉄道建設が、当時どんな状況だったのか見ておきたい。ロシアは16世紀中ごろから鉱物資源や毛皮資源を求めてシベリア開発を進め、1885年に皇帝アレクサンドル2世がモスクワから極東に至る全長9000キロを超えるシベリア鉄道の建設構想を発表。1891年にはニコライ皇太子が日本海に面したウラジオストクに赴き、起工式を行った。

皇太子が日本滞在中に警備の巡査に切りつけられ、負傷する大津事件が起きたのは、まさに起工式のためにウラジオストクに行く途中で、一応ことなきを得たものの、両国が警戒を高めつつある緊迫した関係が背景にあった。

モスクワからの線路が東進するのと同時に、1897年には日本海に面したウラジオストクとハバロフスクの間が部分開通。しかし、広大なバイカル湖をはじめ内陸部では凍土や洪水に行く手を阻まれ、鉄道建設は窮地に陥っていた。

このためロシアは、先の日清戦争で清が日本に割譲した遼東半島を、日本に返還を求める3国干渉で清に肩入れして恩を売り、モンゴルに近い満州里とウラジオストク間に東清鉄道（ロシア名は中東鉄道）を建設する権利を得て、極東へのアクセスを容易にしようとした。

東清鉄道はハルビンから東西に向かって建設を進め、1903年までに東は綏芬河、西は満州里まで開通し、ロシアは思惑通り極東へのルートを確保。一方で、日ロ開戦後の1904年9月25日、シベリア鉄道のバイカル湖岸の難工事がようやく完成にこぎつけた。

余談だが、シベリア鉄道の建設に当たっては、日本人10数人も加わっていた。当時、現地で諜報活動をしていた日本人が著作で触れているもので、「大変だろう」という労いの言葉に、工事の指導者を務める日本人は「なあに、この鉄道はいずれ日本のものになるので寂しくない」と豪語していたという。

シベリア鉄道の全面開通に、日本は刃を突き付けられたように警戒を深めた。なにしろ、この〝軍用鉄道〟

が完成すれば、モスクワはじめロシア全土からいくらでも兵隊や武器を極東に送り込めるのである。

ロシアに対抗して日本は朝鮮半島から満州に至る鉄道を整備するとともに、ロシアと国境を接する北海道の守りを強化することになった。その一つが札幌、旭川など内陸部で開通していた鉄道を、函館・道南に延伸、ひいては東京に連絡することだった。文明先行の地でありながら、鉄道に関しては後塵を拝していた函館に、ロシアに対する敵対意識の高まりで、強い追い風が吹き始めたのである。

北海道鉄道会社の誕生

函樽鉄道会社はそのシベリア鉄道が建設途中の1899年10月、創業総会を東京で開催。取締役に元北海道庁長官の北垣国道《くにみち》はじめ地元実業家の園田実徳《さねのり》らを当て、官民協力して盤石の体制を作った。翌11月には北垣が社長に、園田、坂本則美が理事に就任した。園田は薩摩出身で、函館船渠会社（現・函館どつく）の創業者、さらには北海道の競馬振興にも尽くしたことで知られている。

1900年11月には函樽鉄道は北海道鉄道株式会社という、北海道を代表するかのような社名に変更。株式募集は不振を極めたが、政府に補助金を請願し、1マイル（1・6キロ）当たり8千円の交付金が認められた。

当時、経済界の大立者である園田は函館資本と北海道開拓使、北海道庁との調整役を務め、函樽鉄道の開業に向けて全力を傾ける。こうしたオール函館の長年の運動と、日ロの対立が深まる中で函館と小樽、札幌、旭川を直結する現在の函館本線の工事が着手された。

小樽への難工事を克服

函館と小樽を直結し、将来の幹線を目指す函樽鉄道の線路敷設工事は、工費およそ1千万円で函館―小樽（現・南小樽）間を8つの工区に分け、1902年6月からほぼ一斉に始まった。
そのうちの第1工区が函館―亀田、亀田―本郷（現・渡島大野）の2区間とされた。前述したように函館駅は住民の反対で断念したため、亀田を仮の函館とし、本郷までの工事を早々と終え、先陣を切って同12月、開業を果たした。第2工区の本郷―森間は1903年5月、工事終了。そのうち、本郷駅が計画通りに立地できなかったツケとして、大沼まで1000分の20の急勾配で上ることを強いられた。

これは距離1000メートルにつき20メートル高くなる急坂だ。山に沿って右カーブの土堤を構築し、峠のサミット付近で長さ700メートル余の峠下トンネルを掘削。その坂を上り切った大沼付近では、大沼と小沼をつなぐ細い陸地を利用して景観を壊すことなく慎重に線路を敷いた。

これが今も列車の窓から見える大沼・駒ヶ岳の美しい眺望を生むことになる。次の宿野辺（現・駒ヶ岳）付近から駒ヶ岳山麓を左右に連続する急カーブで一気に森まで下る。上り列車はこの逆で宿野辺まで上り詰める難所だ。2月までに土木工事を終え、雪解けを待って線路を敷いた。

海岸沿いのため、工事が難航した石倉付近。景色はいいが、今でも要注意の個所だ＝2012年

第3工区の森から八雲、長万部、熱郛《ねっぷ》方向はまず約50キロの海岸線が難工事となった。石倉付近は急斜面の崖が海に続いているため、石垣作りの職人を呼んで強化工事に当たらせた。

また遊楽部《ゆうらっぷ》川など川も多く、この区間の橋りょうは32ヵ所に及んだという。海岸線では豪雨などで土砂崩れが発生し、事故に結びついたこともあり、JR北海道になった今でも要注意個所になっている。

さらに、長万部から小樽までの通称〝山線〟と呼ばれる区間は目名峠、倶知安峠、稲穂峠などこれまた難所が連続する地帯。その山々を急カーブで縫い、長いトンネルでぶち抜き、尻別川に沿って石垣を築き、線路を延ばして行く。

その結果、最大勾配が1000分の21、最小曲線も半径202メートルと小さくなり、幹線としてはきつ過ぎる路線になった。したがって速度は上げられず、乗り心地も悪くなる。このような悪条件が将来、山線の衰退の原因となるのだが、それは後述する。

人里離れた現場では夏はヒグマが出没。冬は厳寒の地とあって工事は難儀を重ねた。高度な建設機械など全くない時代、頼りになるのは数少ない技術指導者と作業員たちの休みなしの労働だった。沿線には細いながらも道があり、資材の運搬や宿舎の建設に一定程度役立ったというが、現場では厳しい規律のもと、さぞかし過酷な労働が続いたことだろう。

こうして函館—高島（現・小樽）間２５５・８キロは１９０４年10月15日に全通した。函樽鉄道は函館、小樽だけでなく、森、八雲、長万部、黒松内、倶知安など沿線の街でも「文明の到来」と歓迎された。

両端の函館、高島を含めて駅数は全部で35。途中駅は港を持つ函館と小樽の両経済圏の間に位置し、貨車を使って農産品、鮮魚のほか木材、薪炭などを出荷すれば、どちらの港からでも本州に送り出すことが容易になる。

また、逆ルートで本州のコメなど食料品や衣類など日用品を手軽に購入することが可能になった。このため函館と小樽という、港を持つ老舗の街同士の覇権争いも激化。同時に函館、札幌、岩見沢、旭川、室蘭など北海道の先進的な産業都市が初めて鉄道で結ばれた意義も極めて大きかった。

一方、軍事的な措置として、例えば札幌にあった陸軍第七（しち）師団が旭川に移転し、北方防衛を強化。また、日本海と太平洋を自由に航行できる津軽海峡に睨みを利かせるため、函館山山頂には砲台が作られた。

軍の守備範囲は北海道では広大にならざるを得ない。国際関係が厳しさを増す中で、守りを固め、北海道から資源や兵員を大量に素早く輸送するには、鉄道が圧倒的に優位と考えられるようになった。

小樽の入船陸橋を行く明治末期の汽車

全通前に早々と祝宴

函館—高島間の工事が最盛期を迎えていた１９０４

年2月、ついに日ロ戦争が勃発。工事完了のころは開戦から8カ月経過し、遼東半島の旅順では一進一退の激戦を繰り広げていた。戦争の原因は単純ではないが、前述したように大量輸送を可能にする鉄道建設が双方に警戒と敵意を醸成し、戦闘の行方を左右したことから、「鉄道と戦争の世界史」の著者クリスティアン・ウォルマーは「人類史上初めて鉄道が中心的役割を果たした戦争」と指摘している。

函樽鉄道の開通は日ロ戦争、ひいては太平洋戦争に至る軍国主義台頭と密接に絡んで行くことになる。函館―高島間の工事は終了したが、北海道鉄道会社と北海道炭礦鉄道との境界になる高島と小樽の間1・6キロは未完成だった。

とはいえ、これをもってひとまず「函館―小樽間全線開通」と銘打ち1904年10月15日、函館と小樽で関係者が集まって前倒しで大願成就の披露宴を開催した。

通して乗る客は高島と小樽の間、つまり現在の小樽と南小樽との間を人力車や馬車で往来する不便さは残っていた。小樽地区の駅名に関しては、その後廃止や変更があり、随分ややこしいが、ご勘弁願いたい。

さて、当日15日朝の日刊新聞北海タイムスは「祝函樽鉄道全通」と題して見開き2頁の広告を華々しく掲載。小樽の有力銀行、商店などが競って協賛広告を出した。

同紙は翌16日の新聞で、前日函館で開かれた披露宴と小樽での祝賀行事の模様を次のように記載している（現代語に意訳して要約）。

全通披露宴は午後1時から函館市内の魁陽亭で開催され、北鉄社経営陣、関係官庁代表さらに札幌や小樽からの関係者を含む約300人が出席。北鉄社から工事の経緯、各界の支援に対する謝辞があった。祝辞の後、立食の宴となり、数十名の酌妓と同社員が来賓をもてなした。午後3時に解散したが、来賓控席では土橋亭龍馬一座の落語、手踊り等も披露された。また、街中に国旗が掲揚され、お祭りの観をなし、1番列車発車以来、絶えず花火が打ち上げられた。小樽・高島駅でも駅前に縁門を設置し、国旗、社旗、玉燈を飾り付け、未明から稲穂町と水天宮山では交互に花火を打

北海タイムス　明治三十七年十月十五日　第五千百六十八號

上り　下り

祝
函樽
鐵道全通

1904年10月15日付北海タイムス

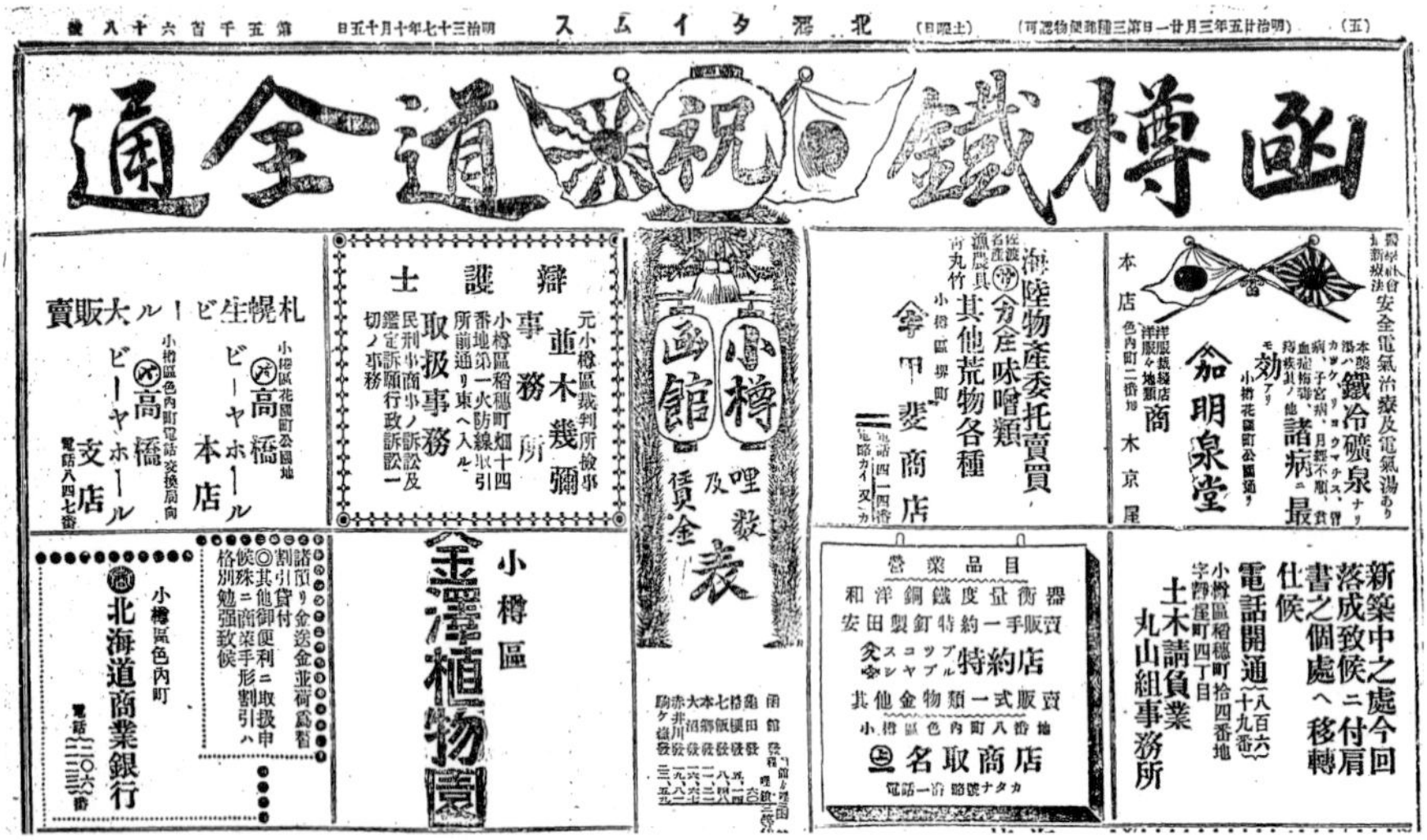
北海タイムス　明治三十七年十月十五日　第五千百六十八號

函樽鐵道全通　祝

札幌生ビール大販賣
小樽區花園町公園地
ビーヤホール
㊅高橋
本店
小樽區色内町電話交換局向
ビーヤホール
㊅高橋
支店
電話八四七番

辯護士
元小樽區裁判所檢事
並木幾彌
事務所
小樽區稲穂町畑十四番地第一火防線取引所前通リ東ヘ入ル
取扱事務
民刑事商事ノ訴訟及鑑定訴願行政訴訟一切ノ事務

小樽
函館
哩數及賃金表

海陸物産委託賣買
其他荒物各種
甲斐商店

明泉堂
鐵冷礦泉

新築中之處今回落成致候ニ付肩書之個處ヘ移轉仕候
電話開通
土木請負業
丸山組事務所

小樽區
金澤植物園

北海道商業銀行
小樽區色内町

營業品目
名取商店

函樽鉄道の全通を祝う広告紙面＝1904年10月15日付北海タイムス

ち上げて祝った。

　文面から函館、小樽の街を挙げての大がかりな祝賀気分が手に取るように伝わってくる。この記事の次には「北海道鉄道工事報告書 線路の方向」との見出しで、函館から小樽までの沿線紹介記事も出ている。

　函館を出て亀田、桔梗に入り、大野村の本郷を過ぎて北上する。峠下隧道《ずいどう》をくぐり、奇勝天下に稀なる大沼のほとりに出て湖水に沿って進む。（略）長万部より道路と長万部川との中間を走り、黒松内岳の山麓を上り、蕨岱《わらびたい》を過ぎ、熱郛川を渡って熱郛駅に至る。

　記者は試運転列車にでも同乗して取材したのだろうか。待ちに待った新設路線の風景を分かりやすく、旅情たっぷりに描いている。同紙はこれとは別に「北鉄全線寸記」とのタイトルで小樽、余市方面のルポも掲載。これらは鉄道に取り残されていた沿線住民に「交通新時代」の到来を印象付けたことだろう。その意味では北海道新幹線の開業より、北海道全体へのインパクトは強かったかもしれない。

同じ16日紙面には1頁の広告特集もあり、函館の金森洋物店、西島屋洋酒店など、当時の函館の大店が広告を載せている。新聞社としては慶賀の行事をターゲットに収入増を狙ったのだろう。これは今でも同じ。広告のひとこまとして函館―高島間の直通列車の時刻表を掲載しているのは新聞社のグッドアイデアだ。「こんなに早くなるのか」と読者の関心を大いにひきつけたに違いない。

漢数字で印刷されたそれを見ると、函館を午前8時に出た下り列車は高島に午後8時30分に到着する。朝から夜まで〝たった12時間半〟の旅だ。上り小樽発も同じ午前8時で、上りと下りの列車はほぼ中間にあたる黒松内で午後2時半ごろ行き合い交換するのが分かる。

黒松内には機関庫が置かれており、ここで機関士から乗務員が交代したのだろう。機関車の付け替えがあったかもしれない。広告の時刻表ひとつを眺めるだけで、鉄道ファンならそんな想像を膨らませるはずだ。

このほか夜行列車も上下1本ずつあった。ただ、このころは旅客列車といっても客車のみではなく、途中駅で荷物を下ろし、あるいは集荷するため前部に貨車を連結したいわゆる混合列車だった。

ところでこの全線工事では函館の侠客《きょうかく》多数も大いに活躍したとの逸話が残っている。侠客とは義理人情を重んじる渡世人や無頼の徒を指すが、開拓使としてはこうした〝親分衆〟の義侠心をくすぐって味方に引き付け、無理を承知で早期開通を企てたのだろう。

「道南の槌音」という当時の記録には一肌脱いだ代表的人物として「箱館(函館)大野の侠客福原亀吉」「函館の侠客末原某」などの名が記されている。彼らが意気に感じて工事を請け負い、配下と一緒になって男たちを集めて山の中に飯場を作っていったという。そこでは炎天下あるいは豪雪を問わない厳しい労働が毎日続けられていた。

開業まもなく啄木も

函館ゆかりの詩人・歌人として今も人気を誇る石川啄木。その啄木は函館—高島間が開業して数日後、高島から函館まで列車に乗っている。啄木は１９０４年9月28日、自宅がある岩手県渋民村に近い好摩駅から小樽に向けて出立した。次姉トラが嫁いでいる小樽中央駅長、山本千三郎家を訪ねるためである。啄木は青森から陸奥丸で函館に到着。そこからドイツの貨物船ヘレーン号に乗って小樽に入った。

山本家に行ってみると、トラは病に伏しており、啄木は滞在しながら姉の看病に付く。10月になって帰るとき、高島から函館まで開通したばかりの列車に乗る。当時、直通列車は高島発午前8時、函館着午後8時37分と、高島発午後7時5分、函館着翌午前7時5分の2本があった。

どの列車に乗ったのか、ぜひ知りたいところだが、啄木自身はこの旅程を「(10月) 19日、好摩駅に着いた」と書き残しているだけで、何日にどの列車を使ったか、具体的には触れていない。「夜行列車で朝方、函館に到着した」とする説もあるが、分かっていないのが実情だ。

もう一つ、3年後の１９０７年9月、函館を離れる時のエピソードもある。当時、啄木は函館に移って家族と住んでいたが、同年8月25日の大火で街の大半が焼失。本格的な文学活動を目指していた啄木は失望し、札幌に出ることを決意する。

9月13日夜、妻や友人の見送りを受けて、午後7時過ぎ函館駅から札幌行きの夜行列車に乗車した。その時の心象を啄木は日記にこう書きとめている。「車中は満員にて窮屈この上なし、函館の燈火漸く見えずなる時、云ひしらぬ涙を催しぬ、」。

列車は暗闇の中、急勾配を何度も上りながら長万部、倶知安、余市の順に走り続けた。「呿呻《あくび》噛み 夜汽車の窓に別れたる 別れが今は物足らぬかな」は、その車中での思い出を後に回想して詠んだ歌。小樽の街に着いたのはまだ明けやらぬ翌14日午前4時過ぎだったはずだ。

第2章

連絡船登場、飛躍の玄関口

豪雪の中、喘ぎながら進む瀬棚線のC11 188＝1971年2月

函館―札幌を半日で

函館―高島（現・小樽）間の全通披露宴から10ヵ月。多くの犠牲者を出した日ロ戦争は日本の勝利に終わり、ポーツマス講和条約会議が始まったのと同じ1905年8月、懸案だった高島―小樽（現・南小樽）間1・6キロの最後の未完成区間がつながり、名実ともに函館―小樽間の全面開通が果たされた。

着工からわずか3年2ヵ月で函館側の北海道鉄道と札幌側の北海道炭礦鉄道が一体化したのは、奇跡に近い早業だったと言えよう。現在の函館本線の発祥で、これにより函館・道南は一気に鉄道輸送の主役の一角に躍り出る。

当時の北海道鉄道が保有する蒸気機関車は27両に増えていた。機関車を管理、修繕、石炭補給などをする機関庫は函館、野田追（現・野田生）、黒松内、倶知安、高島の5ヵ所で、強者《つわもの》の機関車たちが列車の先頭に立って急勾配に挑んでいた。

一方、本州側に目を向けると、前述したように東北本線を経営していた日本鉄道会社の路線がすでに青森まで来ており、函館と東北、首都圏との距離はぐんと縮まっていた。

北海タイムスはこれに関する記事の中で、「函樽鉄道開通により、船舶と列車で函館から東北、奥羽方面に海産物とくに塩サケ、身欠きニシン、魚肥料のほか砂糖、麦粉、呉服、セメント等の搬出が増える。逆に青森側から北海道側に東北特産のコメ、みそ、しょうゆ、卵、縄、筵《むしろ》、漁網さらに郵便物などの搬入が盛んになるだろう」と、双方のヒト、モノ、カネ、情報の交流が一段と進むと予測した。

馬車鉄道が走る函館の街＝1910年

なにより函館は北洋漁業基地として急速に発展。

１９０５年の道内の漁業貿易額は函館が道内の90・４％を独占し、当然、函館経済は上昇気流に乗っていた。

　これを機に首都圏との往来を十分意識した列車ダイヤも作られた。高島―小樽間を残しながらも暫定開通した１９０４年10月15日の「上野―旭川連絡時刻表」を見てみよう。

　これによると上野午前10時40分発の列車に乗れば車中泊して青森に翌午前７時10分に到着。同10時の船に乗ると函館に午後４時に着く。ここから同７時30分発の夜行列車に乗ると各駅に止まりながら高島に翌午前７時22分着。馬車に乗るか歩いて小樽に移動し、同９時22分の列車に乗ると旭川に午後４時に着いた。上野から２泊３日、53時間20分の旅程である。

　もう１本、上野を夜出る列車もあった。それは午後７時45分に乗車すると、翌日の午後４時31分に青森着。同11時発の船に乗り、翌午前６時に函館に入る。これで３日目を迎える。函館発午前８時の列車に乗ると、高島に午後８時30分に到着する。

　ここで夜中の接続列車はなく、小樽発に乗るには１

東京－函館－札幌間の所要時間の変遷

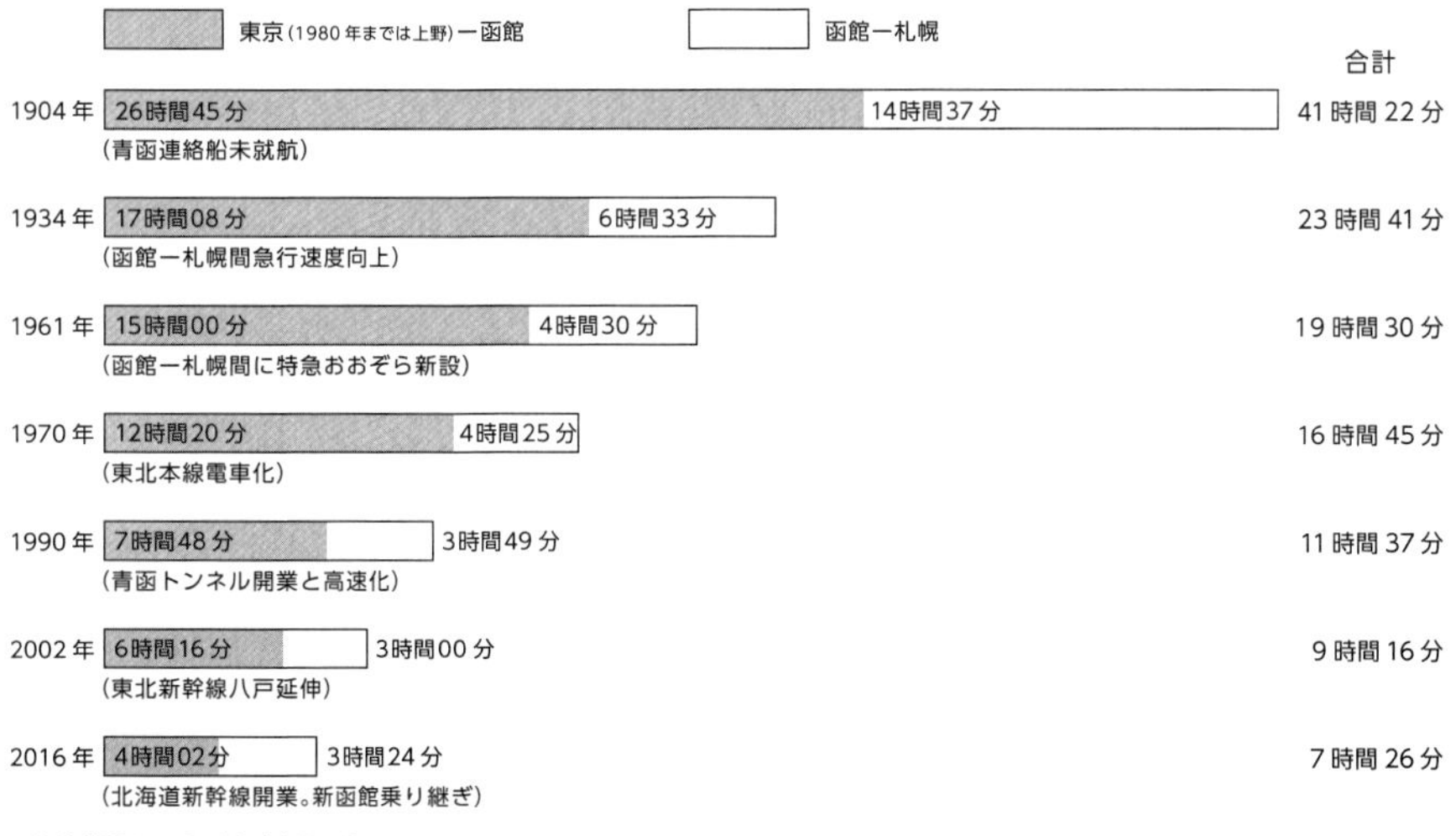

※連絡船等との乗り継ぎ時間は含んでいない。

泊しなければならない。そうして4日目の朝、小樽から午前7時40分の列車に乗れば、旭川に午後2時25分に到着。上野から3泊4日、66時間40分を要した。もちろんこれらと対になる旭川からの上り列車のダイヤも記され、下りとほぼ同じ時間を要している。

今から見ると、この時点では北海道鉄道と北海道炭礦鉄道の線路が途切れていた高島と小樽での乗り換えが必要で、何とも煩わしいが、特急や飛行機などなかった当時はこれでも〝超速〟の旅路だったろう。

函樽鉄道が全線開業した後の1906年9月8日には函館—札幌間を12時間で結ぶ直通列車が走り始めた。小樽を挟んで2社が運営していたため、運賃や接続等の協議が長引いたが、やっと解決に至ったことで実現した。こうした積極的な列車運行が成功し、北海道鉄道の実績は確実に上がってゆく。

当初の年間旅客数は2万人、貨物は460トン、手小荷物は2トンに過ぎなかったが、全通後の1906年にはそれぞれ83万6491人、25万5157トン、430トンと、飛躍的に数字を伸ばした。

途中の町村にも経済効果があり、例えばほぼ中間にある黒松内では、地元の農家や商人らは常に函館と小樽の相場を見比べながら取引し、林業会社も薪炭や枕木を大量に効率よく運び出すことが可能になった。東京に近い函館がやや優勢だったという。

鉄道国有化の大改革

1906年3月、日本の鉄道史上、画期的な改革が断行された。それは全国展開が進む長距離鉄道を一気に官営にする鉄道国有化法の公布である。

北海道からは北海道炭礦鉄道と北海道鉄道の2社が対象となり、そのほか本書でたびたび取り上げている東北本線を経営する日本鉄道や、炭鉱地帯を持つ九州鉄道など全部で17社が買収されることになった。この結果、買収前は総延長2600キロに過ぎなかった全国の官営鉄道は、私鉄17社の合計距離4500キロを加えて7100キロを有する鉄道組織に発展した。

鉄道開設以来、指導者層には官営論と民営論があり、双方が機会あるごとにぶつかり合い、長年、方向性を定められずにいた。「官が責任を持って全国津々浦々に鉄道を敷くことで国民の利益にかなう」という主張に対して、華族、貴族あるいは豪商など私鉄経営から利益を得ている上流層が反発し、収まりがつかなかったという。

しかし、日清戦争、日ロ戦争などで外国への警戒感が強まる時代に入り、「民営は無用な競争を生む恐れがある」「軍事輸送の実態を株主に感づかれかねない」などと官営論が圧倒的に主流になり、最終的に民営論を押さえつけて国有化が決まった。

この体制は1987年に同法が廃止され、国鉄が旅客鉄道会社5社と貨物会社に分離、民営化されるまで続いた。当時、北海道炭礦鉄道の買収価格は3099万7千円、北海道鉄道は1145万2千円だった。これにより、両鉄道を結びつけた函館—旭川間は1909年、「函館本線」の名称がつけられた。現在の距離で423・1キロの大幹線の誕生である。

青函連絡船が就航

津軽海峡を挟んだ本州と北海道の往来は、紀元前1万3000年から同3000年前まで長く続いた縄文時代から行われていたとされる。この時代の人々は、小舟で津軽海峡を渡っていたに違いない。

日本史としては大化の改新後の西暦658年から本州との交流が始まったとされ、室町時代の15世紀中ごろに東北・南部にいた武将、武田信広が蝦夷地に渡って松前を開き、交易に力を入れたことから船による交通が盛んになった。

幕末の1861（文久元）年8月、青森の滝屋喜蔵が箱館定飛脚問屋取次所を開き、月に6度ずつ箱館奉行所に届ける荷物の取り扱いを開始した。これをもって本州と北海道の定期航路の初めとされる。

ただ、冬の海峡は荒れることが多く、そうなると小さな日本型木造船は翻弄され、消息を絶った船も少なくないという。津軽海峡を渡るのはそれだけ死と隣り合わせだった。

1868年の明治維新後、北海道開拓に向かう人々の輸送が日に日に多くなり、政府は西洋型帆船や蒸気船を導入し、北海道移住を大いに奨励した。これを受け１８８５年から三菱商会などを統合した日本郵船が１日１便の定期運航を開始。浪花、志摩、貫効という名の船がその役割を担ったという。これが後に函館から室蘭まで定期航路を延ばすことになる。しかし、これらはまだ函館、青森双方に鉄道が届く前の状況で、鉄道接続の定期連絡船と言えない。

そこのところに１８９１年、日本鉄道会社の東北本線が上野から青森まで到達。さらに１８９４年には奥羽線の青森─弘前間が開通し、北海道へのコメなどの食料品、縄、筵などの搬出に拍車がかかる一方、北海道の富を求めて漁業、炭鉱などへの出稼ぎ者も急増する。これを受け、青森側は乗り場が遠かった桟橋を他に転用し、青森駅近くに新桟橋を建設するなど、乗り継ぎ体制の円滑化を図った。

函樽鉄道が全通するのはこれよりほぼ10年遅れの１９０５年だが、同年9月には奥羽線の青森─秋田─福島間が全通し、津軽海峡を挟んで本州・北海道の鉄道網が効率的に結びつく基盤が整ってきた。次の課題は青函航路との一体化である。

そこで日本鉄道会社は国有化に先んじて、青森─函館間に定期航路のための連絡船を就航させることを決定。１９０６年10月、当時、英国で海峡連絡船として実績がある最新式のタービン船２隻を英スコットランドのウィリアム・デニー商会に発注した。

これが青函連絡船第１、２号の比羅夫丸（１４８０トン）と田村丸（１４７９トン）である。比羅夫丸は阿倍比羅夫《あべのひらふ》から、田村丸は坂上田村麻呂《さかのうえのたむらまろ》から取った。２人とも中世の武将で当時の蝦夷と戦い、これを平定したとされる。

比羅夫丸は１９０７年末、横浜港に回航され、翌１９０８年2月、青森港でお披露目が行われた。最大

最初の青函連絡船として活躍した比羅夫丸

速力18・36ノットの快速船で1等室は甲、乙の2部屋があり、いずれも英国風の内装でデスクやチェアも備えられるなど豪華ホテルを思わせる雰囲気。利用するのは上流階級に限られただろうが、従来の日本船の常識を破る行き届いたサービスは、海外進出を目指す日本の造船業界から大いに注目を浴びたという。

英国のドックで行われた比羅夫丸の進水式の写真が残っている。着飾った紳士淑女が船を囲み、祝賀のセレモニーに興じており、当時の日英両国の友好関係を物語っているようだ。

同船は函館往復の試運転後、1908年3月7日青森発の便から定期就航。函館―青森間は約112キロあるが、そこを4時間で結び、高速ぶりを誇った。乗客数は1等22人、2等52人、3等254人の合計328人。運賃は1、2、3等それぞれ3円、2円、1円だった。

田村丸がこれに続き、当初、夏期は2船で2往復、冬期は1船で1往復する体制だった。しかし、航行に習熟したのか、間もなく通期で2往復体制となった。

評判はすこぶる良く、7時間を要するライバルの日本郵船定期便を2年ほどで廃止に追いやった。まさに「海峡の双子クイーン」と呼ぶにふさわしい。この両船の活躍がその後の青函連絡船の栄光を築く礎になった。函館と青森が近くなったことで、人々は津軽海峡を「しょっぱい河」と呼び、互いに親近感を強く抱くようになった。

ただ、時代の流れとともに両船とも次第に旧式化し、貨車航送ができないという弱みもあり1924年、青函連絡船のパイオニアとしての役割を終え、第二の人生に旅立つことになる。

函館駅に赤帽が登場

連絡船の登場で函館駅と桟橋が急速に忙しくなり、乗客が増え始めると、大きな荷物を抱えて旅行する人たちが多くなった。そこで登場したのが、荷物運びのプロ集団、いわゆる「赤帽」である。

正式には駅構内手回品運搬人といい、札幌などでは1899年から配置されていたが、函館ががぜん混雑し始めたので、本格的な営業開始は函館駅が舞台となった。

文字通り赤い帽子に黒革靴、すねにはゲートルを巻いた出で立ちの赤帽は１９０９年には函館駅に13人が配置され、札幌、小樽、旭川などの３人ずつに比べて断然多い数だった。それだけ函館駅の往来が激しかった証左だろう。このころ、荷物１個につき料金は2銭だった。

函館駅の赤帽＝1978年ころ

戦後になっても活躍は続き、筆者もホームでひときわ目立つ赤帽が連絡船から大きな荷物を担ぎ、ホームを往来している場面を何度も見た。どうやって多くの荷物をいっぺんに担いで持てるのか、いつも感心したものだ。

現代になると車を使った宅配業者が進出し、コインロッカーも普及したことから、駅構内での赤帽の仕事が減った。札幌、旭川が営業を取りやめ、最後に残った函館駅の赤帽も１９７８年5月に姿を消した。北海道内の赤帽は函館で本格的に始まり、函館で幕を閉じたようである。鉄道で最後に残ったのは山陽本線の岡山駅で、２００６年に廃止された。手荷物は１個５００円だったという。

時間を戻すと、連絡船就航のころ、函館駅前には到着客を街や旅館に運ぶため、人力車が客待ちするようになった。１９０９年には認可を受けた15台が営業していた。戦後はタクシーが並ぶようになり、乗客の利便性を高めた。

函館は江戸時代から北前船や商業船が頻繁に出入りし、旅館需要が高かった。鉄道と連絡船が全盛になると、駅前に勝田、大黒屋、若松屋、函館ホテルなどが進出。戦後も函館駅前に半てんをまとった旅館従業員が列を作り、下船、下車した旅行者に声をかけ、盛んに客引きをしていた。今のようにネット予約などできない時代、駅前で必死に客を呼び込むのが大事な仕事だった。

危険な乗船を改善

青森と函館の間では国有化後も貨客輸送の増大により、連絡船の数は増え続けるが、旅客、貨物とも乗り継ぎに大きな問題を抱えていた。それは函館、青森とも大型の連絡船を横付けできる専用桟橋がなく、船は沖合500メートル付近に停泊せざるを得ない。さらには貨物の積み替えも経費と手間がかかる厄介な作業が続いていた。

当時の乗船は実はこんな有様だった。乗客は乗船場から荷物を持って艀《はしけ》に乗り、沖に止まっている連絡船へ向かう。悪天候時には艀が揺れに揺れ、客は波をかぶって、連絡船に乗る前から船酔いに苦しめられた。

連絡船に横付けされると、1、2等の客はタラップで乗船できたが、多くの3等客は艀から直接船に乗り込まなければならず、特に女性、子供、お年寄りは係員が手助けしても難儀したという。

桟橋から小型船で沖に出て、青函連絡船に乗り込む乗客

中には揺れた拍子に足を踏み外し、海中転落する客もいた。これは安全上、無視できない問題だ。このため1910年12月に連絡船を横付けできる木造桟橋を建造、やっと解決に至った。

また1915年までに函館駅と桟橋待合所の間290メートルに線路を敷き、連絡船直結の函館桟橋駅を新設し、乗客の負担を減らした。これにより安全性と旅客サービスが数段向上したのである。なお函館桟橋駅は函館駅と別扱いだったが、後に時刻表では函館駅に統一される。

車両を運ぶ艀がデビュー

一方、貨物は列車が駅に着くと貨車からいったん下ろして連絡船に積み込み、目的地に到着すると、今度は連絡船から下ろして貨車に積み込む必要があった。また、鉄道自前の車両を輸送することも悩みの種となっていた。

例えば、本州で製造した機関車を北海道に運んで走らせる際、せっかく作り上げた機関車を製造元でいったん解体し、本体、部品をバラバラにして青森まで貨車で運ぶ。そこで下ろして連絡船に積み、函館で陸に揚げて今度はまた貨車に積み直す。

これを札幌などの工場に運んで最終的に組み立てるという、多額のコストと複雑極まりない作業が必要だった。これでは鉄道の急激な進展に追いつけるわけがない。本州で使用した車両を北海道に転属させる時も同様だった。

このため艀にレールを敷き、桟橋のレールと可動橋を挟んで結び、車両ごと積み込み、固定して運ぶ方式が考案された。可動橋は波によって上下する船に合わせて動き、安全に車両を出し入れできるレールを敷いたタラップのような施設。英国スコットランドの深い入り江を最短距離で結ぶため実用化されたのが最初と言われ、デンマーク、北米などで普及していた。これを参考に青函間でやろうというのである。

そのために函館船渠会社（現在の函館どつく）に「鋼製車両渡艀」という名目で1隻発注した。つまり、頑丈な艀である。平底構造で重い荷物を積めるが、自力では航行できず動力船に曳航してもらわなければならない。

長さ36メートル、幅8メートルの艀の名はそのままずばり、車運丸（325トン）とした。甲板にレールを並行して3線敷き、機関車は中央の線に1両、客車は各線に1両ずつ計3両、7トン貨車だけなら7両まで積載できた。

車運丸は1914年から運用を開始した。青森―函館間の所要時間は比羅夫丸などの倍の8時間かかったという。「青函連絡船五十年史」によると、鉄道車両の運送が本来の目的だったが連絡船で運べない重量品、かさ張る高級品等を特別料金で運んだこともあった。高級品に関する具体的な記述は見当たらないが、どれほどの品物だったのか、興味がわいてくる。

車運丸が大きな蒸気機関車を中央部に乗せ、動力船に引かれて海上を進んでいる写真が残っている。その光景はSLを神輿に見立て、厳かな渡御を執り行っているという趣だ。

津軽海峡は波が高く荒れることが多く、車運丸は穏やかな季節、好天の日を選んで航行した。しかし洋上で天気が急変し、危険を感じて積載車両を海中に放棄して難を逃れたこともあったという。

ともあれ、このとき採用された可動橋を使った積み込み方式は1988年、青函連絡船が廃止になるまで基本的に変わることなく使用された。

急行に寝台車、食堂車も

1910～30年代、元号でいうと大正から昭和ひと桁時代だが、日本全国に線路網が展開し、鉄道は速度でもサービスでも大きな進歩を遂げた。国産蒸気機関車が大型化、高速化され、客車や貨車の性能も飛躍的に向上。東海道、山陽本線には食堂車付きの豪華列車、特急富士（1等展望車も連結）、つばめ、櫻《さくら》などがさっそうと風を切って往来するようになった。

函館は本州との連絡拠点としてますます存在感を強め、東京との所要時間を短縮するほか、札幌、旭川、釧路方面への輸送強化、さらに稚内を経て樺太（サハリン）に連絡する急行列車も函館から出発するようになった。

旅客サービスでいえば、1911年7月1日から従来函館―旭川間だった3、4列車を函館―釧路間に延長（当時は富良野経由）、そのうち函館―旭川間を急行列車に昇格させ、道内では初めて1等寝台車を連結した。道都札幌や第七師団がある旭川を意識した編成だったのだろう。

寝台を使用できるのは下りが野田生―深川間、上りは岩見沢―函館間だった。このダイヤ改正に備え、前日の6月30日の3、4列車から車内電灯の使用を開始したのもエポックだ。

また、食堂車は1916年4月10日から、函館―釧路間の急行1、2列車に連結されたのが道内第1号となった。この食堂車は2等との合造車で、経営したのは当時函館で駅弁を売っていた浅田屋という店だった。長く函館駅構内で立ち食いソバや駅弁を売っていた「みかど」の前身である。

ルネッサンス様式の函館駅

風が強い函館は火事が多い街だった。1913年5月4日、若松町から出火した火の手は函館駅にも燃え移り、駅はこれを機に建て替えられることになった。新駅舎は1914年12月、左右対称のルネッサンス様式の木造2階建てとして完成。写真を見ると、まさしく北海道の玄関口にふさわしい威厳を感じさせる作りである。

キリスト教会が多く、異国情緒あふれる函館の街並みにもマッチした。同じ年、京都駅もルネッサンス様式の駅舎が立てられている。

1935年発行の函館日日新聞社編の函館市誌に当時の函館駅のにぎやかさが生き生きと描かれている。抜粋して紹介しよう。

函館駅の1月は初荷の動きで始まる。7日を過ぎるとスキー客が殺到するので、函館―大沼間に運賃2割引の臨時列車を運転。正月を実家で過ごした兵隊が兵営に戻るときも大混雑だ。暖房用の木炭、石炭の到着、大沼、五稜郭からの氷搬出も忙しくなる。

2月には青森方面からの漁船員が到着し、小樽、余市方面に大挙して向かって行く。4月になればニシン輸送の最盛期を迎え、5月初めには函館公園、五稜郭公園の花見、函館招魂社のお祭りで賑やかさを増す。6月は修学旅行、運動会のピークを迎え、笑顔の子供たちで埋め尽くされる。

3代目函館駅＝1933年ころ

7月は競馬と海水浴シーズン。8月には大沼の灯篭流しがあり、これまた臨時列車を走らせる。貨物列車はスイカや冷凍魚などを満載。近海ではイカが採れ始め、各地に送られていく。

9月になると北洋船団に加わっていた漁船員たちが帰って来る。このため、臨時列車、臨時連絡船を出してピストン輸送だ。10月は大沼の観楓会のほか、遠くは樺太に向かう山林作業員も長距離列車に乗り込んで行く。11月は冬物の小荷物が急に増え出すと同時に、マツタケ、鮮魚など貨物輸送も多忙に。そして12月は年末贈答品が激増し、市内では歳の市が開かれ、買い物客が殺到する――。

街の繁栄の中心に函館駅、鉄道そして連絡船があったことがよく分かる。こうして函館駅の1年が慌ただしく過ぎて行ったようだ。

上磯軽便線が開業

ところで、函館・道南にまだ鉄道が敷かれていない明治初期、函館から10キロほど西の上磯村峨朗《がろう》にセメントの材料となる石灰岩が大量に眠っていることが発見された。セメントは建設に不可欠な接着剤の一種で、石炭資源がない函館・道南にとってはまたとない朗報である。

これを受けて1890年、北海道セメント株式会社が設立され、石灰岩を鉄道で函館に運ぶことが計画さ

1890年代から操業を続ける上磯のセメント工場。1960年代は1920年代製造の小型電気機関車も活躍していた＝1963年12月

れた。しかし、まだ函館すら鉄道が来ていない時代。道東、道北の拓殖鉄道優先の陰で函館―上磯間はなかなか認めてもらえなかった。

そこに1911年、交通不便な地方に簡易で小規模な鉄道敷設を可能にし、補助金も出る軽便鉄道法が公布され、同法に乗った形で上磯軽便線として同区間の着工がやっと認められた。

地形上、函館ではなく次駅の五稜郭―上磯間8・7キロで工事が行われ、1913年9月15日に開業式が行われた。中間には久根別駅を設置。1日の運行本数

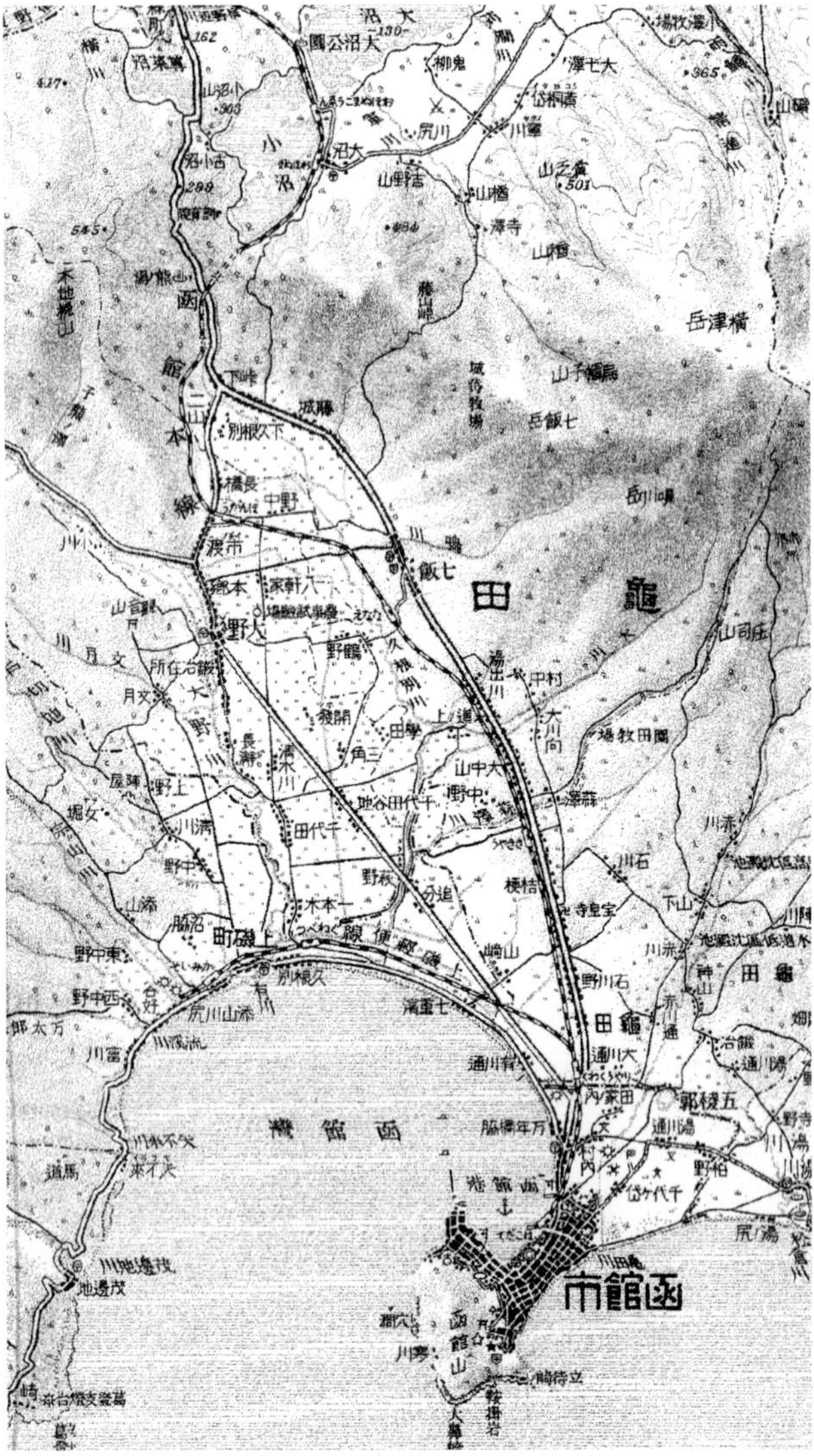

函館から大沼付近までの地図。函館本線と上磯軽便線の路線が載っている

は3往復で、所要時間は30分だった。これは1922年9月、上磯軽便線から上磯線に改称。その後、国鉄江差線として活用されることになる。函館・道南では軽便鉄道の申請が複数出されたが、軽便として産声を上げたのは上磯軽便線だけだった。

道内各都市とネットワーク

1925年の「鉄道省運輸局編纂 汽車時刻表」を見てみよう。上野から函館に行くには下り急行列車(当時、愛称名はついていない)が最速で、上野午後1時発と同8時発の2本があった。午後1時発の203列車は1、2、3等車のほか1、2等寝台車、洋食堂車を連結する優等列車である。

この列車は福島を経由して青森に翌午前6時30分に到着する。ここから青函連絡船に接続し、7時55分の3便に乗ると函館桟橋に午後0時25分に到着した。これで所要時間は23時間25分だ。前述の1904年の列車は接続時間を含めると上野―函館間が29時間20分だったから、20年間でおよそ6時間短縮したことになる。

本州または函館から札幌、稚内、釧路方面に直接向かう客もいたのだろう。同じ時刻表で函館桟橋発の列車を見ると、札幌以北、以東の急行がそれぞれ1本ずつ出ている。また午後10時20分に出発する急行1列車は札幌経由稚内行きで、1、2、3等車及び1、2等寝台車、洋食堂車を連結した花形列車。稚内には翌日午後8時18分に到着した。

また、函館発午後1時13分の急行3列車は根室行き。これは1、2、3等車のほか2等寝台車を連結していた。根室には翌日の午後3時49分に到着。こうした長距離急行列車の存在は、官僚や経済界の要望にかなったものだったのだろう。現在の札幌中心の特急列車網とは違い、地方都市同士を結ぶネットワークが生き生きと機能していた。

ローカルも充実、音威子府行きも

ついついスピードを誇る急行ばかりに目が行くが、むろんそれだけではない。函館を中心に普通列車も住民の身近な足としての役割を強めている。

下り列車に限って記すと、まず、函館午前5時50分発上磯行き801列車、函館桟橋同8時発旭川行き5列車（1等、2等車も連結）、函館同8時45分発上磯行き803列車、同同10時50分発森行き49列車。

昼過ぎは函館午後0時5分発上磯行き805列車、函館桟橋同1時40分発野付牛（現・北見）行き13列車、函館同3時20分発上磯行き807列車、さらに同同4時50分発黒松内行き47列車、同同6時15分発上磯行き809列車、同同7時45分発森行き147列車、同同8時30分発上磯行き811列車、深夜になると、函館桟橋午後11時20分発、音威子府行き11列車が出発する。

このほか函館（函館桟橋を含む）発着ではないが、黒松内午前5時44分発倶知安行き147列車、森同6時20分発小樽行き45列車、長万部同7時発静狩行き801列車（列車番号は函館発上磯行きと同じだが別列車）、同午後3時20分発静狩行き803列車（同）が記載されている。

このうち函館桟橋発野付牛行き13列車は25時間10分かけて延々と走り抜いた。当時はまだ石北本線（新旭川―網走）は全通していなかったので、旭川から宗谷本線を名寄に向かい、そこから旧名寄本線を通ってオホーツク海に面する紋別に出たのち、南下して野付牛に着いた。

音威子府行きの11列車は倶知安付近で朝を迎え、午後2時57分に音威子府到着。15時間37分にわたる長旅だった。これら長距離普通列車を始発から終着まで通しで乗る人は少なかったと思うが、駅ごとに客を乗せたりおろしたりして、日々の生活を支えたことだろう。

このころになると、函館と上磯との間にはローカル列車が6往復するようになった。これはセメント工場が規模拡大したほか、漁業や林業が盛んだったことから、鉄道交通の需要が高かったためとみられる。函館本線の七飯、本郷（現・渡島大野）、軍川（現・大沼）など近郊でも、人口が増えるにつれ列車本数が増えてきた。

1920年の函館の人口は道内1位で約14万5000人、全国の都市の中では9番目の地位にあった。道内2位の札幌は約10万8000人で全国13位、旭川は約10万3000人、同15位で、街の勢いとしては函館が群を抜いていた。

１９２１年、亀田、大野、七飯村長がそろって札幌鉄道局へ陳情書を提出した事例が記録されている。それによると沿線各駅から函館に通学生73人、通勤者９人が列車を利用しているが、本郷を午前５時前に出発し、函館に５時37分に着く列車しかなく、「これでは学校や会社に早過ぎるので、もっと便利な時間にしてほしい。そうすれば函館からの移住者も増え、さらなる利用者も期待できるだろう」と、鉄道側の思惑をもくすぐる提案だ。

　結果は地元挙げての運動が実を結び、札鉄局はその次の森発函館行きの列車の時間を本郷発６時54分、函館着７時40分に繰り上げて便宜を図った。鉄道を街づくりに活用しようという沿線の意気込みと、それに対応した鉄道側のサービス意識がうかがわれる。

新造９６００が乾板ネガに

　１９１３年、元号でいえば大正時代に製造された貨物用の名機に９６００形がある。愛称はキューロクまたはクンロク。まだ、ＣとかＤなどのアルファベット式を採用していなかった時代の形式名である。後述する９９００形＝Ｄ50形の先輩で、１９１０年代から函館はじめ北海道にも多数配置され、貨物のみならず、山間部では客車も引く大黒柱となった。

　番号の付け方は１両目が９６００で、以後、順次数字が増えて行き、１００両目が９６９９となる。その次、９７００と行くところだが、すでに９７００形という機関車が存在しており、１０１両目は１９６００となった。国鉄使用機の最終番号は７９６６９で、これは７７０両目となる。

　９６００は蒸気機関車の中で最後まで残ったグループで、息長く全国で活躍した。１９６７年、国鉄職員の一家を描いて話題になったドラマ「旅路」に９６３３（小樽築港機関区）が〝賛助出演〟し、筋運びに彩りを添えた。

　その９６００のデビュー間もないころの写真が２枚、筆者の父の家に眠っていた。カメラ好きだった祖父がガラス乾板を使って撮影したものだ。前後のコマから、１９２２年以降、間もないときに撮影したと推測される。箱に詰められ保管されていた１００枚ほど

製造間もなく北海道に渡ってきた69621＝1922年ころ

69621は1970年代のSL末期まで鷲別機関区で活躍した＝1972年

の乾板の中から出てきた。

プリントしてみたら、9600が函館の第一線で活躍したころの姿が生き生きとよみがえった。1枚目は機関区と思われる場所で待機している写真。極めてシンプルなスタイルで、ずんぐりむっくりの特徴がよく出ている。私たちが見慣れていた煙突の前の前照灯が、まだこの時は付いていなかった。

ナンバーは下4桁が9621と読めるが、万の位の数字が読み取れない。そこで、機関車データベースを調べたところ、69621号だろうと目星を付けた。

万の位の1~5、7はいずれも本州以南の配置で北海道を走った形跡は全くない。しかし、69621だけは1922年製造後、真っ直ぐ札幌鉄道管理局内に配置された。それが函館かどうかは判明しないが、函館所属でなくとも札幌方面から走って来て、休んでいたところなのかもしれない。1924年には下富良野に移っているので、おそらくそれまでに撮影したと思われる。

69621はその後、いったん長岡と青森に転属するものの、再び北海道に来て長万部、室蘭、鷲別機関

1920年代は輸送量が増え、重量貨物列車は9600形が重連でけん引していた＝函館—五稜郭

区で入替作業を受け持ち、1973年11月に廃車となった。

後々の話になるが、このネガを見て、ひょっとして、と思って私の撮影データベースを調べたら、室蘭に住んでいた1970年代に、鷲別機関区や東室蘭操車場で働いている69621を、今度は私がそれとは知らずに何度も撮影していた。ボイラー前部にあり、煙を後方に流れやすくする除煙板（デフレクター）が付けられるなど、かなり装備が重くなっているが、2枚を並べてみると、我が家とこの機関車との不思議な因縁を感じる。

もう1枚は家並みのそばを9600が重連で走っているところ。雪の状態から見ると、季節は春先なのだろうか。場所は函館―五稜郭間の万年橋小学校付近だと、筆者の父が言っていた。こちらは残念ながらナンバーは見えず、確認はできなかった。

私鉄の寿都鉄道が開業

鉄道が全道に広がる中で、函館・道南では1920年10月、黒松内―寿都間（16・5キロ）に私鉄の寿都鉄道が開業した。寿都や近隣の岩内などは、函樽鉄道建設に当たり、ルートの候補地になったが、「ニシンが捕れなくなる」と反対が起き、以来、鉄道の恩恵にはあずかっていなかった。

しかし、将来の発展を考えると鉄道が必要と判断。函館本線の黒松内で接続する支線建設を請願したが聞き入れられず、結局1918年、函館で寿都鉄道株式会社の創立総会を開いて私鉄として開業に至った。

当初、機関車は国鉄払い下げの7170形7170と7171の2両。それに客車4両、荷物緩急車1両、貨車13両の陣容だった。その後、機関車を増強し、当時としては斬新なディーゼル機関車を導入するなど、貨物中心の輸送にあたった。

その先の推移を足早に記すと、1950年7月、列車遅延の救援の際、7170と7171が正面衝突する事故が発生。両機は間もなく廃車になった。その後、8100形の8105と8108などが導入されたが、貨物輸送の衰退により、1968年9月に運行を中止。1972年5月に廃止の運命をたどった。

筆者が鉄道写真を撮り始めたころ、寿都鉄道はまだ営業しており、黒松内駅で８１０５が入替をしたり、寿都に向かう列車を見ることができた。黒松内駅改札口には函館本線の出発時刻のほか、寿都鉄道の発車時刻も記載されていた。当時、寿都行きは午前１本、午後３本のダイヤが組まれていた。

　１９６３年６月には五稜郭構内の一角で、８１０５の解体作業が行われた。筆者の家の近くだったことから、張り付いて一部始終を撮影した。米国ボールドウィン製の名機がガスバーナーで穴を開けられ、スクラップにされる光景は無残としか言いようがない。運転席

寿都鉄道への乗り換え案内があった黒松内駅ホーム＝1962年

寿都鉄道への接続駅、黒松内では8105が入替をしていた。木材が主要な荷物だった＝1962年

には「寿都神社交通安全 八一〇五号 守護」と書かれたお守りが残っていた。

　また、１９６４年８月に黒松内から寿都に向かう列車を撮ったことがある。記録によると、キハ１という気動車が貨車１両をひいているシーンだ。いささか寂しさを漂わせる光景だった。

ニシン狙って珍事件

鉄道網が広がれば事故や珍事も起きる。少し話は古いが、１９１２年５月、長万部―二股間で列車転覆事故が発生した。重大事故である。そのとき長万部の19歳の男が友人とたまたま現場を通りかかり、壊れた貨車のそばに身欠きニシンが散乱しているのを見つけた。空腹の彼らはそれを拾ってむさぼるように食べ尽くした。転覆事故の最中に不届きな話ではあるが、話はこれで終わらない。

　その中の１人が翌年９月、身欠きニシンの件を思い出し、列車が転覆しなくても急停車すれば、そのすきに何かうまいものを盗めるのではないかと思い至っ

た。そうして大胆にも枕木を線路上に2本置いて待っていると列車が接近。しかし、機関車があっさり枕木を跳ね飛ばし、そのまま通過してもくろみは失敗する。これに懲りずに10月4日夜、また同じように枕木をレールの上に。今度は列車が来る前に見回りの保線職員が来て気づき、枕木を取り除いた。

これであきらめればいいのに、よほど頭に血がのぼったらしく、今度こそ本当に転覆させて何か食ってやろうと決意。2日後の6日夜、3度目となるこの時は線路に置く枕木を3本に増やし列車が近づくのを待った。さあ、列車がやって来たと思った瞬間、今度は乗務員が異常に気付いて枕木の直前で急停車。列車妨害で大騒ぎになった。結局、物をくすねることはできず、3度目の正直、いや3度目の犯行も未遂に終わり、挙句の果てに警察に逮捕されたという。

樺太への連絡、最短で

ところで日ロ戦争後、日本はポーツマス条約でロシアから割譲された樺太（サハリン）南半分の経営を本格化させた。樺太は森林や漁業、石炭など豊富な資源に恵まれ、日本としては存分に活用したい。

北海道と樺太を結ぶ洋上交通は従来、北海道側は小樽、樺太側は大泊（コルサコフ）の間だったが、海路が長くて時間がかかるため北海道内は鉄道を使い、稚内と大泊の間に新たな航路を開設、所要時間を短縮させることになった。

そのために函館―稚内港（現・稚内）間の700キロに及ぶ長距離寝台急行列車を新設した。1934年12月の時刻表を見て仮想の旅に出てみよう。

北海道のエース列車を意味する下り急行1列車（上りは2列車）は函館午後1時20分発。1、2、3等車、2等寝台車のほか、長万部まで和洋食堂車を連結。長万部で札幌行きと別れて201列車となり、東室蘭で3等寝台車を組み込み、以降、夜行列車としてのサービスを提供する。

稚内港行き急行が長万部で札幌行きと分離するのは、勾配のきつい函館本線の山線を避け、平坦ルートをとったからである。道都札幌も通らないというのは、それだけ函館―稚内港間の速達性を重視したからであろう。同列車は苫小牧、岩見沢、旭川を経て翌午前6時48分に稚内港に到着する。

次に稚内港で午前8時50分出港の稚泊《ちはく》連絡船に乗り換える。同港には1936年、半アーチ式の防波堤ドームが作られ、列車は稚内港駅から少々前進し、そのドームに横付けされた。ドームは高さ14メートル、長さ427メートルあり、屋根を70本の柱列が支えるゴシックの建造物を思わせる構造だ。

乗客はその中を歩いて連絡船に乗り込んだ。北海道の南の玄関口、函館とは一味違う異国情緒の雰囲気に最果ての旅情を慰められたことだろう。ドームは今も保存されているが、北海道遺産の指定を受けた壮大な内部を歩き、往時の活気を想像することができる。

さらに、その港から宗谷海峡を揺られて8時間。連絡船は大泊に午後4時50分に接岸する。1年を通じて晴れ間が少ない気候だが、とりわけ冬期は荒れることが多く、流氷も押し寄せ、たびたび困難な航海を強いられた。

その大泊に上陸してからも旅は続く。午後5時10分発の樺太庁鉄道の1列車に乗ると、行政、経済の中心地、豊原（現・ユジノサハリンスク）に同6時15分着。線路はさらに北緯50度、ロシア国境近くの日本最北の街、敷香まで続いていた。

この函館発1列車・201列車には上野発の急行、それに接続する青森発の青函連絡船が効率よく接続されていた。上野から豊原まで直行しようと、上野午後7時発の急行201列車に乗ると、常磐線―東北本線―青函連絡船―函館本線―室蘭本線―函館本線―宗谷本線―稚泊連絡船―樺太庁鉄道東海岸線のコースとなる。上野から通しで列車と船に揺られる2泊3日、47時間の旅だった。

時間は少しさかのぼるが、童話「銀河鉄道の夜」で知られる作家・詩人の宮沢賢治が1923年夏、岩手の花巻を発って函館に至り、さらに樺太に渡っている。稚泊航路に乗船したとき、いかにも賢治らしい詩を書き残しているので、以下、サビの部分を紹介したい。

霧はいまいよいよしげく
舷燈の青い光の中を
どんなにきれいに降ることか。

稚内のまちの灯は移動をはじめ
たしかに船は進みだす。
この空は広重のぼかしの薄墨のそら
波はゆらぎ汽笛は深くも深くも吼える。

筆者の手元にある当時の時刻表では、花巻から稚内まで青函連絡船を間に挟んで鉄道旅行をすると、ざっと35時間要する計算になる。その間、賢治は北へ走る列車の中で創作意欲をたぎらせていたのだろうか。

D50、C51が主力に

1920年代には蒸気機関車の大型化、高速化が進み、優秀な形式は100両単位の大量生産が進んだ。函館、長万部両機関庫の当時の大型機の配置を見ると、客貨両用の9600形、貨物用9900形あらためD50形、旅客用18900形あらためC51形など最新鋭機がきら星のように並び、その高性能をいかんなく発揮していた。これら3形式はどちらも大正モダニズムの影響を受け、従来の機関車には見られない力強く優美な外観を持つ。

とりわけ目立つのは前方上部の煙突。一般に昭和生まれの機関車の煙突は単純な円筒形だが、大正生まれは付け根が滑らかに広がってボイラーに接しているうえ、煙突上端直下に皿のような膨らみを付けた化粧煙突といわれるデザインを採用していた。ハイカラ好きの函館の人たちに大いに受けたのではないか。

鉄道ピクトリアル誌の1958年9月号に当時の鉄道写真家が1937年7月、大沼で撮影した上り列車の写真が掲載されている。主役はC51重連の旅客列車で、磨き上げられた2両のC51が堂々と、今もある小さな鉄橋を函館方向に走っている。資料が少ない時代、貴重な映像だ。

斬新なC55流線形も

変わり種としては流線形のC55形が函館に1936年に1年だけ1両配置されたことがある。流線形は当時世界的に流行していたスタイルで、これも人目を引いたに違いない。直径が1750ミリというC51同様

大正生まれの貨物用D50形は道南でも1960年代まで働いていた。D50　187が長万部を出発する＝1964年

D50と同時期、旅客用として製造されたC51　183。室蘭機関区に所属し、長万部まで普通列車をひいて顔を出していた＝1963年ころ

の高速用大動輪を装備した後継機Ｃ55は62両製造され、そのうち20〜40号の21両が空気抵抗を減らすため鋼鉄の流線形のカバーで覆われていた。

インターネットサイトの機関車データベースによると、流線形のＣ55３２が製造直後に函館に配属されたことになっている。流線形機関車が急行列車の先頭に立ち、高速で疾走する姿を想像するだけで胸が躍るが、現実として時速１００キロに満たない速度では流線形にする効果がほとんどなく、かつ点検に時間がかかることから現場での評判は芳しくなく、まもなくカバーが外された。

筆者は１９６５年ごろ、この３２の写真を長万部で撮影したことがある。当時は室蘭機関区に配属されていて、室蘭—長万部間などの普通列車を引いていた。見た目からかつての流線形を想像するのは困難だが、運転室屋根のカーブが通常より丸みを帯びており、そこだけがわずかに面影を残していた。

１９３５年３月末現在、函館機関庫に配置されていた蒸気機関車（ＳＬ）は８１００形４両、９６００形４両、Ｄ50形15両、Ｃ51形４両の計27両。長万部機関庫は９６００形７両、Ｃ12形４両、Ｄ50形９両の計20両となっている。

１９３６年から製造が始まり、１０００両を超す台数が作られたＤ51形（通称デゴイチ）が配置される直前で、このあと、函館、長万部などにＤ51が大量に配属される。

流線形のカバーで覆われたC55

このころ、機関車だけでなく客車、貨車の性能も改良を重ねてぐんと向上。施設、設備では無線通信の普及、信号の安全強化、全国的な自動連結器の採用など、鉄道を動かす諸設備の充実がはかられた。列車本数の増加に対応するため、１９３６年には本郷—軍川（現・大沼）間に仁山信号場（現・仁山駅）が設置され、行き合い交換ができるようになった。

可動橋で貨車航送を強化

青函連絡船についてはすでに比羅夫丸、田村丸のほか車両航送用艀の車運丸について述べた。その後、北海道への移民増加、資源需要の高まりなどで本州と北海道の間を行き来する旅客と貨物が激増し、海峡の輸送力強化が緊急課題となる。当時の鉄道院は「このままでは需要に応じ切れない」と危機感を強め1910年、帝国海事協会が建造した梅ヶ香丸（3272トン）を傭船、つまり〝助っ人〟として船員ごとチャーターする手段に出た。

さらに1914年7月、第一次世界大戦が始まると、海運業界は好景気に沸いて船舶不足が深刻化。その影響は青函航路にもおよび、場合によっては荷物を断る異常な事態ともなった。鉄道院は毎年のように傭船を増強したが、それでも苦しい状況が続き、早急な対策を迫られる。

そこで客船の内部にレールを敷いて、可動橋を通して車両ごと航送する方式を採用し、1924年5月、翔鳳丸《しょうほう》（3460トン）を就航させた。他力型の艀の車運丸を自力型に発展させた形と言える。翔鳳丸の乗客は895人、貨車はワム形（有蓋車《がい》＝屋根付き貨車）換算で25両積むことができる。

これに翔鳳丸と同級の飛鸞《ひらん》丸、津軽丸、松前丸（津軽、松前の乗客定員は990人）を矢継ぎ早に建造して投入し、一気に事態の打開を図った。函館─青森間の所要時間は4時間半で、比羅夫丸より30分遅いが、客も貨車も一度に大量に運べる点で画期的だった。これにより、梅ヶ香丸以来、1925年までの16年間、合計16隻（延べ18隻）、総トン数は1万8430トンに達した傭船の時代は終わりを告げた。

客も車両も同時に運べる連絡船は後の青函連絡船の原形となった。ただ、可動橋は船尾に乗せてレールをつなぐだけなので、重い機関車が直接乗っかるわけには行かない、そこで機関車の前に軽い控車（ヒ形）を

1962年当時の有川岸壁の可動橋。線路が3本に分岐し、それらが連絡船内部の線路とつながる

数両つなぎ、それを緩衝にして船から出し入れした。貨車は航送中、動かないよう特殊な器具で固定した。

青函丸が貨車航送の主役に

さらに貨車航送の強化のため、1925年、初の貨物船として第一青函丸が就航。同船はワム形貨車43両を積載でき、以後、続々と番号を頭に冠した青函丸シリーズが建造され、青函間の貨車輸送は格段に向上した。ただ、これらは速力が遅く、片道6時間を要したという。

前述したが、筆者の祖父の写真の中に、就航間もない第一青函丸あるいは第二青函丸が函館港に出入りしているコマもあった。おそらく、相当な話題になったのだろう。

なお、青函連絡船は以後、全船が貨車を積載することになるので、1952年の用語統一に合わせ、原則として①客が主で貨車も積載するのは客船②貨車が主で客も乗せるのは貨客船③貨車だけのものは貨物船—と記述する。

この貨車航送は日本全国に経済的メリットをもたらしたとされる。すなわち北海道の特産物である塩漬けの鮮魚､タマネギ、イモなどを本州に向けて短時間で大量に送り出すことができるようになり、販路が全国各地に拡大。輸送経費の大幅節減にもつながった。

このため生産地の収入が増え、消費地での価格は安くなった。「青函連絡船五十年史」によると、貨車航送の以前である1924年と、それ以後になる1927年に、それぞれ消費地の東京市（当時）における北海道産鮮魚価格と、生産地である森町における鮮魚出荷価格の比較が記録として残っている。

1925年、輸送力増強のため、貨物船が就航した。写真は第一青函丸か第二青函丸＝就航後、間もなく撮影したと思われる

マグロを例にとると、１９２４年、東京で10貫目（37・5キログラム）当たり33円だったのが、１９２７年にはほぼ3分の2の21円に下がっている。一方、生産地の森町におけるマグロは１９２４年に12円だったが、１９２７年には21円に上がり、１・８倍程度に高くなった。これは青函連絡船の貨車航送による典型的な経済効果だとよく使われている。需要に応じて新しい商品も生まれ、食料基地としての北海道が全国に認められる原動力となった。

長輪線開通と地元鉄道

これまで見てきたように、北海道の鉄道の主要幹線は１９２０年代にはほぼ形成された。礼文華山トンネル（2・7キロ）など海岸近くの険しい山の中にトンネルをいくつか掘らなければならず、工事が遅れていた長万部―輪西（現・東室蘭）間の長輪線《ちょうりん》（77・2キロ）も１９２８年9月に全線開通にこぎつけた。

噴火湾を通り、長万部で函館本線と直結するこのルートは平坦な個所が多いこともあって、将来は函館本線の山線に代わる幹線になる可能性が見込まれていた。１９３１年、すでに開通していた岩見沢―輪西―室蘭間と一体化して室蘭本線と称され、やがて急行旅客列車、石炭列車などが数多く走る道内有数の重要路線となる。

１９１９年、新線建設を柱とする地方鉄道法と地方鉄道補助法が公布され、全国に鉄道網が広がっていた。北海道はさらに北海道拓殖鉄道補助法により、拓殖に貢献した鉄道に補助を最大７％まで上積みする制度も整備。このため、道内全域にわたって小規模な軽便鉄道、専用鉄道が政府のお墨付きを得て地方鉄道に進化し、多くの街で資材運搬、住民移動に力を発揮した。

函館・道南の地方鉄道は石炭産地の道央圏、原野の中で開拓がすすむ道東北圏ほど需要はなかったが、住民運動が実を結んで開業した砂原（現・渡島砂原）―

室蘭本線は長輪線として開通。戦後しばらく開通当時の急曲線が残っていた＝1969年、礼文付近

森間9・4キロに敷設された渡島海岸鉄道（1928年9月全線開業）と大沼（現・大沼公園）―鹿部間17・2キロの大沼電鉄（1929年1月全線開通）がある。

噴火湾の漁業を底上げ

渡島海岸鉄道は砂原―森間の噴火湾沿いに誕生した。開業の動機は住民の移動もさることながら、沿岸で豊富に捕れる魚類を鉄道で早く大量に輸送するためだ。それまでは運搬手段に乏しく、せっかくのおいしい魚も鮮度を保てない。結局は肥料にして出荷するしかなかった。

砂原に1920年、全国初の冷凍工場ができたが、それは捕れたての魚を輸送できないから、止むを得ず冷凍するという窮余の策で、冷凍製品にしたとしても、冷えたまま運ぶことの困難さが付きまとった。

地元では「これは悔しい。なんとかならぬか」と函館本線の駅がある森から砂原まで線路をつなぐことを計画。これに小樽や札幌の有力経済人が加わって政府に地方鉄道建設の出願書を提出、認められた。

1927年12月に砂原―東森間が暫定開業し、祝賀式が開かれた際、当時の函館新聞は「初列車には歓喜する住民が押し掛け、2両の客車は満員になった」と熱狂ぶりを伝えている。

車両は蒸気機関車2両、有蓋貨車5両、無蓋貨車6両、定員48人の客車2両の体制。SL2両はドイツ・クラウス社製のタンク式1400形で、番号は1409と1420だった。

1409はもともと九州鉄道が輸入。1420は大阪と舞鶴を結ぶ阪鶴鉄道が輸入し、その後九州鉄道に移り、2両とも門司、唐津周辺で働いたのち渡島海岸鉄道に売却された。年季が入ったお古とはいえ、重量感あふれるドイツ製機関車は住民に頼もしく映ったことだろう。

同鉄道では1日4往復の混合列車が走り、所要時間は32分だった。この鉄道はマグロの豊漁が続いたこともあって営業的には順調に推移。沿線の街は出稼ぎの漁民で賑わい、缶詰など水産加工場も進出するなど経済活性化の原動力となった。

1929年6月に沿線の駒ヶ岳が大噴火し、鹿部村などに甚大な被害を与えたが、幸い渡島海岸鉄道には影響はなく、むしろ鉄道の特性を生かして村民の避難や救援活動に活用されたという。こうした地元貢献の努力もあってか、1937年には黒字転換を果たした。

大沼電鉄は噴火で被害

大沼電鉄は当初、馬車鉄道を考えていた渡島軌道会社が、途中から馬車ではなく当時新鋭の電車による鉄道建設に計画変更し、会社名も大沼電鉄株式会社に一新して大沼―鹿部間に線路を敷いた。直流600ボルトを使い、函館本線の開通以来、観光地として人気急上昇の大沼と、間欠温泉で知られる温泉地、鹿部を結ぶことを目的とした。

行楽客ばかりでなく、海に面した鹿部から水産物も大量に運んだ。当時の地図を見ると、大沼駅を出た電車は左側に位置する大沼に沿って鹿部に向かう。晴れた日は秀麗な駒ヶ岳を望んだことだろう。

途中には大沼温泉という旅情をくすぐられるような駅もあった。さぞかし人気を呼んだのではないか。開業時の車両は木製2軸電車や客車、貨車計8両でスタート。運行が軌道に乗った後、電車6両編成の列車が1日7往復、全線を45分で結んだ。

ところが、開業から半年足らずで発生した駒ヶ岳の大噴火が大沼電鉄を直撃。最初は運転できる範囲で、渡島海岸鉄道同様、避難民の輸送に当たったものの、間もなく線路が降灰で埋まったほか発電所の機能停止で電力供給も途絶え、全線不通の緊急事態となった。

途中に留ノ湯という駅があり、降灰時の写真が残っているが、ホームがまるで大雪が降ったように灰で白くなっている。一部区間では馬に臨時の機関車役として客車を引かせたほか、上磯セメント工場のガソリン機関車を急きょ借りて輸送に当たったが、全線復旧は8月末まで長期化した。

その運転再開後、鹿部村（現・鹿部町）は復興のため、温水プールを作って観光客誘致を増やす努力をしたという。この2つの地方鉄道は太平洋戦争前、地元の鉄道として愛されたが、戦争とそれに伴う輸送力強化の陰でひっそりと舞台から姿を消す。それは次章で

開業間もないころの大沼電鉄＝1931年、現在のJR大沼駅周辺

大沼付近の地図。大沼の南側を走る大沼電鉄のルートが分かる

触れたい。

江差線、歓喜の全線開業

地図を見ると、長靴を横から見た形に似ている渡島半島。江差から松前にかけてはつま先で、松前から函館が靴底、函館市東部がかかと、八雲、せたなあたりが足を入れる口に見える。

そこを上下に走る函館本線は開通していたが、まだ半島を横に走る鉄道はない。誘致運動を激しく展開したのは江戸時代からの繁栄を誇り、追分節とニシン漁で有名な江差だった。

まだ、函館にすら鉄道が来ていない1894年ごろから函館―江差間の鉄道敷設計画案を作り、住民の「汽車が走ればニシンが来なくなる」との反対を押さえ込んで1909年、江差町長が政府に鉄道建設の上申書を提出。しかし、いくら要請してもなしのつぶてで、業を煮やした江差町会が上磯軽便線の路線を木古内方面に延長することを決議するところまで過熱した。

熱心な運動が実を結び、1930年10月に上磯―木古内間が開業。木古内には機関車の駐泊所が設けられ、鉄道の街としての歴史がスタートした。さらに1935年12月には湯ノ岱まで延伸され、折り返しのため蒸気機関車の転車台が置かれた。

工事は休みなく進み、1936年11月10日、ようやく江差までの全面開業にこぎつけた。当時の函館日日新聞は「古き文化の街に近代交通文明の黎明《れいめい》」との見出しを掲げ、江差町民の歓喜を伝えた。

開業初日の江差では小学生が日の丸を振って1番列車を迎えた。駅前を撮った写真には自動車やバスに加えて、流行の山高帽をかぶった紳士の姿も写ってい

江差線が全通。1番列車を出迎える小学生＝1936年

る。江差小学校では地域代表らを集めて祝賀式が行われた。

機関車は小型のC12形やC56形だ。開業に合わせて地元の木材や魚油運送の大量発注があり、国鉄は早速臨時列車を仕立てて対応したという。江差線だけではないが、当時はそれほど鉄道への依存度が高かった。

悲願実って瀬棚線も

もう一つ、太平洋側と日本海側を結ぶ東西に走るルートとして、瀬棚線が計画された。1910年ごろから長万部村国縫と瀬棚の住民有志によって国縫―瀬棚間の鉄道建設を政府に請願。一方、これに対抗して八雲でも同じ瀬棚への路線要望の機運が盛り上がり、激しい綱引きが展開された。

八雲側は「沿線一帯の農林業の生産や地下資源の開発など、拓殖鉄道としての使命を果たせる」と町を挙げて誘致活動を活発化。しかし、国縫―瀬棚間にはすでに定期馬車が運行されていたこともあって、軍配は国縫に上がった。

瀬棚線の難所、花石―美利河間の鉄橋を走る気動車＝1969年

ただ、国縫から瀬棚に至る工事予定区間は峠が多く、国縫川と利別川の流域では崩落や氾濫が頻発する。所によっては高い鉄橋を掛ける必要もあった。建設途中で岩石崩壊事故が3回発生し、作業員3人が死亡。さらに橋りょうの架設工事では鉄けたが転落して職員1人が死亡するなど痛ましい事故が相次いだ。

国縫―瀬棚間48・4キロの全線開通は1932年で、工事着手から6年を費やす難工事だった。同線の開業当初の列車は客車1両に郵便車、貨車を連結した客貨混合列車で、小型のタンク式蒸気機関車C12形がけん引し、1日4往復、所要時間は約2時間10分だった。

1935年の機関車配置表によると、C12は長万部に33、63~65の4両が所属しており、これらの機関車が受け持ったと思われる。瀬棚発、国縫発とも午前に上下2本ずつ、午後も上下2本ずつあった。国縫―瀬

瀬棚線の分岐駅、国縫にC11　180が引く小編成の瀬棚線貨物列車が入ってきた＝1964年

瀬棚線花石で貨物列車と気動車が交換した＝1969年

棚間の運賃は77銭だったという。

これにより、それまで瀬棚港を基地としていた海上交通は、安全で迅速な鉄道輸送に転換。各駅前には運送店や旅館が立ち並び、材木はじめジャガイモ、ビートなどの農産物、さらに鉱石などの搬出が活発になった。また、秋口には冬の暖房のため石炭が大量に到着。瀬棚駅は檜山地方唯一の陸上交通の窓口として重要な役割を果たした。

タコ部屋労働、語り継ぐ

ところで沿線の工事現場にはいわゆるタコ部屋が作られ、過酷な労働環境の中で作業が続けられた。タコとは「タコつぼに似て一度入ると出られない」などが語源とされるが、周旋屋の甘言にだまされたり、借金の形（かた）として強制されたり、中には遠く四国から連れて来られた人もいたという。

過酷な労働に耐えきれず逃走が頻発し、そのたびに残酷な仕打ちが繰り返される。その結果、命を落とした人も多く、そのまま埋められた。その実像は2015年に刊行された「この碑の向こうに―国鉄瀬棚線タコ部屋労働の実態」（この碑の向こうに編集委員会）に詳しいので、参照されたい。多くの証言がその悲劇を伝えている。

北海道新聞社刊の「写真集 国鉄北海道ローカル線」の瀬棚線の項では、テレビドラマ「事件記者」などで人気俳優となった瀬棚出身の山田吾一さん（故人）が「伯爵令嬢の悲鳴」と題して八雲中学に瀬棚線で通学した思い出を書いている。

戦後、機関車はC11形に替わっており、山田さんは「C11は女性的というか、サラブレッド的というか、（略）悲鳴を上げながら走る。そのさまはやん事無い伯爵令嬢が世が世なら…といった風情があり、千分の二五の勾配では汽車から降りて後押ししてやりたくなる走りぶりだ」と、きゃしゃなC11を伯爵令嬢に見たてて思い入れたっぷりに青春時代を綴った。

同文では「難所の雰囲気を残している所で北海道に数ある囚人秘話が瀬棚線にもあったらしい」とタコ部屋にも触れている。

この後、八雲は戦時中に瀬棚の南方の熊石まで八雲からの鉄道敷設を請願したが、顧みられることなく放置され、実現することはなかった。また、瀬棚は日本海ルートとして１９３７年に瀬棚―寿都―岩内間、さらに１９５１年には瀬棚―江差間の新設を請願したものの、どちらも却下され、日本海ルートは幻に終わった。

函館に路面電車開業

　函館に目を移すと、１８９７年12月に馬が客車を引く馬車鉄道が運行を始めた。亀函《きかん》馬車鉄道会社が経営し、東京以北では最初の馬車鉄道である。先進的事業だけに函館の人がしり込みして協力が得られず、東京の経済人に頼み込んで会社を作った。

　路線は函館区内（当時は函館区だった）の東川線、湯の川線などがあり、区内から亀田村字村内（現在は函館市内）まで延びる線もあった。馬は２頭立てで道産馬が主力だったという。

　それまで交通の主役だった人力車から客を呼び込み、一躍庶民の足となる。いくら小回りが利いても、走りにかけては車夫といえども馬に勝てなかった。

　路盤は小さな砂利が敷き詰められ、馬が走ると砂利が跳ねて、レールに上がることがある。後続の馬車がその砂利に乗り上げて脱線した時は、乗客も協力して馬車をレールに戻したという。狭い馬車の中では乗客同士、和気あいあいとした空気があったようだ。

　御者の中には鼻の下に立派なカイゼルひげを生やした人もいて、なかなかの威厳を保ちながら馬を操った、との逸話が残っている。

　しかし、本州で電気が普及し、電車が走り始めると、「馬車はもう時代遅れ。これからは電車の時代だ」との声が強まった。これは商業、漁業を通じて函館の産業経済が

湯の川線開業当時の馬車鉄道＝1898年ころ

函館山が身近に見える十字街付近を走る函館市電503号＝1967年

発展し、仕事で上京する人も増え、すでに東京で普及していた路面電車の経済性、利便性を実感していたからであろう。

そこで、馬車鉄道会社を吸収した函館水電株式会社が自社の水力発電設備を利用することで路面電車に切り替えることを決めた。1913年6月29日、動力を馬から電気に変えた路面鉄道が東雲町―湯の川間5・83キロで開業。これもまた当時、東京以北では最も早い路面電車のデビューだった。西欧文化をいち早く取り入れ、〝ハイカラ〟を自称する函館らしい機敏な動きである。

軌間（レールの頭の内側の幅）は1372ミリで国鉄より広く、たちまち多くの市民が利用することになり、路線をどんどん延ばし、電車も増やしていった。このため人力車の車夫や馬車鉄道の御者が失業を恐れて怒り、直談判的な〝就活〟に励む一幕も。相当、強硬だったのだろう。函館水電は彼らを電車の運転士、車掌に採用することで矛を収めさせたひところもあった。

戦争中の1943年11月に函館市の管理となり、以来「市電」の愛称で函館市民に親しまれている。今も昭和の面影を残す旧型電車をはじめ1910年製造で夏の間走行するチンチン電車＝ハイカラ號（号）も名物で、函館の貴重な観光資源ともなっている。

幻の急行電鉄構想

函館本線の輸送量が旅客、貨物とも増大した1920年代、本郷駅がある大野村と函館市を結ぶ第2の路線として電気鉄道を設立し、路面電車を走らせる構想が地元経済人の間で持ち上がった。そのため1925年、大野電軌株式会社が設立され、間もなく鉄道省から認可が下りた。

その実現に向け1929年、大函《だいかん》急行電鉄株式会社が発足。ルートは函館本線の西北側、現在の国道227号、通称大野国道に沿ってほぼ直線で、16・3キロを函館の路面電車と同じ軌間1372ミリの線路で結ぶ計画だ。

本郷駅、函館市内との連絡を意識し、大野側の駅は本郷駅近くに置き、函館側は函館駅隣の五稜郭駅で接続させようとした。函館の路面電車と同じ軌間にしたのは相互乗り入れを考えたとも言われる。

あえて急行電鉄と名乗ったからには路面電車で終わらず、首都圏同様、将来は高速電車を走らせる腹積もりがあった。その上で鉄道事業だけでなく、周辺の宅地分譲、倉庫建設、自動車輸送、電気販売など、鉄道をベースに都市建設プロジェクトに取り組む野心的な事業に乗り出す構想だった。

同社社長であり、筆頭株主である亀田村桔梗（現在は函館市内）の地主、守田岩雄は自分が所有する広大な土地を利用して釣り堀や野球グラウンドなどを作り、鉄道と一体となった娯楽施設建設の夢も描いていたという。

しかし、当時の不況で資金、資材が不足したほか、工事が始まると土地をめぐる契約違反や強引な進め方が表面化。関係者から反発が起き、訴訟沙汰になって電鉄側が敗北する事態になった。挙句は内紛も起き、1937年、本格建設が始まらないことに業を煮やした鉄道省が認可を取消し、あえなく幻の急行電鉄に終わった。

今だから言える「もしも」であるが、この急行電鉄が開業、現在まで続いていれば、北海道新幹線の新函館北斗駅におけるアクセス列車のあり方は別なバリエーションがあったのかもしれない。

なお、守田岩雄が娯楽施設を計画した土地は今、函館圏の物流の中心となる流通センターとして活用され、その中に憩いの場所として「もりたの池」がある。これは彼の名前から取られており、函館圏における鉄道建設と街づくりを夢見た守田の名前をしっかりとどめている。

筆者が鉄道写真を撮り始めた1960年代は、現在の流通センターあたりまで五稜郭駅から線路沿いの細い道を歩いて行けた。周囲は田んぼだった。同センター付近に線路をまたぐ2本の道路橋があるが、その五稜郭寄りの小さな橋は当時から存在していた。ここから五稜郭操車場が見渡せ、桔梗に向かう列車をよく撮ったが、私たちは由来も知らずにこの辺を「もりたの山」と呼んでいた。

第3章

戦時輸送と悲劇

勾配を上り終え、黄昏の有川岸壁に向かう79666＝1968年9月

鉄道も軍事輸送一色に

1930年代に日本の鉄道は列島を貫く東海道、山陽、東北各本線を中核に全国津々浦々にネットワークを広げ、優秀な機関車、乗り心地の良い車両が次々と開発、製造された。

また、電信電話の活用によって信号や保線など安全システムも近代化が図られ、明治維新直後に新橋―横浜間で開業して以来、半世紀ほどで世界水準に接近したと言えよう。

このころ、鉄道技術に自信を付けた日本では、国内にとどまることなくアジアに鉄路を広げよう、との議論が頻繁になされるようになった。それは軍国主義の台頭と軌を一にしていた。

1938年12月、鉄道省の湯本昇・鉄道監察官が「中央アジア横断鉄道建設論」なる論文をぶち上げた。これは朝鮮半島の釜山から列車で北へ縦断して中国の北京へ。さらに600キロ内陸部に入る包頭まで既設路線で走る。

そのあとは新たな路線を建設し、かつてシルクロードと呼ばれた西域に入り、アフガニスタンのカブール、イランのテヘランを経てイラクのバグダッドに至る。この7470キロを高速機関車で引いて10日間で到達するという構想だ。

イラン、イラクは石油の宝庫。もしこの地域に鉄道を敷設すれば、いつ敵になるか分からないソビエト連邦（当時）のシベリア鉄道を使わずに日本に石油を短時日で運ぶことができる―と。

湯本は世間一般からは「湯本は夢を食う貘《ばく》（架空の動物）ではないか。名前を貘に変えたらいい」と冷笑されたが、すでに日本は1931年9月の満州事変後、南満州鉄道で高速列車を走らせ、大陸での鉄道経営を拡大しつつあった。

そうした実績をもとに、中国大陸のみならず、大東亜共栄圏構想を鉄道幹線で支えるため、東京から中国、ベトナム、ラオス、カンボジア、ビルマ、タイ、マレーシアを含むインドシナ半島全域、さらにはオーストラリアに至る広大な地域に鉄路を建設する議論が盛んになってきた。

1941年12月に日本が真珠湾を攻撃して日米が開

戦した。翌1942年8月には政府から諮問を受けた大東亜建設審議会が「大東亜交通基本対策」を答申。その中で「大東亜共栄圏を確立する先決用件は海、陸、空の輸送力を強化することである。共栄圏全域に渡る交通諸機能をわが国が確実に把握し、広域的な国防を強化し、政治力の浸透と経済の発展を図るべきである」と目的を明確化した。

緒戦こそ真珠湾攻撃やシンガポール攻略で勝利した日本だが、答申が出たころはミッドウェー海戦で敗北し、米英連合軍との形勢が逆転しつつあった。にもかかわらず、他国の領土に線路を敷き、日本の国益を膨らまそうというのだから、現実無視で身勝手な議論この上ない。当然のことながら、日本が敗戦に転落するのと同時に、こんな構想は吹っ飛んでしまう。

ただ、戦時中は東海道、山陽両本線の輸送力を抜本的に改善するため、軌間を現行の1067ミリから世界標準の1435ミリに拡大し、高速走行可能な〝新幹線〟を建設。下関から釜山まで海底トンネルを掘り、朝鮮半島に至る壮大な計画も鉄道省内部で真剣に練られていた。

新幹線と青函トンネル構想も

実は一連の議論の中には、本州と北海道の往来を容易にする観点から北海道新幹線の建設や青函海底トンネル構想も含まれていた。もともと函館には1920年代に海底トンネルの掘削を訴えた人物がいた。

阿部覚治という当時の函館市会議員で、1923年に著した「大函館論」の中で、海峡を挟んだ都市振興のため「函館・大間（下北半島）間の海底鉄道が必要だ」と主張。さらに「事業は容易ではないが、関門海峡の海底鉄道はようやく着手されつつある。この際、函館・大間は距離において多少の相違はあるが、決して無謀ではないと私は信じている」と論陣を張った。

当時具体化しつつあった関門トンネルを引き合いに、「函館・大間だってやればできる」というが、関門トンネルは3・6キロに過ぎず、50キロを超える青函トンネルと比べて、距離の相違が「多少」というのはやや強引すぎる感がある。何より、当時の資金力、技術力では不可能だっただろう。

しかし、函館と青森を海底トンネルで結び、両地域の発展を図ろうとする構想は、まさしく青函トンネル・北海道新幹線による青函活性化の課題を先取りしたもので、100年近く前にすでにこうした議論があったのは注目してよい。

阿部の主張が中央に浸透したかどうかは定かでないが、それから約20年後の1941年5月に、鉄道省幹線調査課の田中精一による「新幹線計画は何処迄《どこまで》進んだか」と題する報告書が発表された。

それによると「日満支の結合を根幹とする交通政策は、国防国家の建設及び東亜共栄圏の確立と一体不可分の問題である」と位置づけたうえで、「南方基地及び大陸との一貫輸送の完璧を期するため、朝鮮海峡の海底隧道（トンネル）計画と合わせて新幹線を建設し、九州及び北陸方面を結ぶ裏幹線の広軌化も必要だ」と主張。

その上で田中は「新幹線はさらに北方関係の重要性に鑑みて北海道にまで延長計画を作るべきである」と提言した。こうして大東亜共栄圏建設のスローガンの下、日本全国の鉄道は新幹線建設構想も含め、戦争遂行体制に組み込まれて行くことになる。

青函海底トンネル

政府委員、實現を確約

〃青函海底トンネル〃は多年にわたる本道民の要望であるが二十五日の衆院鐵道特別委員會で政府委員は

「目下机上の計畫中で資材その他種々の支障が打破された曉は是非共實現したい」

と道民の夢に嬉しい曙光を與へた

政府委員　現下重要なる樺太北海道方面の物資輸送その他の關係より是非共早急實現の要に迫られてゐるのですでに圖面に依る調査は完成し目下机上の準備を進めてゐるのでその實現は近きにある

更にこの〃青函トンネル〃の問題に關聯して本道樺太の重要物資輸送に重大役割を持つ東北線の全線複線その他に依る強化も取上げられ八田運輸通信大臣は、

「北方は今や國防産業の重要地として其運輸關係も頭大化しつつあるので當然何等かの方策を講じなければならぬのであり大いに考慮してゐる問題である」

と答辯した。

1944年1月26日付北海道新聞

1944年1月25日の国会で青函海底トンネル構想が取り上げられた。すでに敗色濃厚となったころである。衆院特別委員会で「道民の多年に渡る要望である青函海底トンネル」に関する質問があり、これに対して政府委員が「同トンネルは目下机上で計画中であり、資材その他種々の支障が打破された暁には是非とも実現したい」と条件付きながら前向きの答弁を行った。

さらに、「現在重要になっている樺太・北海道方面の物資輸送その他の関係により、是非とも早急に実現の要に迫られている。すでに図面による調査は完成しているので、その実現は近きにある」と踏み込んだ。

続いて鉄道技術者かつ工学博士でもある八田嘉明運輸通信大臣は、東北本線の全面複線化構想も含めて「北方は今や国防産業の重要地として運輸関係も重大化しつつあるので、当然何らかの方策を講じなければならず、大いに考慮している」と、閣僚レベルでも取り組む意欲を示した。

当時のルートは現在と違い、津軽海峡の東側すなわち函館市郊外の汐首岬と下北半島の大間崎を結ぶことを想定していたと思われる。どこまで具体的で本気だったのか分からないうえ、終戦とともに立ち消えになったが、日本列島を貫く新幹線構想は日本の鉄道界の地下水脈として受け継がれて行く。それがやがては1964年の東海道新幹線を皮切りに、近年では2011年に九州新幹線、2015年には北陸新幹線がそれぞれ開業し、2016年3月に新函館北斗までの北海道新幹線が営業開始するルーツになったと言えよう。

大陸に機関車を供出

時間を1930年代に戻すと、大陸進出により華北、華中での鉄道輸送が繁忙を極め、現地での機関車不足を補うため、全国の路線から機関車を海外に送り出すことになった。これには道内のSLも対象となり、1938年から翌年にかけて道内各地から中国大陸向けが78両、南方向けは1941年から翌年にかけて34両を数えている。

中国大陸向けは大型の9050形と9600形、南方向けは軽量で中距離用のC56形が中心だった。国鉄の軌間は1067ミリだが、これを中・小型機関車は1000ミリに、大型の9600形は標準軌の1435ミリに改造された。道内では苗穂工場で9050形9両、C12形4両、9600形8両、釧路工場では9050形2両を改造した。

供出機関車には函館・道南で現役だった機関車も含まれた。機関区別に記すと函館はC12形の157と158。長万部からは9600形の79612、49668、59637、C56形の45。木古内からは

Ｃ56形の28、68、69、88の合計10両を数えた。

これらの機関車がどの地に向かったかは定かでないが、南方向けは輸送船が途中で敵の攻撃で沈められることが多く、大半が目的を達する前に海に消えたという。機関車も軍事に徴用され、挙句の果てに海戦の犠牲となった。

当時、貨物用蒸気機関車の主役としてＤ51形が次々と製造され、全国で活躍していたが、軍事輸送増強と海外への供出で国内の機関車が不足し、全国の機関車メーカーがフル回転しても追い付かない。

そこで国鉄自らがＤ51を新造することになり、道内からは苗穂工場が選ばれた。同工場は２３７をはじめ12両を製造。２３７は終戦直後の資料では函館機関区に配属となっており、戦中から函館本線で走行していたとみられる。なお同機は現在、ＪＲ北海道の苗穂工場の一角に保存されているが、磨き上げられたその姿は当時の鉄道マンの誇りを伝えている。

一方で、目新しい車両として１９３７年6月、函館にガソリンを燃料とするガソリン動車キハ４２０００形（定員１２０人）が配置され、函館―上磯間で運転。しかし、ガソリンが同年以降、統制強化されたため運転回数が削られ、間もなく中止に追い込まれた。

ガソリン動車を進化させたディーゼルカー（気動車）の本格導入と急行、特急列車への活用は、戦後を待つことになる。

青函連絡船を増強

太平洋戦争直前の函館・道南の鉄道はどうだったか。１９４０年ごろの状況を見てみよう。まず函館と本州との大動脈である青函連絡船は１９３０年以降、客も車両も運ぶ客船が翔鳳丸、飛鸞丸、津軽丸、松前丸の4隻、車両だけを運ぶ貨物船が第一青函丸、第二青函丸の2隻体制が続いていた。

しかし、両青函丸は速度が遅く、青森―函館間6時間を要し、1日1往復しか出来ない上、翔鳳丸など4時間半で運航する客船に途中で追い抜かれてしまうこともある。これではダイヤ作りが複雑になり、しかも、貨物船2隻のうちどちらかがドック入りすると輸送が著しく滞る。

そうした貨物船不足が深刻化する中、1920年代後半の不況から年間70万トン台を超えられずにいた貨物量が上向き始め、1936年度に100万トン台を達成した。

そこで鉄道省は貨物船ながら翔鳳丸などと同様、4時間半で航行できる高性能の第三青函丸を建造し、1939年11月に就航させた。第一、第二青函丸から見て著しく進歩したのは速度だけでない。それまで車両甲板は屋根がなく、吹きさらしだったが、第三青函丸は車両甲板を屋根で覆った。

これにより、積載車両は雨や雪をかぶらずに海峡を渡ることができるようになり、同時に乗組員の安全確保も実現した。また、石炭燃焼のボイラー缶数が増えたため、煙突がそれまでの倍の両舷2本ずつ計4本となって力強い外観を誇り、一躍、貨物船のエースとして君臨した。

以後、日中戦争を機に戦時輸送が激増する中、順次番号を振り付けた青函丸シリーズが続き、終戦直前の1945年5月に第十青函丸が就航した。ただ、いずれも第三青函丸同様の性能は維持されたものの、戦時体制のもと、甲板の厚さが半分に削減されたうえ、船底を二重底ではなく1枚にするなど、安全軽視の簡易建造船となった。

鉄道省が必死に連絡船の重要性を説き、簡易化の撤回を求めたのにもかかわらず、船舶に関して全権を握っていた海軍省が首を縦に振らなかったためだ。軍用船の建造を最優先したためだろう。

このうち第九青函丸は1945年2月、公式試運転を終えて横浜から函館に回航途中、房総半島の勝浦沖で沿岸に近づき過ぎたのが原因で座礁し沈没。米軍潜水艦の攻撃を警戒して護衛艦が付き添い、ジグザグ航行したのが仇となった。このため、第九青函丸だけは一度も連絡船としての役割

空襲で激しく損傷したが、修理の上、戦後も貨物輸送に当たった第八青函丸＝1948年

を果たせないまま、廃船となった。

また、同年3月には強風下、青森港に接岸しようとした第五青函丸が防波堤に衝突して浸水し、沈没する事故が起きた。いずれも低材質、操船しづらいといった戦時設計の弱点が露わになったケースだ。

しかし、残りの連絡船は戦時中、津軽海峡の浮遊機雷や米軍潜水艦への警戒を強化しながら、乗客はもちろん、石炭、木材の資源や戦地に届ける物資など様々な輸送に全力で当たった。そして最後は米軍の空襲を受けて津軽海峡の屍になるのだが、それについては後述したい。

フル回転したのは青函連絡船だけではない。函館に石炭や資材が滞貨することを憂慮した国鉄は、窮余の策として100トン級の機帆船による輸送をひねり出した。機帆船とは一般に内燃機関搭載の小型木造帆船を指すが、青函連絡船の補助役として約60隻を集め、これに石炭、ガス、木炭、木材をはじめ野菜、雑穀、肥料など様々な物資を函館から青森はじめ東北沿岸にピストン輸送させることにした。

1944年3月から石炭月間6万トンの目標を掲げ、無理難題と思われながらも、同年4月にはいきなり20万トン超の実績をあげた。歴史の表舞台に登場する船ではないが、これら機帆船も戦争遂行の一翼を担った。石炭を積み出す荷役には、兵役に入った男性の代わりとして学生、生徒、女性が動員された。そればかりか徴用された中国人も酷使されたという。

船上での突撃取材も

ところで戦前、函館では連絡船の取材を専門とする新聞記者がいた。北海道新聞の前身である北海タイムス函館支社が発行していた夕刊函館タイムスの記者兼カメラマンだった弓削栄治氏が北海道新聞社刊の「写真集 さようなら青函連絡船」に思い出を書いている。戦前、戦中である1936年から6年間の取材は大変興味深く、当時の世相を伝える貴重な資料となっている。

それによると、弓削氏は毎日、桟橋に構えていて連絡船が見えてくると函館水上警察署のランチに便乗し、接岸準備中の連絡船に近づいて後部デッキから一気に連絡船に乗り込む。そのまま事務長室に駆け込み、乗船名簿を手に入れて、東京からの高官、名士、映画俳優、話題の人物などをチェック。お目当ての客が見つかると手早くインタビューし、下船客をかき分けてタラップが桟橋に下りる途中、まだ宙に浮いているうちに桟橋に飛び降り、新聞社に戻って締め切り時間に間に合うように原稿を書いたという。

探し当てて記事にした有名人は歌手なら人気絶頂期にあったディック・ミネ、淡谷のり子、政治家では広田弘毅首相、軍人では寺内寿一陸相、米内光政海相、相撲は横綱双葉山、女優ではご当地函館出身の高峰秀子、また三重苦を克服した米人社会福祉活動家ヘレン・ケラー女史などがいた。

高峰秀子は函館に生まれ、4歳で東京に移ったが、「秀子の車掌さん」などで有名になってからも、たびたび函館を訪れていたという。

ヘレン・ケラーは1937年6月18日に青函連絡船で函館に到着。20日に57歳の誕生日の祝福を受けたほか、函館盲唖院（現・函館聾学校）で生徒と交流し激励した。函館の読者は弓削氏らの記事を読んで、有名人の渡来をさぞかし話題にしたことだろう。

弓削氏が一番悔しかったのは、樺太国境からソ連に亡命し「恋の逃避行」として話題を呼んだ女優岡田嘉子と演出家杉本良吉の名前に気づかず、接触出来なかったことだったと述懐している。また盧溝橋事件後には客船4隻のうち1隻が臨時便となり、旭川の第七師団から中国大陸に向かう兵隊を乗せていたことにも触れている。

貨物優先の戦時ダイヤ

太平洋戦争開始後、日本軍の勝利が続いたせいか、函館関連の列車ダイヤは充実が図られる。1942年11月のダイヤ改正で函館—網走間の急行を廃止するものの、樺太と連絡する函館—稚内間（当時は稚内桟橋）の急行1列車、2列車は所要時間をそれぞれ37分、1時間短縮。ここにも樺太との連絡を重視する政府や軍の意向が読み取れる。

同月の時刻表では函館発の急行は午後1時20分の稚内行き1列車、同4時45分の根室行き7列車の2本。

そのほか午前6時45分の名寄行き普通13列車、同10時14分の旭川行き普通17列車、午後４時50分の小樽行き普通１０７列車、同11時47分の稚内行き普通３０５列車（長万部まで旭川行きの普通15列車を併結）が走っていた。

むろん同じ区間で上り列車もほぼ同時間帯で運行していた。翌１９４３年10月には函館―稚内間に新たに急行３列車を増発し、樺太との連絡を一段と強化した。

本郷を渡島大野に改称

ところで函館・道南で最初の駅グループの一つである本郷駅が１９４２年、駅名を渡島大野に変更した。40年経って村そのものの名前が付けられたことになる。ただ、大野という駅はすでに東北と東京圏を結ぶ常磐線に存在していたため、「北海道渡島の国」の渡島を頭にかぶせた駅名とした。

渡島大野駅＝1979年

地元住民にとっては、その後70年余にわたって使用される、この駅名が一番馴染み深かった。ちなみに、この地は福井県大野市から移住した人が多いので大野村という地名が付いたとされる。

函館駅、再び焼けて建て替えへ

それより先の１９３８年1月、函館駅の給湯室の円筒が過熱して出火、威容を誇ったルネッサンス様式の駅が燃え上がった。２代目駅舎は類焼だったが、今回は火元である。２代続けて火事で失った。運輸、貨物事務所も焼失し、札幌方面はもちろん、各駅との通信が途切れた。それでもホームや線路は無事だったので、列車は平常通り運転したという。

もともとこの駅は老朽化により建て替え計画が進行中で、４代目駅舎は戦時中にもかかわらず１９４２年12月に竣工、開業にこぎつけた。この駅舎は初の鉄筋コンクリート2階建て、待合室やロビーは十分な広さを持ち、食堂なども併設された。

原案では3階建ての建物にする予定だったが、戦時の緊縮予算で削られたという。筆者の世代では「函館駅」と言えばこの建物で、2003年まで半世紀以上にわたって〝函館の顔〟として市民や旅行客に親しまれることになる。この駅は燃えなかった。

戦局がいっそう厳しくなった1944年、戦時陸運非常体制が敷かれ、貨物列車を重視する一方、急行と名のつく旅客列車は函館発午後1時40分の稚内行き3列車（上りは4列車）のみに削減された。この急行を引く蒸気機関車後部の炭水車には機関銃が設置され、兵隊が上空をにらんで警戒に当たったという。

戦時中に建設された4代目函館駅＝1954年

「北海道鉄道祝開通80周年」の看板や、準急えさし新設の垂れ幕がある＝1960年

長距離急行は格下げに

名寄、旭川、根室、小樽、釧路、稚内、網走行きの長距離列車は存在するものの、いずれも普通列車に格下げされた。つまり鉄道は「貨物列車優先の戦争支援部隊」と位置づけられ、旅客輸送は二の次に格下げしたのである。

こんな事例がある。1944年9月、函館駅に旅客の「相談窓口」が開設された。このころ客車を利用できるのは原則として軍公務とそれに準ずる客、せいぜい肉親の危篤、葬儀等に駆け付ける一般客に限って許可を出す措置が取られていた。しかし、危急でなくても列車を使いたい客はいる。

このため、もっともらしい口実をつけて切符を手に入れようとしたり、「断られてもともと」とやって来る客もいた。窓口にはベテラン駅員が配置され、その申し出が本当か嘘かを見極め、不要不急と判断した客は退散させた。同じようなことが全国の駅で展開されたのだろう。そこまで一般客の排除は徹底していた。この年、全国でも急行はわずか8本まで減らされた。

その半面、市販の列車時刻表には掲載されていない軍用列車は次々と増発された。若干年代をさかのぼると、1931年の満州事変、翌1932年の上海事変で旭川の第七師団が北支(中国北部)と満州(中国東北部)に派遣された際、その都度軍用臨時列車として運行した。

この派遣軍輸送の臨時列車は毎年運転され、1932年度から1939年度まで計101本、車両増結の本数は47本に達した。40年度以降の記録はなく、比較することはできないが、これは軍の機密だったからではないか。実態としてもっと多かったのは間違いない。

ともあれ1939年度までの数字を見ると、太平洋戦争前も中国や南方に北海道の兵員が鉄道で大量派遣されていたことが分かる。1940年の国家総動員法が公布されると、あらかじめ重要幹線に軍用列車のダイヤが組まれるようになる。いってみれば「影の列車ダイヤ」である。軍の作戦そのものにかかわるため、時刻表、旅行案内等から軍用列車と見破られないよう鉄道側にも徹底して秘密厳守が求められた。

当然のことながら軍需物資を含む貨物の輸送も大幅に増えた。年度別の北海道内の貨物の走行距離を比較すると、1926年度に580万キロメートルだったのが、太平洋戦争が始まった1941年度に1160万キロメートルと倍増。終戦前の1944年度には1382万キロメートルに達した。

一例として、空知地方の炭鉱で採掘された石炭を軍需工業地帯である京浜、京阪神地方に緊急輸送することが課題となり、東室蘭―長万部間で函館直通の1100トンけん引が実施され、その石炭積載貨車(セキ)は函館からそのまま青函連絡船で本州に運ばれた。

道内炭の積出港はそれまで室蘭と小樽で1、2位を争っていたが、長距離で時間を要する海上輸送の危険性が高まり、それを避けようと、より安全な列車で函館まで届けることにした。このため青函連絡船も輸送能力が限界に達し、函館駅構内には運び切れない貨物が滞留した。

有川岸壁と五稜郭操車場

函館に集約される貨物量をさばくため、青函連絡船の増強と同時に、連絡船が渡航貨車の搬出入作業をする岸壁（桟橋）が不足となってきた。これまで函館駅に隣接する第1、第2岸壁を使っていたが、抜本策が必要と判断され、五稜郭駅西方の有川《ありかわ》に三つの岸壁を建設することになった。

ここを使用するのは原則、貨物船で、とにかく貨車を青函連絡船にどんどん積み込むことが求められた。次に記述する五稜郭操車場と一体化した施設で、第3岸壁は１９４３年１月に使用開始。第４岸壁は１９４４年10月に完成した。両岸壁の完成により、運航回数は1日20往復程度増える効果をもたらした。なお、第5岸壁は本体工事が終了したものの、終戦のため貨車航送に必要な設備は中断された。

岸壁建設には埋め立て用に膨大な岩石、土砂を必要とし、人手不足は勤報隊員を使って突貫工事を進めた。中国で徴用された中国人労働者も含まれていた。土砂運搬は1日40往復以上、工事延べ人員は1年間に50万人に及ぶ緊急対策。使用された砂利石材は貨車10万両以上、これをつなぎ合わせれば70キロメートル以上になるという。

有川岸壁へのアクセスは五稜郭操車場と五稜郭駅からの2線が作られた。有川を頂点にちょうど三角形のルートになる。操車場からの路線は土手を築き、函館本線と江差線をまたぐ立体交差にした。

筆者の生家の近くなので、叔父や叔母たちが建設の経緯を記憶していた。もともと、このあたりは平坦な野原で、戦前は上磯から走ってくる列車が見えた。汽車に乗る時、それから五稜郭駅に行けば、ちょうど間に合ったという。

有川線の築堤を建設するため、隣接していた旧五稜郭用品庫付近の地面を掘り返して盛り上げた。筆者が子供のころ、築堤の横に沼があり、釣りを楽しんだが、この沼はそのときできた穴だった、と後で知った。

１９３７年生まれの叔父の話では、１９４５年夏、終戦となって間もないころ、頭に傷を負い、朝鮮語ら

五稜郭操車場での9600による入替風景。本州向けの貨車を仕分けしている＝1968年9月

五稜郭操車場で下り貨物の組成をする右運転席の19671＝1965年

戦時中に作られ、本州と道内の輸送拠点となった五稜郭操車場。左端が函館本線下り線、右端が同上り線。中央に五稜郭機関区が見える＝1978年

有川線の貨物が江差線（左）と函館本線下り線（その右）の上を通り、五稜郭操車場に入って行く。下は入替中の9600＝1965年

函館山が見える有川で入替をする9600。右は道内用に製造され、陸揚げされた急行用気動車＝1968年9月

青函連絡船で青森から到着した貨物を有川から五稜郭操車場に引き上げる9600＝1968年9月

五稜郭操車場から本州に渡る貨物列車が有川に到着。線路がたくさん分岐していた＝1968年6月

有川岸壁で青函連絡船に貨車を積み込む29601＝1968年7月

しい言葉を話す男が玄関に現れた。どうやら「かくまって欲しい」と言っているようだ。

驚いていると、家の中から父親（筆者の祖父）が出てきて水を飲ませてやった。すると男は辺りをうかがうようにして、五稜郭工場の方角に逃げ去った。そのころ、五稜郭操車場で暴動があり、朝鮮半島出身者と思われる男たちの声が聞こえていたという。

戦時中のことで闇に包まれているのだろう。こうした人たちがその後、祖国に帰れたのかどうか、調べるすべもない。青函連絡船廃止とともに、有川岸壁も役目を終え、線路を往来していた貨物列車も姿を消した。その後、築堤は壊されて平地となり、現在は住宅がびっしり並んでいる。有川には現在、ＪＲ貨物の函館貨物駅があり、函館発着のコンテナ基地になっている。

輸送増強に五稜郭機関区誕生

一方、これまで機関車を管理する機関区などの機能は函館駅回りに集中していたが、五稜郭駅周辺にも施設を増強することになった。まず１９４２年に五稜郭の桔梗寄りに五稜郭機関区駐泊所を設置。さらに函館―五稜郭間の複線化工事を行い、輸送能力を高めるとともに、双方の一体化が図られた。五稜郭機関区駐泊所は１９４４年10月に五稜郭機関区に昇格した。

また、それに関連して１９４３年１月から広大な五稜郭操車場の使用を開始した。下りは17列車が出発第１号、上りは１１２列車が到着第１号だったと記録されている。

同操車場は上り列車の場合、札幌、旭川など内陸部から到着した貨物列車の貨車１両ずつを編成から切り離し、それを機関車が押したり引いたりして本州の行先別に組み直し、それぞれ１本の列車に仕立てて有川に運び、青函連絡船に積み込む。

逆に青函連絡船で本州から到着した貨車を札幌など行先別に仕立て直し、手際よく函館本線に送り出す。つまり、五稜郭操車場は北海道と本州とを往来する貨物列車をいったんガラガラポンして組み直す重要拠点と位置付けられた。当時の北海道新聞の記事は「函館―五稜郭間の複線運転の効果と合わせて本州と北海道との鉄道輸送は飛躍的に増大する」と期待を示した。

五稜郭機関区で点検を受ける49603。後方に石炭台、左側に給水塔、右に山積みの石炭などが見える＝1968年10月

〝決戦機関車〟D52を投入

D51形を大量生産しても機関車不足は深刻さの度合いを増していた。国鉄は貨物輸送を一段と強化するため、D51に代わる大型の貨物用機関車の設計を急ぎ、1943年、D52形（デゴニ）の1号機を完成させた。機関車重量85トン（D51は78トン）、ボイラー圧力16キログラム／平方センチ（同15キログラム／平方センチ）など、すべてにおいてD51をしのぐ大型機関車である。横から全体を見ると、ボイラー先端が前方に突出し、いかにも力強さが感じられる。

太平洋戦争で連合軍の勢いに押される中、D52は戦局打開の切り札となる「決戦機関車」として期待され、全国各地の主要幹線で本格運転が始まった。北海道では1944年12月、函館、室蘭両本線を受け持つ長万部機関区に一挙30両が配置された。

番号を記すと、21、31、46～52、94～97、111～113、146、151、152、205～208、220～222、345～348である。これらは函館本線の函館―倶知安間、室蘭本線の長万部―鷲別間で使用された。倶知安方面の山線は急勾配が多くて登坂力が求められた。一方、室蘭本線は平坦部が続くため、石炭輸送を中心に長大貨物列車の先頭に立った。

しかし、ボイラー効率などは好成績だが、全体の仕上げが欠陥品同様だった。戦時設計のため全体に粗悪な材料が使われ、山陽本線で走行中、ボイラーが爆発する事故も発生した。

当時の写真を見ると、除煙板を木の板を組んで済ませるなど、安全性、信頼性に乏しいのである。前述した青函連絡船でも戦時型の弱点が露呈されたが、このD52も同じようなものだった。

はたして長万部配置のD52たちも粗末な作りのうえ、いきなり12月の真冬を迎えたものだから、いくら

戦時中に決戦機関車として製造されたD52。当初は木材も使った簡易な作りだった。写真は戦後、改装されたスタイル＝1964年

旧梅小路蒸気機関車館に展示されているD52　468の運転台。左側が機関士席＝2010年2月

乗務員が頑張っても故障しがちとなる。なにより翌1945年8月に終戦を迎え、肝心の目的である貨物輸送が急激に減った。

悪戦苦闘の乗務員

戦時中は機関車だけでなく、業務量の増加のほか中堅職員の応召、外地鉄道への派遣などから職員不足が顕著になり、その穴を埋めるため、まだ10代の若者を含め大量採用が繰り返された。1939年、札幌に鉄道省直属の札幌鉄道教習所が設置され、終了生徒数が同年度は506人だったが、翌1940年度は1047人、戦争が激化した1943年度は2559人とうなぎ上りになった。

中でも列車の運転を担当する機関士と機関助士は修了生のうち50％前後、多い時で60％を占め、鉄道の基本を学ぶほかボイラー火室への投炭練習や運転操作の即席訓練に明け暮れた。試験に合格し、終了すると早速第一線の機関士、機関助士となり、増大する一方の戦時輸送の主力となって行った。このころになると石炭の質が劣化、さらに食糧確保も難しくなり、乗務員は空腹を抱え悪戦苦闘しながら昼夜の運転に当たった。

戦況悪化と人手不足で線路の保守もままならなかったのだろうか。1945年元旦の午前0時、函館発でD51240と同751が引く夜行列車（9両編成）が七飯駅を発車した途端、先頭機関車の従輪と炭水車が左に脱線、次位の機関車も脱線転覆して築堤から転落し、続く客車4両も脱線転覆、後部車両は脱線した。負傷者は13人。原因は線路の軌間が拡大していたためで、復旧には丸2日要した。

砂原線建設で〝複線化〟

戦前、戦中の貨物列車の増加により、単線で列車の交換や同方向列車の追い越しが容易でない函館本線の輸送能力は限界に達した。当面、列車本数が多い函館―森間を何とかしなければならない。まず1936年、勾配区間で駅間が9・1キロと長い本郷（現・渡島大野）―軍川（現・大沼）間に仁山信号場を開設。列車

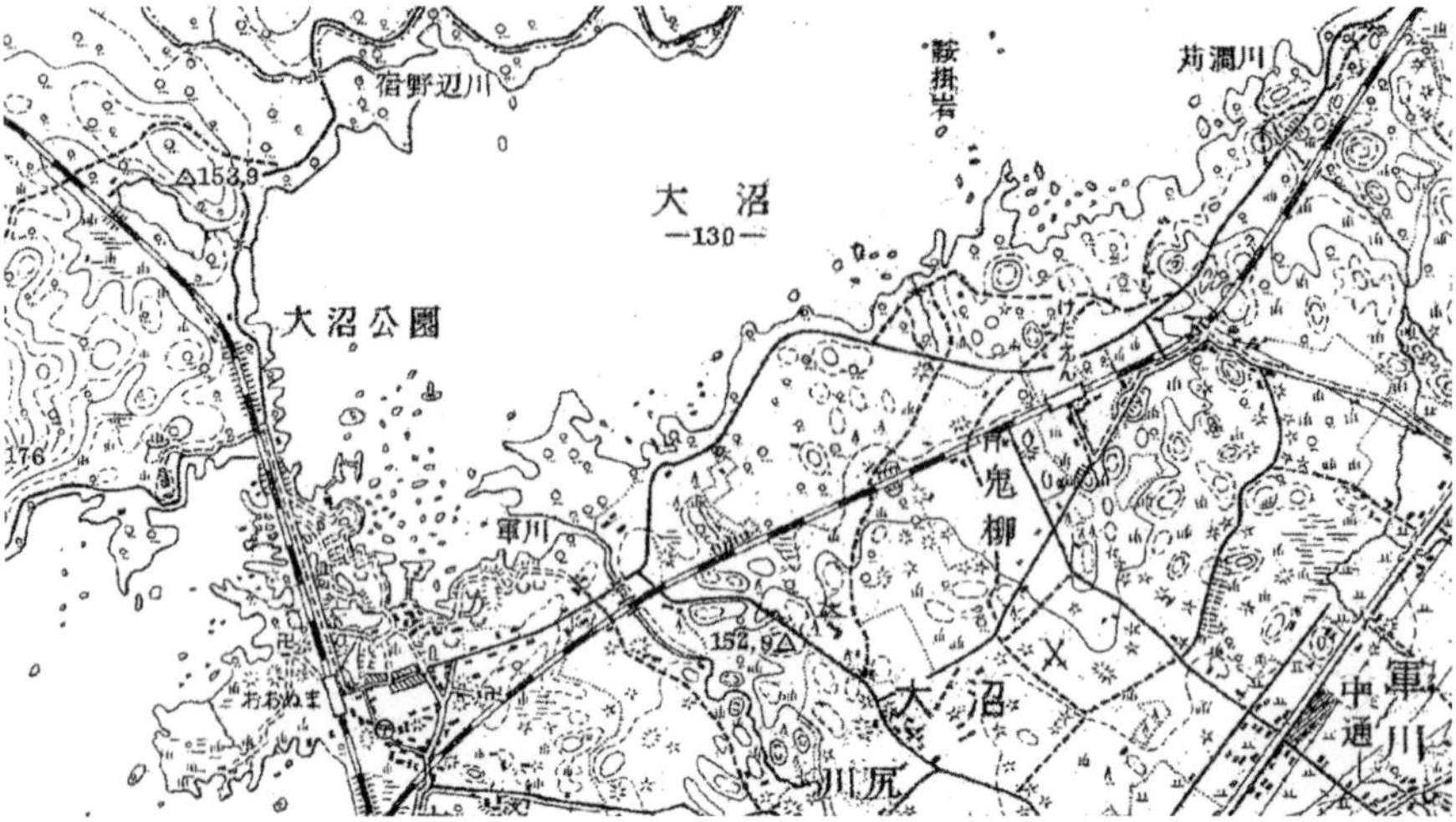

大沼公園周辺

交換をしやすくした。

それでも軍川—森間22・5キロ区間については、森から函館への上り列車に対して駒ヶ岳山麓の1000分の20の急勾配があり、これを克服するため当時は機関車を前後に3両連結する苦肉の策も取っていた。

しかし、これでは機関車や乗務員を数多く投入しなければならず、そのやり繰りが大変だ。速度が遅く走行時間が長くなることで、行き違いの下り列車のダイヤを窮屈にする結果ともなる。

そこで国鉄は森—砂原間で営業していた渡島海岸鉄道（第2章参照）に着目。同鉄道は駒ヶ岳の麓をかわすように噴火湾沿いに距離を取って走るため勾配が緩く、ここを買収して上り列車を走らせることになった。

どちらも函館本線だが、駒ヶ岳経由を原則下り線とし、砂原経由を原則上り線とすれば合わせて複線になる。砂原、鹿部などの住民の利便性も向上しよう。当時は両方合わせて「環状線」とも言った。ただ、砂原以南、軍川までは線路がないので新規着工して連結することになった。

新線部分の工事はもともと3年計画だったが、戦況

森から軍川までの急勾配を回避するため建設された砂原線＝1962年

悪化により極力早め、1年で完成させることを目指した。しかし、地盤は火山灰と溶岩で覆われ、工事はすこぶる難航。雨が降ると火山灰が辺り一面にあふれ出し、ごろごろある溶岩を破壊するには発破を多く必要とした。

この中には朝鮮半島出身者も投入された。無理に無理を重ねた工事だったが、1945年6月、森―砂原―軍川間35・9キロ（当時）の砂原線が開業。合わせて砂原の駅名を渡島砂原に変更した。これは千葉の成田線に佐原という同じ発音の駅があり、区別するため渡島を付けた。駒ヶ岳経由に比べて13・4キロ長く、その分、勾配は1000分の6に緩和された。

これで割を食ったのはこれも第2章で触れた大沼電鉄だった。大沼から砂原の近く鹿部までレールが行っていたが、国鉄側の計画路線とは離れた位置にあり、活用されるには至らなかった。

このため砂原線開通後、大沼電鉄の乗客、貨物とも急速に減り始め、同年6月限りで惜しくも廃止となる。同電鉄は戦後の1948年1月に新銚子口―鹿部間で再び営業を始めるが、1952年12月にこちらも廃止になった。

以来、砂原線は一部下り普通列車はあるものの、函館本線の上り線としての役割を果たしている。ＪＲ貨物の上り列車はすべて同線経由だし、夜間、札幌発青森行きの急行はまなすや寝台特急トワイライトエクスプレスの上り列車も通過していた。

ただし、上りの特急スーパー北斗や北斗は急こう配を苦にしないので、砂原線は使わず、駒ヶ岳を通る最短距離を走っている。以前はトワイライトエクスプレスより遅く札幌を出たスーパー北斗が、トワイライトが砂原線に入ったすきに、駒ヶ岳経由で追い抜き、函館に早着するダイヤが組まれていたこともあった。

二転三転の松前線建設

太平洋戦争中には砂原線のように急きょ作られた路線があった半面、戦中、戦後の混乱の中で建設と中止が繰り返されるドタバタ劇もあった。函館・道南では福山線（後の松前線）の一部区間と戸井線がそれに当たる。

福山線の福山は松前藩の城下町、松前の当時の町名から取ったもので、もともと木古内から分岐する路線として、予定より遅れに遅れたものの、１９３６年から実地測量が始まり、１９３８年10月に木古内―碁盤坂が開業。１９４２年11月には碁盤坂―渡島吉岡間が開業した。

次は渡島吉岡―松前間12・1キロに着手する予定だったが、資材不足等により、完成年度が１９４４年度に先送りされ、住民を失望させた。ところが、突然この決定が覆され、渡島吉岡―松前間の工事着工だけでなく、松前から先の原口まで24キロの延伸工事が新たに加えられた。

渡島吉岡―松前間は１９４２年6月に着工、松前―原口間は同9月に相次いで着工した。住民は驚いたことだろう。日本海に沿って江差方向にある原口まで延伸するのは、マンガン鉱石を軍需物資として搬出するためである。

マンガンは乾電池などに使われる鉱物で、原口川上流にはマンガンの鉱床が分布し、すでに採掘が行われていた。戦争遂行のためには必須の資源として着目され、中央のツルの一声で決まった。資材不足の中、急きょ路盤工事が始まり、労働者の大半は朝鮮半島から徴用された朝鮮人勤労報国隊の男性たちだった。一時は他の作業も含めて町内で1000人を超えた。

松前町史によると、彼らはタコ部屋に収容されて惨い仕打ちを受け、急性肺炎で亡くなる人も少なくなかったという。1943年ごろには早稲田大学の学生50人も東京から駆り出され、路盤工事に従事した。

しかし、戦争が激しくなった1944年、資材も乏しくなり原口側はついに工事断念に追い込まれた。一方の渡島吉岡—松前間は1943年にほぼ竣工していたが、こちらも中止となる。

幻の津軽海峡防衛線

もう一つの戸井線は函館と当時の戸井村（その後、戸井町。現在は函館市の一部）を結ぶ32・6キロの路線として計画、着工された。戸井は津軽海峡を挟んで本州最北端のまち青森県大間町の対岸にあたる。両海岸の最短距離は約20キロと近い。

右側に未完に終わった戸井線の築堤が見える。その横を函館に向かうC62が通過する＝1963年

津軽海峡に突き出ている地形から１９２４年、村全体が津軽要塞地帯に組み入れられた。日ロ、日中間の対立が厳しさを増すと、津軽海峡の防衛を固める観点から函館から戸井まで鉄道の工事が１９３６年に始まった。

戸井に近い予定ルートに「雷《かみなり》落《おと》し」と言われる崖があった。そこの安山岩を工事に使おうと削岩機を使ったところ、削岩機が爆発して作業員２人が負傷。村人が「神様のたたり」と噂するのを工事責任者は「迷信」と切り捨てたものの、やはり気になったのか、雷落しの上部に竜神堂という祭壇を設け、お供えをし、安全を祈願した。

その思いが通じたのか、その後、数百メートルに及ぶ石垣構築工事が無事、進んだという。竜神堂は今でも下北半島を望む崖の上にあり、戸井線の建設工事の苦難を伝えている。

戸井線は函館本線五稜郭駅から右カーブで分離し、函館市東部をほぼ東西に貫きながら戸井までを結ぶ。五稜郭と、戸井の手前、瀬田来の間は橋りょう51カ所、トンネル２カ所を含む25・6キロの長さで、路盤工事を完了。１９４２年には終点、戸井まで残すところ３・４キロに迫ったが、資材不足と戦況悪化のため、工事中止に追い込まれた。完成したならば、五稜郭は函館本線、江差線それに戸井線が分岐する三叉路駅になっただろう。

同じ年、対岸の下北半島の大畑町（現在はむつ市の一部）でも大間と下北を結ぶ大間線の工事が始まった。野辺地から北に向かってくる大湊線の途中駅、下北で分岐し、大畑を通って北進し、大間までの約30キロを結ぶ。大湊には軍港があり、この鉄道を活用することで青森側の海岸防衛線を強化することが狙いだった。

戸井線工事が中止になったのと軌を一にして、大間線も建設半ばで中止に追い込まれた。下北―大畑間の短区間だけは開業し、大畑線として戦後も住民の足となったが、１９８５年に民営化、その後２０００年に

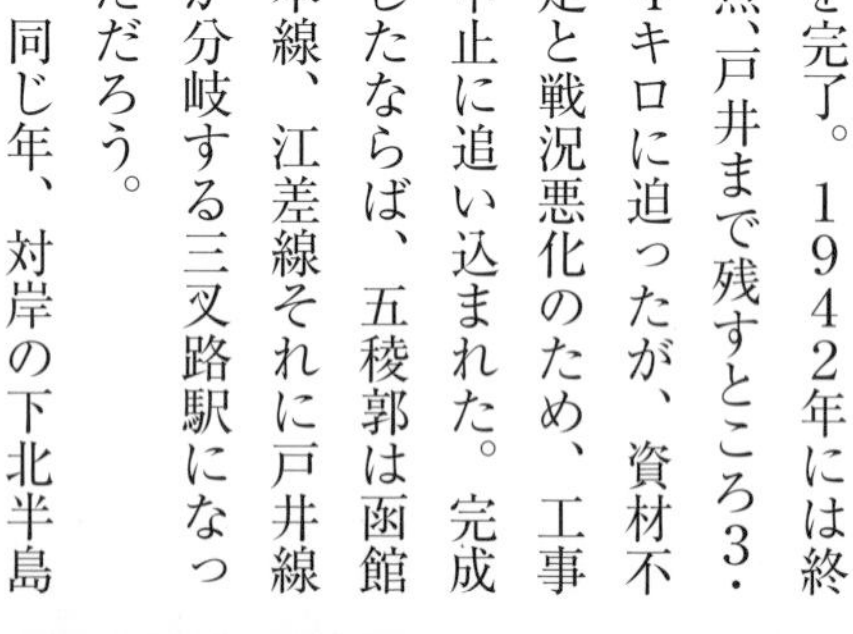
戸井線の遺構。アーチが目を引く汐首陸橋＝2010年

廃止された。津軽海峡を挟んで着工され、その挙句、完成を見なかった戸井線と大間線も戦争に翻弄されたと言えるかもしれない。

戦後、青函トンネルの計画が持ち上がった時、にわかに戸井線を復活させ、大間側の大畑線と大間線跡を利用して、こちらに青函トンネルを建設する案も出された。しかし、海底の地質が悪く、函館の西側に当たる現在の海峡線に軍配が上がったため、これもまた幻の構想に終わった。

戸井線については太平洋戦争末期、軍が同線に近い赤川に飛行場を建設しようと、建設中の一部路線をトロッコ輸送に活用したこともある。

筆者は五稜郭駅周辺で生まれ育ったが、戸井線の形跡をあちこちに見ることができた。

思い出すままに綴ると、五稜郭駅から右カーブで緩やかに勾配がつき、国道5号をまたぐ形が残っていた。そのまましばらく行くと、赤川通りと立体交差する橋りょう跡があり、その個所は赤川通りが凹んでいた。

高校の校内男子マラソンコースになっていたのでよく記憶している。橋りょう跡はだいぶ前に取り壊され、凹みは解消されて今は平坦な幹線道路になっており、もはや気づく人は少ないだろう。

また、戸井線、大間線ともローマ遺跡を思わせる美しいコンクリートアーチ橋が建設され、鉄道遺産あるいはまちのシンボルとして関心を集めていた。大間線跡がある青森県風間浦村ではアーチ橋を生かして温泉客が楽しめる遊歩道に利用し、好評を得ている。戸井線側でも保存の意見が聞かれたが、老朽化を理由に取り壊されたのは残念だった。

米軍機、津軽海峡を攻撃

１９４５年、日本軍は追い詰められ、沖縄に上陸した米軍はいよいよ本土への攻撃を強めた。本州以南だけではなく、北海道も攻撃目標とされた。１９４４年12月、東亜交通公社（後の日本交通公社）発行の全国時刻表は表紙に力強く走行する蒸気機関車のイラストを置き、裏表紙には「空襲時には汽車、電車の乗降を禁止したり、時刻表通りに運行しない場合がある」「列車進行中、空襲の危険ある場合は長緩汽笛を鳴らして徐行することがある。その時は窓側に手回り品や腰掛などを集積し通路寄りで低姿勢をとられたい」など物騒な5項目の旅行防空心得が書かれている。

同時に青函連絡船と稚内―大泊航路の連絡船の運航ダイヤが時刻表から消えた。連絡船が運航していることは示しながらも、どちらも本来時間が入るスペースに「省略」と書かれているだけだ。

青函連絡船の場合、1便、3便などと便名は書かれているので、接続列車の時間と重ねればおよその時間が分かるのだが、それでも敵に悟られぬよう用心に用

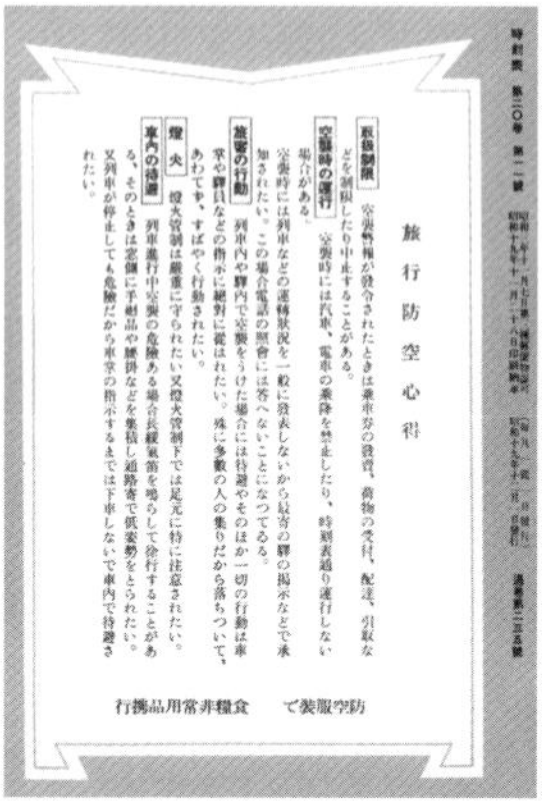
旅行防空心得

取扱制限　空襲警報が發令されたときは乘車券の發賣、荷物の受付、配達、引取などを制限したり中止することがある。

空襲時の運行　空襲時には汽車、電車の乗降を禁止したり、時刻表通り運行しない場合がある。

空襲時には列車などの運轉状況を一般に發表しないから最寄の驛の掲示などで承知されたい。この場合電話の照會には答へないことになつてゐる。

旅客の行動　列車内や驛内で空襲をうけた場合には待避やそのほか一切の行動は車掌や驛員などの指示に絶對に從はれたい。殊に多數の人の集りだから落ちついて、あわてず、すばやく行動されたい。

燈火　燈火管制は嚴重に守られたい又燈火管制下では足元に特に注意されたい。

車内の待避　列車進行中空襲の危險ある場合長緩氣笛を鳴らして徐行することがある、そのときは窓側に手廻品や腰掛などを集積し通路寄で低姿勢をとられたい。又列車が停止しても危險だから車掌の指示するまでは下車しないで車内で待避されたい。

防空服裝で　食糧非常用品携行

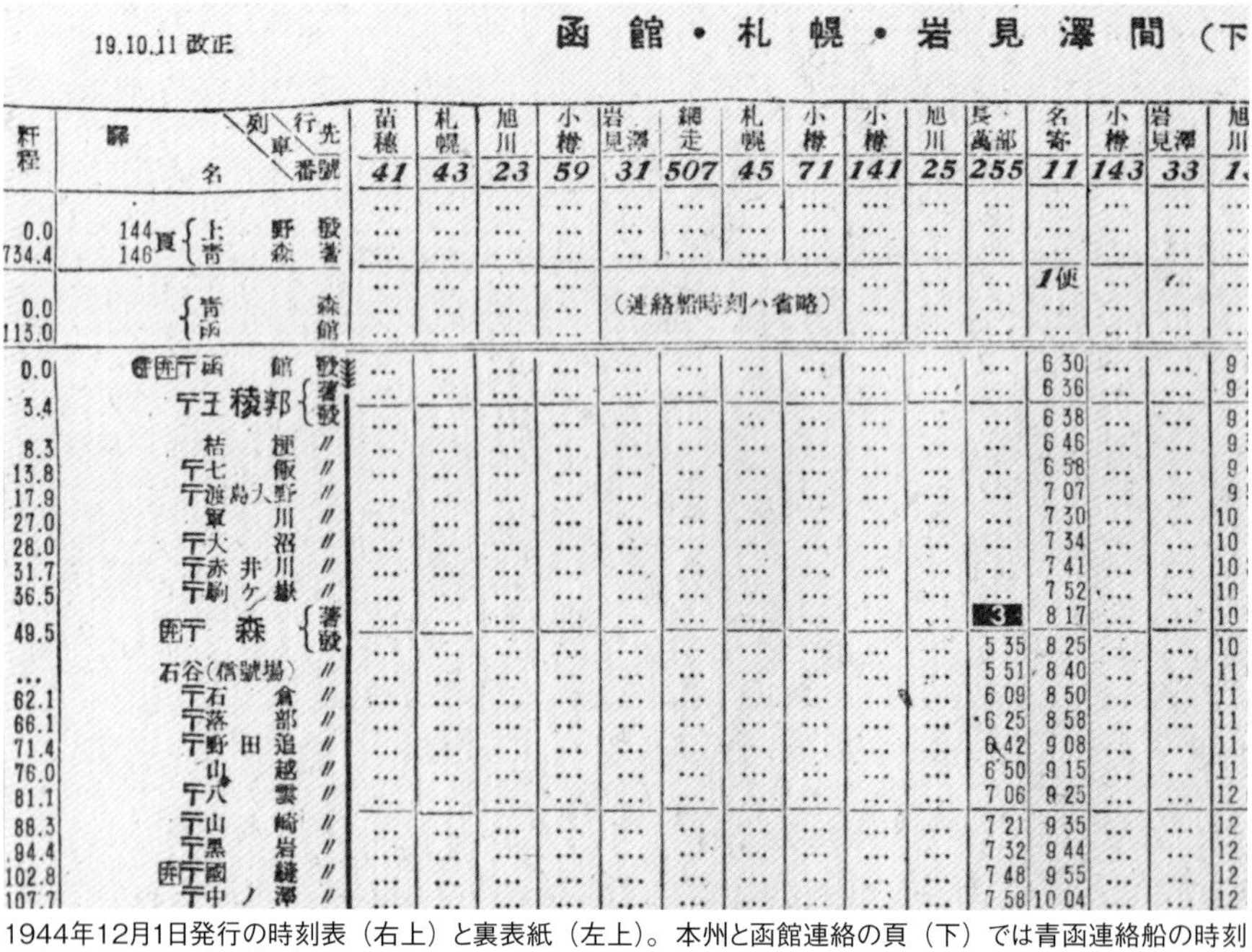
19.10.11 改正

函館・札幌・岩見澤間（下

粁程	驛名	行先/列車番號	苗穂 41	札幌 43	旭川 23	小樽 59	岩見澤 31	網走 507	札幌 45	小樽 71	小樽 141	旭川 25	長萬部 255	名寄 11	小樽 143	岩見澤 33	旭川 1…
0.0	144頁 上野	發	…	…	…	…	…	…	…	…	…	…	…	…	…	…	…
734.4	146頁 青森	著	…	…	…	…	…	…	…	…	…	…	…	…	…	…	…
0.0	青森		…	…	…	…	（連絡船時刻ハ省略）				…	…	…	1便	…	…	…
113.0	函館		…	…	…	…					…	…	…	…	…	…	…
0.0	函館	發	…	…	…	…	…	…	…	…	…	…	…	6 30	…	…	9
3.4	五稜郭	著	…	…	…	…	…	…	…	…	…	…	…	6 36	…	…	9
		發	…	…	…	…	…	…	…	…	…	…	…	6 38	…	…	9
8.3	桔梗	〃	…	…	…	…	…	…	…	…	…	…	…	6 46	…	…	9
13.8	七飯	〃	…	…	…	…	…	…	…	…	…	…	…	6 58	…	…	9
17.9	渡島大野	〃	…	…	…	…	…	…	…	…	…	…	…	7 07	…	…	9
27.0	軍川	〃	…	…	…	…	…	…	…	…	…	…	…	7 30	…	…	10
28.0	大沼	〃	…	…	…	…	…	…	…	…	…	…	…	7 34	…	…	10
31.7	赤井川	〃	…	…	…	…	…	…	…	…	…	…	…	7 41	…	…	10
36.5	駒ケ嶽	〃	…	…	…	…	…	…	…	…	…	…	…	7 52	…	…	10
49.5	森	著	…	…	…	…	…	…	…	…	…	…	3	8 17	…	…	10
		發	…	…	…	…	…	…	…	…	…	…	5 35	8 25	…	…	10
…	石谷（信號場）	〃	…	…	…	…	…	…	…	…	…	…	5 51	8 40	…	…	11
62.1	石倉	〃	…	…	…	…	…	…	…	…	…	…	6 09	8 50	…	…	11
66.1	落部	〃	…	…	…	…	…	…	…	…	…	…	6 25	8 58	…	…	11
71.4	野田追	〃	…	…	…	…	…	…	…	…	…	…	6 42	9 08	…	…	11
76.0	山越	〃	…	…	…	…	…	…	…	…	…	…	6 50	9 15	…	…	11
81.1	八雲	〃	…	…	…	…	…	…	…	…	…	…	7 06	9 25	…	…	12
88.3	山崎	〃	…	…	…	…	…	…	…	…	…	…	7 21	9 35	…	…	12
94.4	黒岩	〃	…	…	…	…	…	…	…	…	…	…	7 32	9 44	…	…	12
102.8	國縫	〃	…	…	…	…	…	…	…	…	…	…	7 48	9 55	…	…	12
107.7	中ノ澤	〃	…	…	…	…	…	…	…	…	…	…	7 58	10 04	…	…	12

1944年12月1日発行の時刻表（右上）と裏表紙（左上）。本州と函館連絡の頁（下）では青函連絡船の時刻が省略されている（復刻版）

心を重ねたのだろう。本州と四国を結ぶ宇高連絡船の時刻はそのまま記載されているのに、北海道関連が消されたのは、それだけ危険が大きいと分析していたのだろうか。

終戦直前の米軍の空襲に関しては本州方面と北海道では爆撃の部隊が異なっていた。本州や九州、四国はマリアナ諸島を基地とする米空軍のＢ29による空爆だったのに対して、北海道は青森県沖に進出していた米海軍の艦載機によって行われた。

１９４５年5月下旬以降、大型機による偵察がしばしば行われるようになった。函館の青柳国民学校日誌によると、函館には6月27日以降、空襲警報とともに敵大型機が毎日のように上空に現れ、詳細に攻撃目標を探っていた、とある。

青森湾で米軍機の攻撃を受け、白煙を上げる青函連絡船「翔鳳丸」＝1945年

米海軍機動部隊は3グループで構成され、エセックス級大型空母など13隻の空母からなり、フィリピン・レイテ湾から北上を続け、7月13日、ついに津軽海峡尻屋崎沖南東約１００海里の発進海域に到達した。函館空襲の瞬間が刻一刻と近づいていたのである。

国鉄側は青函連絡船が狙われるとの情報をつかみ、地元の海軍武官府に出向いて連絡船の避難を求めたが、軍当局者から「函館山には万全の備えがしてある。青函航路を一日たりとも休ませることはできない。そんなことを言うのは敗戦思想だ」と一蹴された。当時の軍隊なら、さもありなん、であるが、もし、真剣に対応したら、船や人命の無駄な損失は少なくて済んだかもしれない。

空襲を察知して、覚悟を決めた乗組員も少なくなかった。第三青函丸乗組員の遺書が伝えられているので紹介しておきたい。

潮の香のほとりで育った僕ですから、海の波の華に散る運命かもしれません。写真二枚に色紙二枚添えて、金庫の左側の二段目の引出しに入れてあります。神棚

空襲被害を受けたが復活し、戦後も活躍した第七青函丸＝1964年

の袋は僕の頭髪です。

連絡船に乗る人や運ぶべき荷物がある中で、乗組員は逃げるわけには行かなかった。そして、運命の日がやって来る。

連絡船に壊滅的打撃

7月14日早朝、米部隊から約2000機の艦載機が出撃。うち、津軽海峡を襲ったのは艦載機300機、爆撃機20機の規模と言われる。この日、翔鳳丸、津軽丸、松前丸、飛鸞丸の客船4隻と貨物船8隻の計12隻が運航しており、それらがまず攻撃目標となった。

午前6時18分、函館出港直後の第四青函丸が狙われ、三波に渡る重爆撃を受け、上磯郡葛登志6・3キロ沖合で沈没。6時30分には第十青函丸が函館港防波堤灯台から北北西600メートル付近で集中砲火を浴びて沈没した。

7時30分には函館に向かっていた津軽海峡上の第三青函丸が渡島半島矢越岬沖で見つかり、激しい爆撃を受けて沈没。翔鳳丸、飛鸞丸、第二青函丸は青森港外で沈没。松前丸は七重浜で座礁炎上。津軽丸は渡島半島狐越岬で沈没。第六青函丸は青森野内沖で座礁。第七青函丸と第八青函丸は函館港内で接岸中だったので沈没は免れたが損傷は大きく、修理に半月を要する痛手を受けた。

この日だけで青函連絡船は7隻が沈没、4隻が破壊された。このころ大半の青函連絡船には対空機関銃が1、2門装備され、兵隊も乗り込んでいたが、米軍の波状攻撃の前にはなす術もなかった。12隻中、無傷は第一青函丸だけだった。

それだけでは終わらない。翌15日、その第一青函丸も青森から函館に向けて航行中、三厩灯台1キロの沖合で米軍機に発見され、艦載機延べ50機の攻撃を受け、午後2時40分、船橋をわずかに残して沈座した。この2日間に渡る空襲で旅客の死亡または行方不明52人、乗組員の死亡350人、海軍警戒隊員の死亡27人を出した。負傷者はこれを上回る。同時に函館桟橋駅も大破した。

戦後、米軍が上空から撮影した襲撃時の写真が公開された。爆弾が命中し、炎上した連絡船が白煙を高く上げ、舵を切ってのた打ち回って逃げ惑うところに容赦なく攻撃が繰り返されている。

乗っている人たちは逃げる術がなかったろう。哀れというしか言葉がない。何が何でも石炭をはじめとする本州への後方支援輸送を根絶やしにする、という米軍の強い戦意を示す写真だ。

しかし、青函間の輸送を途絶えさせるわけには行かず、7月17日から海軍特設駆逐艦千歳丸が、20日からは同巡洋艦浮島丸が代わって任務に就いた。たまたま修理のため函館ドック入りしていた稚内―大泊航路の亜庭丸も急きょ、23日から就航。空襲被害の応急修理を終えた第七青函丸と第八青函丸も29日までに復帰した。

しかし、緊急対応処置は1ヵ月も持たない。空襲はいったん収まったものの8月10日、再び米軍機が襲いかかり、機関故障のため青森県茂浦沖に避難していた亜庭丸が発見され、激しい攻撃を受けて炎上、沈没した。亜庭丸は戦前から稚泊航路で活躍した本格的な砕氷能力を持つ優秀船で、非常に頑丈だったが、青函連絡船の代役になったのが命取りとなった。これにより函館は本州との窓口としての機能をほぼ失った。

少年実習生も犠牲に

空襲の被害は連絡船船員の見習い中の子供たちにも及んだ。7月14日に沈没した飛鸞丸には海員養成所大沼分校第4期生航海科の53人の生徒がたまたま乗り組んでいた。いずれも14、15歳、今なら中学生から高校生の年ごろである。うち14人が死亡した。記録によると、飛鸞丸への攻撃は次のように激しいものだった。

青森港外に仮泊中、午後2時15分、危険を察知して全速で北方向に向かってジグザグ運航を開始。そこに米軍編隊4機が来襲し、警戒隊員の応戦で2機を撃墜したものの3時ごろ、後続の大編隊が攻撃を始め、爆弾投下、機銃掃射を浴びせてきた。

第1弾が命中し、操舵機及び機関が使用不能となり、続いて煙突後部などに数発命中。船側は弾丸を打ち尽くし、退船を始めたところ、船体は右舷に傾き、同4時40分、翔鳳丸沈没地点から東方100メートルに沈没した。

この凄惨な攻撃の中で生き残った生徒の1人、葛西常利氏の貴重な証言が残っている。以下、紹介する。

最初の爆弾が命中した瞬間は体が1メートルほど浮き上がるような衝撃が起きた。デッキの隅に身を寄せていたら船体が徐々に右舷に傾いて傾斜が45度になった。手すりにつかまっていたが、板垣君が動けなくなって「先生助け……」と、手を出して泣いた。しかし場所が悪く、そのまま昇降口から客室へ吸い込まれていった。

必死に泳ぎつつ後を見たら飛鸞丸のスクリューが見えて、そのまま海底へ沈んでいった。船にいた人たちは藻くずと一緒に浮かび上がってきた。山崎君は額から血を流して真っ赤になっている。徳田君の顔は油煙で真っ黒だが元気で泳いでいた。

船員見習い中の少年たちも犠牲となった飛鸞丸＝1937年

伊与部君がとうとう白い目を出し、眠くなってきたようだ。生存者のボートを狙って、なおも米軍機が撃ってくる—。

10代の少年には悪夢のような出来事だったろう。

青森に収容された14人の遺体は名札から全員名前が確認され、その1人の母親がみなの体を清め、両手を組ませたという。そして炎天下30度の中、その母親と葛西氏らが遺体をリヤカーに4体ずつ乗せ、火葬場まで往復した。

葛西氏は戦後、その志を果たして青函連絡船の乗組員となり、1988年、青函航路が廃止されるまで勤務。そのかたわら、終戦1ヵ月前に友人たちの命を奪った空襲の恐怖を語り続けた。彼らを悼んで戦後、函館山のふもとに「少年海員之碑」が建立され、悲劇を今に伝えている。

列車も攻撃目標に

空襲の被害は青函連絡船だけでなく、函館周辺を走っていた一般の列車にまで及んだ。7月14日、青函連絡船が最初の攻撃を受けたのとほぼ同時刻の午前5時半ごろ、森発長万部行きの旅客列車が森駅を発車して間もなく、米軍艦載機の機銃掃射を浴びて旅客2名と職員1人が死亡、数人がケガをした。

同じころ、砂原線の渡島沼尻信号場付近で森発函館行きの旅客列車が6機編隊の艦載機に機銃掃射を浴びせられ、乗客3人と車掌1人が死亡。客数十人が負傷した。さらに翌15日午前5時半ごろ、貨物54列車が東山信号場(現・東山駅)通過の際、駅員の左右水平に伸ばす空襲警報の現示があったため徐行運転中、駒ヶ岳手前で艦載機の機銃掃射とロケット弾の攻撃を受け、運転不能となった。

この列車は本務機D51形、前部に8620形、最後部にD51形の3両が付き、勾配を上っていた。

また、函館とは離れているが、14日午前7時50分ごろ、空襲警報のため室蘭本線稀府駅に停車中の10両編成の函館発稚内行き307列車が機銃掃射を浴び、乗客7人と職員1人が死亡したほか、客27人が負傷した。けん引機はC51 54号と記録されている。上空から一望に見渡せる噴火湾沿いに、米軍機が一斉に襲いかかったのだろう。

翌15日午前6時50分ごろには函館本線野幌—厚別間で列車が米軍艦載機の機銃掃射を浴び、機関車が穴だらけになって運転不能となり、客1人が死亡、機関車乗務員ら3人が負傷している。米軍機は列車を見つけると、まず機関車のボイラーを狙って撃ち抜いた。蒸気が抜け出して機関車が動けなくなり、攻撃しやすくなるためだった。

女性登用、山菜列車も

戦争激化に伴い、成人男子の徴兵が増えるとともに、鉄道職員の不足が著しくなってきた。そこで銃後の守りとしての女性の活用が始まる。1943年8月、函館駅の出札係として女性3人が登場した。「何事も親切に間違いないように」を心がけながら、午前7時半から午後5時まで硬券の切符にハサミをいれ、乗客を案内。駅の管理者は「女だからたいしたことはないだろう、とその仕事を馬鹿にするような旅客がいるが、男子の職場で働く女性を大いに理解し、協力してほしい」（北海道新聞）と呼びかけた。

また、函館市電には１９４４年5月、全道で初めて女性の運転手5人がデビューした。4年前に車掌として採用され、以後、運転手としての技能を学んでいた。当時の大半の車両は扉がなく、冬は吹きさらしで、運転には大変な苦労があったはずだ。

その中の１人で21歳の和田イツさんは、当時の北海道新聞の取材に「戦争中に交通機関を途絶させてはならないとの思いから志願した。運転中に怖いと思ったことはない」と気丈に語っている。困ったら女性に頼るのはいつの時代でも変わらないのかもしれない。

いよいよ食糧不足が深刻化すると、少しでも食べ物を確保したいという思いから、函館市と北海道新聞函館支社が共催して6月、函館から軍川、大沼、赤井川、駒ヶ岳の４ヵ所に向けて山菜野草取りの臨時列車が運転された。

6月17日の北海道新聞紙面には「山菜野草採取行」との社告が出され、6月20日から10日間、毎日１０００人をその４ヵ所に案内するという。会員券は市から町会を通じて隣組に配られる。

この記事には当時の函館市長、札鉄函館管理部輸送課長、函館警察署長の談話が掲載されており、警察署長が「趣旨には大賛成だが、防空訓練を見ても町会（町内会）は熱意が足りない。野草採取は真剣に取り組み、採った野草は今食べるのではなく、備蓄用として貯蔵してほしい」と、いかにも当時のお上らしく、台所事情まで立ち入ってくぎを刺している。同年は畑作物が大凶作で食糧不足が厳しさを増したが、山菜野草列車運転の効果はあったのだろうか。

第4章 戦後復興から特急時代へ

二股を発車。勢いをつけて急坂に向かうD51 147＝1971年9月

樺太から避難者が殺到

1945年8月15日、日本は連合軍に対し無条件降伏を受け入れ、太平洋戦争は終わった。全国を覆う敗北感と安堵感。様々な感情が駆け巡ったこの真夏の1日の動きを、翌16日の北海道新聞は1面トップに「聖断厳かに下り 戦ひ局を結ぶ」と大見出しを掲げて伝えた。聖断とは天皇の決断である。

それでも汽車は動いていた。人々を乗せ、荷物を運び、ひたすら目的地に向かう鉄道車両は日本が茫然自失しても走り続けていた。

しかし、各地で混乱が発生していた。とりわけ終戦直前の8月9日、日本領樺太南部に北部からソビエト連邦（ソ連）軍が突然侵攻し、現地は大混乱に。このため、樺太鉄道や稚泊航路で住民を稚内に避難させる緊急輸送が始まった。これは8月22日にソ連の海峡封鎖で打ち切られたが、翌23日には宗谷丸などが決死の輸送を行い、合計11万人が脱出したとされる。

命からがら稚内にたどり着いた樺太住民は、さらに南を目指す。戦前は函館と稚内を結ぶ急行列車が堂々と走った宗谷本線と函館本線は一転して、着の身着のままの人々を運ぶ緊急路線に様変わりした。

本州との窓口である函館には避難者たちが続々到着してきた。日を追うにつれ、その数はぐんぐん増え続ける。8月20日、本州に渡る先着の2000人が青函連絡船にいったん乗り込んだ。

しかし、出航は突然中止となり、下船して待機することを強いられる。古里への早期帰還の期待は裏切られ、焦燥感ばかりが募った。そこに新たに1500人が到着。何の情報も得ていなかった函館市職員や函館駅員は突然の大量下車に対応できず、駅前に合計3500人がむしろや新聞紙を敷いて野宿する事態となった。

いくら夏とはいえ、屋外で待機するのは限度を超える。乳児のおむつやトイレも間に合わず、避難者の中には急病人も出た。翌21日早朝、さらに後続の列車が到着し、乗っていた2500人が野宿の輪に加わり、混乱に拍車をかけた。急を聞いて警察も駆けつけ、関係当局と協議し、避難者を付近の学校や会館に収容し、なんとか最悪の事態を免れる一幕があった。

間引きと混乱、苦しい業務

間もなく、本州からの復員輸送が本格化した。まず、横須賀からの一団が青函連絡船で函館に到着。彼らを乗せた8両編成の最初の臨時列車が8月30日午前8時30分、函館を出発し、午後9時10分札幌に到着した。

翌31日には道内及び本州に向かう列車が12本運行。9月には毎日全道で数本の復員列車が運転され、ここでも函館駅は中継地点として重要な役割を果たした。

混乱はまだまだ続く。これまで貨物重視、旅客軽視の輸送を続けてきたツケが一気に回ってきた。数少ない客車には買い出しや復員する客があふれ、中には機関車のデッキにしがみつき、危険を顧みずに先を急ぐ人もいた。

終戦2ヵ月後の1945年10月には函館―網走間に急行1列車、2列車が復活したが、それもつかの間、石炭事情が再び悪化して2ヵ月で他の列車とともに運転中止。間引きされた旅客、混合列車は全道で130本以上に及んだ。

これでは輸送需要をカバーできるわけがない。乗務員や駅員、保線区員らも空腹と物資難に耐えながら、昼夜分かたず業務に当たる苦しい状況が続いた。

空襲で壊滅的打撃を受けた青函連絡船に目を移すと、終戦時、辛うじて輸送を担ったのは貨物船の第七青函丸、第八青函丸と傭船の樺太丸ら6隻に加え、関釜航路（下関―韓国・釜山）から急きょ応援に駆け付けた景福丸、壱岐丸の2隻。これでは到底間に合わず、米陸軍上陸用舟艇（ＬＳＴ）をＧＨＱ（連合国最高司令官総司令部）から払い下げを受け、旅客と貨車を運んだほか、機帆船23隻にも応援を要請した。

しかし、連合国側の指令により、小型船を除いて青函連絡船を含む一切の船舶の運航が禁止された。ただ、8月26日から第七青函丸、樺太丸、暁南丸の3隻は武装解除されたうえで、白十字の標識を舷側に付けて航行を許可された。9月には米軍が再び連絡船の運航を一切禁止する措置を取った。その後も指示がころころ変わる。米軍の都合でやりたい放題である。

筆者の父は横須賀で終戦を迎え、故郷の函館に戻るため列車を乗り継いで青森まで来たものの青函連絡船は見当たらず、困り果てた末、数人で漁船をチャーターし、函館までなんとか帰ってきた、と話していた。同じようなことが、あちこちで繰り広げられたことだろう。

その後、同年10月に新造の貨物船第十一青函丸、11月に元稚泊航路の宗谷丸、翌１９４６年５月には新造の第十二青函丸が就航。戦後の青函間の海上輸送をぎりぎりの体制で支えた。

英語表示とＤＤＴ散布

終戦直後、米軍が函館にも進駐することになり、市全体で受け入れ準備も始まった。その一環として１９４５年９月17日から札幌鉄道管理局（札鉄）函館管理部で職員に対する英語講習会が始まった。

約２ヵ月間、みっちり英語を勉強する。つい１ヵ月前まで「敵性語」として使うことを禁じられていた英語を、今度は「しっかり覚えろ」というのだから、職員もさぞ戸惑ったことだろう。

その１週間後には函館駅の駅名表示に「ＨＡＫＯＤＡＴＥ」とローマ字表記が新たに書き加えられた。道路の要所などにも日英両国語が併用されたが、それが始まったのは９月だから、駅はいち早く英語を取り入れたことになる。北海道新聞に掲載された表示例は「左側通行 ＫＥＥＰ・ＴＯ・ＴＨＥ・ＬＥＦＴ」とある。

また、米軍の本格的な上陸に対応するため、函館管理部に渉外室が設けられ、先遣の米軍下士官が函館駅長室に乗り込んで業務を始めた。部屋を乗っ取られた駅長にしてみれば、なんとも悔しい思いだったろう。こうした急ごしらえの受け入れ態勢が整い、米軍本体が上陸したのは10月４日である。

函館で米軍がまず行ったのは青函連絡船桟橋待合室でＤＤＴを散布することだった。ＤＤＴは発疹チフスの原因となるシラミを駆除する殺虫剤で、米軍は青函連絡船の乗客全員にこの白い粉を思い切り振りかけた。

ＤＤＴについて北海道新聞社出版の写真集「さようなら青函連絡船」（１９８７年刊）の中で、遠藤明久北海道工業大学名誉教授（当時）がこう振り返っている。「連絡船に乗る前、ＤＤＴを頭、背中、胸元、袖口から吹き込まれた。消石灰に混ぜた、つんと鼻を突くＤＤＴのざらざらした感触と、散布後、食肉並みに紫のスタンプを手の甲に押される屈辱感とは、敗戦のみじめな思い出のひとつとして、忘れがたい」。

戦後５年、１９５０年に函館に生まれた筆者も、しばらくは親や周りの人からＤＤＴに対する嫌悪感を聞かされたものだ。そのころ港町である函館と青森は外国人も含めて交流が多いことから発疹チフスの患者が発生しやすく、中には死者も出ており、米軍としてはいち早くシラミ退治が必要と判断したのだろう。実際、ＤＤＴの効果はあり、数ヵ月すると、日本中からシラミが消えたという。

そこのけ、進駐軍列車が行く

進駐軍（連合軍）は１９４５年10月までに日本全土を占領し、移動するために寝台車、食堂車など優等車両を供出させ、軍専用列車を編成するよう指示した。取り仕切ったのは鉄道輸送事務所（ＲＴＯ）で、翌１９４６年２月11日から上野—札幌間の軍専用の臨時列車がスタートした。上野を午前９時に出て青函連絡船を乗り継いで函館に翌日の午前７時55分着。同９時15分に出発し、小樽経由で札幌には午後６時31分に到着するダイヤだった。

函館と青森における列車と連絡船との接続は、通常なら客がいったん下りて乗り換えるが、この列車の軍人たちは寝台車で寝たままでよく、車両ごと連絡船に積み込み、着いたら引き出して、またそのまま走らせるという特別優遇措置が取られた。従来の発想にはなかった事実上の上野—札幌間直通列車である。

11月からは千歳経由で横浜まで延長され、ヤンキー・クリッパー（ニューヨーク—ボストン間の特急の愛称。クリッパーは元来、快速帆船の意）、あるいはヤンキー・リミテッド（北部特急の意）と呼ばれた。

司令官専用の特別列車には専属の車掌が配置され

函館旧桟橋前を疾走するジープ＝1945年

た。司令官の行動は全く予測がつかず、指示によって特別列車が動き出すと、他の定期列車をすべて退避させ、どこまでも走って行った。札幌車掌区の車掌2人の経験では、最長は大阪で、25日間に及ぶ長期出張だったという。

満員列車に押し込まれる日本人客を尻目に突っ走る特別列車。そこには自由奔放に振る舞う戦勝国と、耐えるしかない敗戦国との明暗がくっきりと表れていた。

青函連絡船でも1946年1月に1、2等船室が進駐軍関係者専用となり、日本人は積載貨車の下、船底の3等船室に追いやられた。その後、通常ダイヤの列車に進駐軍専用客車を連結するよう求められ、函館関連では函館—旭川、函館—江差間の列車が対象となった。函館には進駐軍列車留め置きのため、1番ホーム隣の駅舎寄りに専用の0番線ホームが新設された。

ところで突然、支線の江差の名前が出てきたが、これは日本海に面した江差の軍事施設の状況や武器あるいは貯蔵物資の有無について査察があり、その際の移動に専用車を使ったようだ。上ノ国、奥尻両キャンプの司令部として江差職業安定所の庁舎が接収され、米将兵が出入りしていたという。江差町史は「進駐軍との特段のトラブルはなかった」と記している。

全道で進駐軍専用客車を連結した列車本数は1945年2013本だったのに対し、1949年には3283本に増えた。専用客車は34両で、米軍は一目でそれと分かるよう、外観を明るい茶色に塗り替え、窓下に白帯を付けさせたうえ、1両ごとに英語の呼び名を付けた。例えば「ロスアンジェルス」「サクラメント」などで、大半が米国各地の地名が付けられているところを見ると、司令官の出身地からでも採ったのだろうか。

函館からはスロニ31形22という2等・荷物合造車1両が供出を求められ、その名は「フレデリクトン」と名付けられた。それとは別に進駐軍が各車両に用途別（例えば司令官専用車など）に軍独自の番号を付けたので、日本人にはたいそう分かりにくかったらしい。ちなみにフレデリクトンの軍番号は2526だった。

進駐軍の列車は1951年9月にサンフランシスコ平和条約に日本が署名したのち廃止され、車両はすべて日本に返戻された。

解雇通告に怒る女性職員

戦争の終結により、職員時代に召集された男性が大量に職場に戻ってきた。国鉄は戦後、全国の業務量に対する適正人員が48万人のところ、実際には58万人を抱え込み、10万人が余剰とされた。このため1946年7月、国鉄は7万5000人の人員整理案を労働組合に申し入れた。

これに対して国鉄労働組合は反対し、全国でストライキを行うことを決定。この時は当局が直前になって人員整理案を撤回したので、スト指令は解除されたが、これを機に双方の対立が激化し、組合が1947年2月1日に予定したゼネストをめぐり、占領軍をも巻き込んで大きな政治闘争に発展して行く。

合理化の波は真っ先に弱者を揺さぶる。前章で取り上げたように戦時中、国鉄は女性を車掌や駅員として採用し、貴重な労働力として持ち上げたが、今度は帰還男性を優先しなければならなくなった。

この余波を受け、札鉄局函館管理部では函館駅勤務の女性職員67人を解雇すると発表。彼女らは納得せず、「それなら退職手当を10倍にせよ」「衣服はこのまま供与すべきだ」などと要求した。これに残留組の女性228人が同情し、1946年2月、職場で馘首《かくしゅ》反対大会を開催する騒ぎに発展した。

代表の矢萩和枝さんらは「男性に代わって自覚を持って疎開荷物を運び、防空壕掘りもやって来た。これまで当局は断じて女性をやめさせることはない、と約束していたではないか」と怒りの声を上げ、満場一致で「首切りを断行するなら全員辞職することも辞さない」ことを決議した。おそらく全国の現場で同じように鉄道当局対女性職員の対立が展開されたことだろう。

国鉄自体も改革の矢面に立たされた。国鉄は従来、国有事業として国の特別会計で事業を行ってきたが、それをそっくり引き継ぎ、1949年6月、新たに独立採算制の公共企業体である日本国有鉄道（JAPANESE NATIONAL RAILWAYS＝JNR）として発足。これからは「採算を意識して経営する」との改革だった。

しかし、「では赤字路線が増えたらどうするのか。切り捨てていいのか、それとも黙認するのか」といった基本的な矛盾は、引きずったままだった。直後の7月、国鉄は3万7000人の第1次人員整理、続いて6万3000人の第2次人員整理を発表。

函館管理部では第1次が1021人、第2次は545人が免職の対象となった。大半は女性と高齢職員だったが、辞令交付では職員が無言で引き下がって拒否する場面もあり、労使対立の厳しさを浮き彫りにした。

その後、北海道新聞が退職した元職員の再就職を取材したところ、経験を生かして鉄道関連の事業を起こし、国鉄から業務を請け負って成功している人もいたという。

また、その後の一連の組織改編で函館管理部は1950年8月1日、青函鉄道管理局となり、函館本線函館―森、軍川―森、江差線、福山線（その後、松前線）、青函航路のほか本州の東北本線千曳―青森、奥羽本線津軽新城―青森及び貨物支線、大湊線、大畑線も管轄することになった。

急行復活、寝台車も連結

終戦直後の1945年9月30日現在の北海道内の機関車配置表によると、函館管理部管内は函館が本線用のD51形31両のほかC11形2両、8620形1両の計34両。五稜郭がD51形9両、C11形1両の計10両。木古内は江差線用のC11形9両。森がC11形2両。長万部にはD52形30両。D51形5両、D50形10両、C11形4両、9580形1両の計50両が、それぞれ配置されていた。

なんといっても函館本線と室蘭本線の分岐点である長万部が一番の規模を誇っている。戦時中、石炭輸送を中心に機関車をフル回転させた余韻がまだ残っていた。

終戦直後は労働力不足もあって石炭の質が劣化し、なおかつ供給が滞ったが、ほどなく石炭事情が好転し、1947年6月、輸送力回復を狙ったダイヤ改正が行われた。これにより函館―旭川間に急行7、8列車1往復が復活。主要な幹線に急行、準急行が走り始めた。

7、8列車はそれぞれ始発駅を夜発車、札幌経由で翌朝目的地に到着する夜行列車で、マイネ40形という当時としては最新、最高級の1等寝台車が連結された。個室寝台と開放式寝台を持つ車両で、寝台の定員は22人。1948年から21両製造された。

同寝台車は下り列車の場合、上野から青森までの急行に連結され、先の進駐軍列車と同じように、この車両だけ編成から切り離され、そのまま青函連絡船に積み込まれた。函館に着くと、連絡船から引き出され、旭川行きに組み入れる。

上り列車はその逆で、進駐軍のアイデアをそっくり取り入れたのかもしれない。車体に1等車の印である白帯を引こうとしたところ、進駐軍と同じになるので、区別するためにクリーム色の帯にしたとの逸話がある。

しかし、後述するように、1951年5月に津軽海峡に浮遊機雷が流れ込み、青函連絡船の夜間航行が禁止されたことをきっかけに、同寝台車の航送は廃止された。

また1948年7月には、戦時中の1942年並みの輸送力に戻す戦後初の大規模ダイヤ改正が行われ、函館―旭川間の急行列車増発をはじめ、函館―岩見沢間に室蘭本線経由の不定期急行列車が設定された。

戦後の混乱を乗り越え、庶民生活が平静を取り戻し始めると、旅客輸送は再び成長を始めた。1949年9月、東京―大阪間に展望車付きの特急へいわが登場。同年限りで廃止になったが、日本に平和が訪れた象徴として国民的に歓迎された。

駅関係では1950年1月、桔梗―七飯間の大中山仮乗降場が駅に昇格し、荷物扱いも開始。住宅が建ち始めると、乗降客も増えて行った。

持て余された決戦機関車

ところで戦時中に〝決戦機関車〟として鳴り物入りで長万部に配置されたD52は、戦争が終わってどうなったのか。あちこち簡略化した新造の大型機関車なるがゆえに、実は運転、保守の担当者たちも手を持て余していた。

戦争終結後も一応そのまま使われたものの、195

0年までに30両とも廃車または本州に転属、さらには巨大ボイラーを生かして急行用C62形や、軸重を軽くして貨物用D62形に改造された。

長万部に所属していたD52のうち、C62に改造されたのは6両あるが、そのうち3両がやがて北海道に帰ってくることになる。それは後述するが、軸重が重いことから軟弱な路盤を改良してまで投入した大型貨物機D52はその実力を十分発揮できぬまま（人間でいえば失意のうちに）、函館、室蘭両本線を去ることになった。

愛称公募で「大雪」と「まりも」

これに呼応するように北海道内でも函館発の急行が次々と復活し、札幌、旭川、釧路、網走など道内各地にルートを伸ばして行った。急行に親しみを持ってもらおうと、愛称が付けられることになり、函館関連では1951年4月1日、函館―網走間の急行1、2列車が「大雪」、函館―釧路間の3、4列車は「まりも」と名付けられた。この二つの愛称は一般から公募されたもので、市民の関心を呼んだことだろう。

大雪は言うまでもなく標高2000メートル以上の山々が連なり、北海道の屋根と言われる大雪山系に由来する名前であり、まりもは神秘の湖、阿寒湖だけで見られる球体の藻、マリモから採った。北海道の南端、函館からはるばるオホーツク、道東に向かう2本の長距離急行列車の旅情にふさわしい愛称となり、特にまりもは1953年に安藤まり子が歌う「マリモの唄」が爆発的にヒットしたこともあって、旅行者の人気を博すことになった。

このとき大雪は全行程のうち旭川―網走間は普通列車、まりもは札幌―釧路間は停車駅が多い準急とされた。大雪は普通列車となる旭川―網走間も編成に2等車（当時）と食堂車を付けたままで、食堂車は営業していた。何とも豪華な普通列車である。

急行まりもと言えば1953年1月23日、函館に到着した上りまりもをもって、運転担当の函館機関区が1000万キロ走行無事故記録を打ち立てた。約4年間、地球を250周する距離で、まりもを引くD51が函館に着くと大勢の関係者が機関車を取り囲み、

「１０００万キロ達成」の横断幕の前で喜びを分かち合った。

これら急行列車が定着するとともに、あかしあ（後のアカシア）、洞爺、すずらん、石狩（不定期）、狩勝、はまなす、石北など、一定の年齢以上の道民には懐かしい愛称を持つ急行が続々誕生していった。ただ、戦前、黄金時代を築いた稚内への急行はまだ復活しておらず、１９６１年10月の白紙ダイヤ改正を待つことになる。

当時の急行列車で使用された食堂車マシ35＝1961年

夜行列車には寝台車も使用された。写真はオロネ10　501＝1963年

海峡の女王、洞爺丸が就航

空襲でほぼ全滅した青函連絡船だったが、１９４６年5月、貨物船の第十二青函丸、同7月、石狩丸が就航。しかし、これで足りるはずがなく、運輸省はＧＨＱの許可を得て新しい客船建造に取り掛かり、１９４７年11月、第1号として洞爺丸（３８９８トン、旅客定員１１２８名、搭載貨車18両）が就航した。

4本煙突を持つ気品ある船体で内部にはいす席、食堂、売店を備えたほか、最新鋭の安全設備も行き届き、「海峡の女王」と称された。この洞爺丸は津軽海峡に日常が戻ったシンボルとして函館や青森市民のみならず、日本中に歓迎された。

１９４８年には同規模客船の羊蹄丸、摩周丸、大雪丸の3隻、貨物船の北見丸、十勝丸、渡島丸、日高丸の4隻が続々就航。空襲で沈没を免れた現役の連絡船を含めると、合計14隻の陣容になり、１９４９年10月のダイヤ改正から、4年半ぶりに空襲被害前の1日18往復の運航を取り戻した。１９５０年には洞爺丸に最新のレーダーが設置されたのを機に、全船に取り付けられ、安全性が一段と高まった。

　また、1949年9月には戦時中に禁止されていた出港時の五色のテープが復活した。テープは長さ20メートルで、乗船客と見送る人が両端を握りしめて別れを惜しむ、青函連絡船には欠かせない小道具だ。

　出港の時刻が迫るとデッキにドラが鳴り響き、「蛍の光」の哀愁を帯びたメロディーが流れ始める。タラップが外され「ボーッ」と汽笛が鳴り響くと、連絡船は補助汽船に押されてゆっくりと動き出す。

「さよなら」「またね」の大声が交わされる中、船が桟橋を離れるに連れて手元のテープの回転が速まり、海上に直線的に伸びると張力に耐えきれず、千地に乱れて波間に消えてゆく。この送る人、送られる人、双方の万感の思いをテープ1本に託して惜しむ時間は旅の情、いや函館の人情そのものだった。

　戦前の値段は1本5銭だったが、戦後のインフレで復活時には25円に値上がりしていた。しかし、多くの人が買い求め、デッキと桟橋の間にテープをつなぎ、また会う日に思いをはせた。戦争が終わってわずか4年。別れの格別の感情はインフレのつらさを一時忘れ

戦後の青函航路を担った大雪丸がタグボートに押されて函館を出港する＝1956年

台風で沈没し、悲劇の代名詞となった洞爺丸＝1953年

1948年に建造され、洞爺丸などとともに活躍した初代羊蹄丸＝1965年

戦後の貨物輸送に力を発揮したが、台風で帰らぬ船となった北見丸＝1948年

青函連絡船の出港時には高校生の修学旅行でもテープが乱れ飛んでいた＝1966年夏

させたのだろうか。

テープ復活を伝える北海道新聞の見出しは「のこる未練のテープも切れて　青函五色の情緒復活」との思い入れたっぷりの見出しを付け、テープの花が咲いているような写真を添えて復活の情景を細やかに描写した。筆者も子供のころから何度も経験したが、子供心には色彩鮮やかなテープの乱舞が祭りのように非日常的で、寂しさより華やかさを感じたものだ。

頭痛める機雷とヤミ市

しかし、戦争が招いた危険は数年たっても完全に去ったわけではなかった。1951年5月9日昼、松前沖で浮遊している機雷が発見された。朝鮮戦争の余波とみられる。このため航海中の連絡船は函館、青森両港に緊急避難。すぐさま連絡船の運航は中止された。しかし、巡視船が捜索したものの機雷は見つからず、とりあえず深夜便を取りやめ、昼間だけ運航することにした。

約2年後の1953年4月5日に一応安全宣言が出

て夜間運航が復活したが、巡視船ばかりでなく、大型望遠鏡、レーダーなどを総動員して水も漏らさぬ警戒態勢をとった。ひっそりしていた深夜の栈橋待合室は久々に賑わったものの、船内では万が一の時に脱出しやすいよう、甲板に近い一等船室に客が殺到したという。

ところで、戦後の食糧難はしばらく続き、主食のコメは統制経済のもと、なかなか庶民の口に入らなかった。そこにヤミ市が形成される。コメどころの東北からヤミ米が青函連絡船を通じて函館に流入。警察当局は取り締まりに躍起になっていた。

1951年6月21日、当時の函館市警が朝一番で青森から到着した連絡船を捜索。その結果、いわゆるカツギ屋135人を摘発。コメ120俵（1俵は60キログラム）と酒かすなどを押収し、統制品として強制的に買い上げた。自供によると、コメは青森で一升（約1・5キログラム）80円の価格で買い入れ、函館に運んで95～100円で売りさばき、利ザヤを稼いでいた。大半は青森の男たちだったが、中にはコメ2俵を1人で運んでいた豪の女もいた。「どうやって持ち込んだのか不思議だ」と警察官も首をひねったという。

このころ、札幌の近く、千歳空港（当時）では空の新時代が幕開けしていた。1951年10月、民間航空の営業が再開され、羽田空港との間に日本航空の定期便が就航した。当時の飛行機は庶民にとっては高根の花で、鉄道と青函連絡船のライバルには全くなり得なかったが、国策によってその後急速に成長し、北海道と首都圏を往来する鉄道客を、まるで鷲づかみにして奪って行くことになる。

函館桟橋付近のコメのカツギ屋＝1960年

大型台風、連絡船をなぎ倒す

空襲被害から戦後、いち早く復興を成し遂げ、順調に発展しつつあった青函連絡船。しかし、今度は自然が牙をむいて襲いかかってきた。1954年9月26日未明、九州に上陸した台風15号は本州を北上し、日本海上で異常に発達。午後3時ごろには津軽海峡が大しけになった。函館市内は全市の電線が切断され、函館湾の波の高さは6メートル以上に。波しぶきは遠く飛散し、大野平野の農作物に多大な被害を与えるほどだった。

この日、洞爺丸は一時出港を見合わせたが、午後6時30分、船長が出港を決断し函館桟橋に通告、同39分、離岸した。乗客1151人、乗組員111人など計1314人が乗船。貨車及び荷物車計11両を積載していた。乗客の中には先発の第十一青函丸に乗ったが引き返したため、洞爺丸に移乗した進駐軍兵士51人も含まれている。

間もなく進路を南西に向けたが、風速30メートル以上、突風45メートルに達する強風に遭遇し、錨を下ろして一時避難することにした。しかし、船体の動揺が左右25度ほどに達し、瞬間最大風速は56メートルにも。このため船尾から多量の海水が浸入して車両甲板に滞留し、前後左右の揺れで機械室に海水が入り始めた。

乗組員は排水に全力を挙げたが、船体は七重浜に向けて流され、午後10時40分ごろ、ついに右舷に45度傾斜、復元することなく横転沈没した。このほか、第十一青函丸、北見丸、十勝丸、日高丸も沈没した。救難作業もむなしく、その後の調べで乗客、乗組員ら合わせて計1430人が死亡（国鉄の最終発表＝死亡認定者も含む）の大惨事になった。生存者は202人とされる。

これは、英タイタニック号が1912年に北大西洋で氷山に衝突し、1500人が死亡した規模に次ぐもので、当時世界で2番目の大きな海難だった。

この急を告げる事故は

洞爺丸台風で沈没した第十一青函丸＝1954年

様々な人間模様をも描き出した。ある外国人宣教師は自分がいったん身に着けた救命胴衣を他の客に譲り、自らは運命に従った。また、死亡と判断されたが実は死んでおらず、火葬場に運ばれる途中で息を吹き返した男性もいた。

事故後、日が経つにつれ潜水による捜索作業は次第に困難になったことから、船体を引き揚げてくまなく調べた。遺体の火葬が追い付かず、転覆現場に近い七重浜でそのまま荼毘に付す日が続いた。洞爺丸は事故の1ヵ月前、国体開会式にご出席のため来道した昭和天皇がお乗りになったお召船でもあった。

筆者の友人の父親は洞爺丸の乗組員で一時連絡が取れなくなり、家族も覚悟を強いられたが、奇跡的に救助された1人だった。また、別の友人の父親は北見丸に乗務していて殉職した。

不沈目指し、新船デビュー

空襲の記憶もまだ生々しい函館の街は、悲劇の再来に誰もが悲しみに沈んだ。台風15号はいつしか洞爺丸台風と呼ばれるようになり、国民の鎮魂の思いは容易に消え去るものではなかった。犠牲となった乗客、乗員の遺族には以後、それぞれ過酷な人生が待ち受けていたことだろう。

早々と七重浜に海難慰霊碑が建立され、1955年8月25日に当時の三木武夫運輸大臣（後に首相）、十河信二国鉄総裁が出席して除幕式が執り行われ、遺族らが悲しみを新たにした。後に海難審判で洞爺丸船長（死亡）の責任が問われ、有罪が確定したが、これに関する記録、書籍は数多いので、ここでは省略する。興味ある方は参照されたい。

主要な連絡船を失った国鉄は1955年、貨物船檜山丸と空知丸、1957年には客船の十和田丸を建造。3隻ともディーゼル機関を採用し、洞爺丸の教訓を生かし、転覆しにくいよう重心を低くしたほか、船尾の貨車積み出し口に扉を設け、海水が入り込むのを防ぐ構造とした。これらの設計思想は1964年にデビューする2代目津軽丸などに引き継がれて行く。なお、沈没した日高丸と十勝丸はその後引き揚げられ、修理の上、再び連絡船としての任務に就いた。

海上ホテル景福丸が引退

ところで1956年12月20日、函館桟橋に係留され、海上ホテルとして利用されていた旧青函連絡船、景福丸の営業が静かに終わりを告げた。同船は1922年、日本で建造された英国式の豪華客船で同年、英国皇太子が来日した際、神戸―高松―宮島間のお召船に採用され、皇太子もたいそう喜んだという。名前は朝鮮王朝時代の王宮、景福宮から採られた。

戦前、戦中は下関―釜山間に就航し、大陸との接続に活躍した。1945年7月14、15日の米軍の空襲で青函連絡船が壊滅状態になった後、急きょ応援に駆り出され、そこでも生き残って戦後も運航。終戦直後に定員の約2倍の2000人を乗せたり、故障のため青森まで10時間を要したこともあったという。

まさに傷だらけの航海。ついに1948年9月、寄る年波に勝てず引退したが、その際、鉄道弘済会が「このまま鉄くずにするのは惜しい」と考え、海上ホテルとして活用することになった。戦災未亡人やその子弟を従業員とし、働く場を確保する狙いもあった。

函館駅ホーム（右）と函館桟橋（左）を望む。中央に旧型連絡船が見える＝1961年

船のデッキから函館山を眺めるなど、ロマンチックムードで売り込んだが、いかんせん老朽化が進み、最後は「三等旅館並み」との陰口もたたかれ、弘済会もスクラップを決めたという。

景福丸のケースとは別ものだが、1958年12月、函館桟橋の一角で病気になった旅行客の手当てを無料で行っていた赤十字ハウスが道警函館方面本部から医師法、医療法違反の疑いがあると指摘され、閉鎖することになった。

同ハウスは戦後の混乱が続く1947年に開所し、看護婦（現・看護師）が毎日出向き、けがをしたり、急に熱を出した客などにボランティア精神で対応していた。薬品が不足していた時代、旅行中に困った患者に大変喜ばれていたという。

しかし、法律で定められている1日に1回、医師が来て看護婦に指示することが医師不足で出来なくなり、北海道警の勧告もあって11年の歴史に幕を閉じた。当時の北海道新聞には「非常によいことなので惜しいが、法律違反は見逃せない」という警察の苦渋のコメントが掲載されている。景福丸といい赤十字ハウスといい、戦後の旅行をひっそり支えていた函館ならではの施設が消えて行った。

決定から30年、松前線開業を祝う

さて、第3章で取り上げたが、戦争末期、資材不足で中止に追い込まれていた木古内—松前間の福山線工事は、戦後どうなったのか。地元民が気をもんでいたところ、最後に残っていた松前—渡島大沢間5・6キロの工事が着手され、ついに全線開通にこぎつけた。予定線決定から30年、函館—木古内間が開通してから23年ぶりの完成だった。

戦争中、マンガン鉱輸送を目的に着手された延伸区間の松前—原口間はその後、顧みられることはなく、歴史から消えてしまった。開業を機に線名は松前線に変更される。

開業日の1953年11月8日、午前4時5分に1番列車が函館に向けて出発。一方、函館を同8時45分に出た列車は松前に同11時50分到着した。街中に「祝開通」のアーチが立ち並び、祝賀行事として旅と温泉展、

松前駅には転車台があり、人力で方向転換していた＝1962年

松前線の終点、松前に間もなく到着する列車から撮影。中央に松前城が見える＝1962年

北海道新聞社主催の新聞展覧会、それに旗行列、ちょうちん行列、花火打ち上げ、ＮＨＫのど自慢演芸会などが次々と繰り広げられ、北海道唯一の城下町、松前は祝賀一色に染まった。

翌９日には当時の長崎惣之助国鉄総裁も駆けつけ、関係者とともに駅前広場で記念植樹を行った。国鉄総裁が北海道のローカル新線開業に出席するのは異例と思われるが、工事の相次ぐ先送りのお詫びの意味もあったのだろうか。同線は１９８８年2月、開業からわずか35年で廃止となったが、建設は長く、寿命は短い路線だった。

窓から汽車眺めてファンに

ここで、この本を書くきっかけについて紹介したい。私は１９５０年、函館市港町鉄道敷地に生まれた。住所からわかるように父は国鉄職員で、いわゆる鉄道官舎の一角に自宅があった。同居していた祖父も国鉄ＯＢだった。すぐ裏手に客車や貨車の修繕をする五稜郭工場があり、函館本線と江差線の列車が走る五稜郭駅ホームも見えた。

機関車はすべて蒸気機関車（ＳＬ）で、急行はごう音を立てながら駅を通過。普通列車は汽笛一声、桔梗までの勾配を上るため、盛大に煙を吐いて出発して行った。幼児のころから一日中、飽きもせずに行き交う列車を窓から眺めていたらしい。

また、青函連絡船の貨物船が接岸する有川貨物線にも近く、長い貨物列車が連絡船の時間に合わせて往来。江差線が分岐したあたりからは、五稜郭機関区と五稜郭操車場の広大な敷地が見渡せた。信号所や保線区、資材を保管する用品庫など、国鉄ならではの建物も並んでいた。小学生のころ、機関車の形式を覚え、通過時間でその列車がどこに行くかも頭に入れた。

当時、身近な機関車はＤ51（通称デゴイチ）、Ｃ58（シゴハチ）、９６００（キューロク）だったが、いつしか彼らが懸命に走る姿に強く惹かれるようになる。これが鉄道趣味の原点となった。愛読書は全国時刻表と鉄道専門誌。「鉄道ピクトリアル」に続き、「鉄道ファン」、「鉄道ジャーナル」各誌が本棚に並ぶことになる。

線路そばで写真を撮っていると、駅員が話しかけてくれたり、五稜郭駅に隣接し、分岐器（ポイント）を遠隔操作で切り替える信号所の中を見学させてもらったこともあった。信号所は見通しをよくするため2階建てになっており、所員は信号や遠方を確認しながら、テコの原理を利用して分岐器とつないだ棒型の転てつ器を手前に引いたり、奥に押したりして、列車の行き先を切り替えていた。

操車場や駅構内では貨物列車を行き先別に編成する入替の時、「突放（とっぽう）」という作業があった。これはいちいち1両ずつ連結していては時間がかかるため、前部に貨車を連結した機関車が、先端の貨車だけ勢いを付けて前に突き放す荒業だ。機関車が

五稜郭駅に進入する上磯発の通勤通学列車。住民の貴重な足となっていた＝1962年

「ボッ、ボッ、ボッ、ボッ」と急加速して、すぐさま急ブレーキをかける。

先端の貨車の連結器は解放されているので、その貨車だけが切り離されてそのまま前方に滑走して行く。貨車の手すりには操車掛がつかまっており、タイミングを計りながら足でブレーキを踏んで行く。減速して、止まりそうになったところで、すでに停車していた貨車と連結。その時「ガッチャーーン」と小気味よい音がする。まさに職人芸。これは見ていて飽きなかった。

機関区に行くと、「僕、運転席に座ってみるかい」と乗せてもらうこともあった。「これが蒸気を送る加減弁ハンドル」「これはブレーキ」「これを回すと進行方向が逆になる」など、親切に説明してくれた。今ならおよそ想像できないことだが、世の中も国鉄もおおらかな雰囲気があった。

五稜郭駅周辺では専売公社函館工場に入る線路のほか、肥料工場や貯木場とつないだ線路もあり、時々、9600が入替作業をしていた。専売工場の線路は国道5号を斜めに横切り、市電五稜郭駅前線が開通した後は、貨物列車が通過するのを市電が待つシーンも見

られた。

こんな子供時代を過ごしたので、将来は汽車を運転したいと思うようになった。ところが、就いた仕事は新聞記者。「キシャはキシャでも、新聞記者になっちゃいました」というのが、この話の落ちである。本文これ以降は、父と私が1950年代から撮りためた写真と、鉄道ファンとしての体験を含めて話を展開したい。

大沼遠足はスイッチバック

筆者が鉄道に興味覚え始めた1950年代後半、函館本線は大雪やまりもなどの急行列車も貨物用D51が受け持っていた。動輪直径が1400ミリと小さいため速度は遅いが、渡島大野から軍川（1964年6月大沼駅に改称）にかけての急勾配を上るにはパワーが優先された。停車時間を省くため、函館からD51重連で出発する急行列車もあった。

ローカル線用のC58は江差、松前線の普通列車や貨物列車を担当。小編成の列車を引いて軽やかに走っていた。駅や操車場、連絡船桟橋などの入れ替えは函館、

仁山信号場でいったん停車し、スイッチバックに入ったD51の普通列車。ここから勢いを付けて峠を越える＝1970年10月

五稜郭、有川とも9600が一手に引き受けていた。

鉄道に関する思い出はいくつもあるが、その中のひとつ、秋の遠足は汽車で大沼公園に行くことになっていた。当時は子供が多かったから、そのための専用列車が仕立てられる。五稜郭駅からD51が引く臨時列車に乗り込むと、車内は早くもウキウキした気分だ。

列車は渡島大野から右にカーブを切りながら急勾配を上り始める。速度が落ち始め、機関車の息遣いが荒々しくなってくる。高度が上がって行くと函館山がかすんで見え、随分遠くに来たな、と子供心に思ったものだ。やがて坂の途中の仁山信号場に停車。一呼吸置いたところで、列車が逆向きに動き始める。本線とは別にある加速線に進入するスイッチバックだ。

車内の子供たちは、このサプライズに一斉にはしゃぎ始める。列車はまた停止。すると機関車が「ボーッ」と長い汽笛を鳴らし、今度は再び前進して懸命に速度を上げる。仁山信号場のホームを過ぎると、147メートルの小さな滝の沢トンネルへ。煙が入り込むので、みんな一斉に窓を閉めた。

抜けると国道5号を鉄橋で渡って再びトンネルに突っ込んで行く。ここは735メートルの新峠下トンネルで、走行音がトンネル壁にぶち当たる騒音と暗い照明の中で、子供たちは非日常の世界に放り込まれ、ひときわ賑やかになった。

前方から光が差し込んでくると、景色はがらりと変わって大沼国定公園と駒ヶ岳の眺望が広がる名シーンが飛び込んで来る。列車は速度を落とし、大沼に到着。私たちが湖上でボートに乗って遊んでいる間、けん引機はいったん軍川に戻り、転車台(ターンテーブル)で向きを変え、再び私たちを乗せて五稜郭まで連れ帰ってくれた。

函館の中学生の秋の遠足は大沼公園が定番だった。トンネルを越えて大沼に近づくと、みんな窓を開けて空気を吸った＝1963年10月

旅客用高速機C62登場

ところで戦前から国鉄技術陣は将来の主力機関車については「蒸気ではなく効率が良い電気、ディーゼル機関車を優先する」と構想を固めていた。しかし、戦後の資材不足で当面は蒸気機関車で乗り切らざるを得ず、東海道、山陽両本線の特急つばめ、はとなどのけん引のため、貨物機D52の巨大ボイラーに直径1750ミリの高速用動輪を組み合わせたC62の製造を開始した。

先輪2＋動輪3＋従輪2（2C2ハドソン形）の軸配置で、全長は21メートルを超え、日本のSLとして初めて自動給炭装置（ストーカー）が取り付けられた。これは炭水車から本体の火床に機械で石炭を巻き上げて燃焼させる装置で、機関助士の投炭作業を軽減するために取り付けられた。

ハドソン形の呼び名は、米国の機関車製造会社がハドソン川に近いニューヨーク・セントラル鉄道に納入した機関車がこの軸配置だったことに由来する。

高速旅客けん引機の系譜は大正生まれのC51からス

本州から北海道にやって来て、急行を引き始めたC62　3。ランニングボードの白線は特急機関車の名残だった＝1956年

タートし、戦前、戦中のＣ53、Ｃ55、Ｃ57、Ｃ59（いずれも2Ｃ1のパシフィック形）と続いてきた。Ｃ62は改造車とはいえ、国鉄技術陣の総力を結集した日本最大、最速の機関車として誕生。１９４８年1月、山口県の日立製作所笠戸工場で1号機が完成し、合計49両の仲間が作られた。

Ｄ52が戦時中、〝決戦機関車〟と呼ばれたのに対比して言えば、Ｃ62は戦後の〝平和機関車〟と言えよう。ちなみにその１７は54年、木曽川鉄橋で狭軌鉄道の蒸気機関車としては最高速度とされる１２９キロを記録したことで知られる。

本州でのＣ62の活躍は華々しかったが、長くは続かなかった。１９５６年11月、東海道本線が全線電化されたのに続き、山陽本線も電化工事が進展。特急けん引機は戦後の傑作電気機関車、ＥＦ58に取って代わられ、Ｃ62は次第に行き場を失ってきた。

7両のサムライ、函館本線に

その中で国鉄はいまだにＤ51が急行を引く函館本線の函館—小樽間に着目。余剰のＣ62数両を線路規格の低い同本線でも走れるよう動輪軸重を軽くして送り込むことを決めた。Ｄ51が引く急行は函館—札幌間を6時間要するが、Ｃ62だと5時間台で結ぶことができる。

そうして１９５６年から翌年にかけて２、３、２７、３０、３２、４２、４４の7両が移動して来た。彼らを〝七人の侍〟といえば格好いいが、実は当局は調子の良いものは本州に残し、やや劣るものを北海道に移したという。誤解を恐れずに言えば、厄介払いに等しい〝人事異動〟だった。

なお、第3章で若干紹介したが、戦中から戦後にかけて長万部に所属していたＤ52の30両のうち、４９はＣ62の２７に、１５２はＣ62の３０に、１１２は後に糸崎機関区（広島県）から移ってくるＣ62の１５にそれぞれ改造されて北海道に戻ってきた。これらは形式、姿を変えて函館本線を2度走ったことになる。

そのＣ62たちは運転室などに耐寒設備を施して小樽築港機関区に配属され、小樽—長万部間約１４０キロを2両連結でけん引力を大きくする重連運転（先頭車は補機、2両目を本務機という）のほか、本務機は小樽―函館間約250キロを通しで函館まで急行を引くことになった。

1000分の20の急勾配や急曲線、さらに北海道の機関車に試練を与える豪雪にも十分対応し、時間短縮を実現して乗客サービス向上に貢献。また、ボイラーに石炭をくべる機関助士は通常1人のところ、山線のD51は投炭作業が連続するため2人必要としていたが、C62は自動給炭装置を備えているため1人で間に合い、現場の労働軽減にも一役買った。

1960年前後、函館発着でC62が引く急行は大雪、まりも、アカシア、準急でははまなす、たるまえ（はまなすの後継）などがあり、筆者の自宅があった五稜郭駅付近では見ようと思えば一日に何度でもC62の雄姿を見ることができた。

例えば上りまりもで函館に午後到着したC62は回送のバック運転で五稜郭機関区に入って休み、次は函館にバックで戻って深夜の下りはまなすを引いて長万部へ。そこで機関車交代となり、今度は上りはまなすで早朝、再び函館に戻ってくる。もう一度、五稜郭機関区で石炭や水の補給、点検を受けたのち、函館から午

函館駅で出発を待つ急行まりも。仁山越えのため前補機D51を連結していた。2両目は小樽までけん引するC62 2=1962年

後の下りまりもを引いて小樽に帰る、という1泊2日の仕業をこなしていた。

エンジン全開で遅れ取り戻す

許可を得て長万部から函館までC62の運転台に乗せてもらったことがある。長万部のホーム先端付近で乗務員の作業服（通称なっぱ服）を着て待っていると、小樽からC62重連に引かれた急行ニセコ1号が到着した。山線で難儀したのだろう。5分ほど遅れていた。機関車2両のうち先頭の補機を切り離し、本務機に函館機関区の乗務員が乗り込む。炭水車に水を補給している間に、機関車に異常がないことを確認。慌ただしい中、出発信号機が青に変わった。

「出発進行」――。ほぼ平坦な道のりのため、ここでなんとか遅れを取り戻したい。機関士は加減弁ハンドルの握り手を右手で手前に引きつけ、大量の蒸気をシリンダーへ送り込んだ。すると、見る見るうちに加速する。機関助士との「後部よし」の喚呼応答があり、本線に入ると一段と速度に弾みをつける。

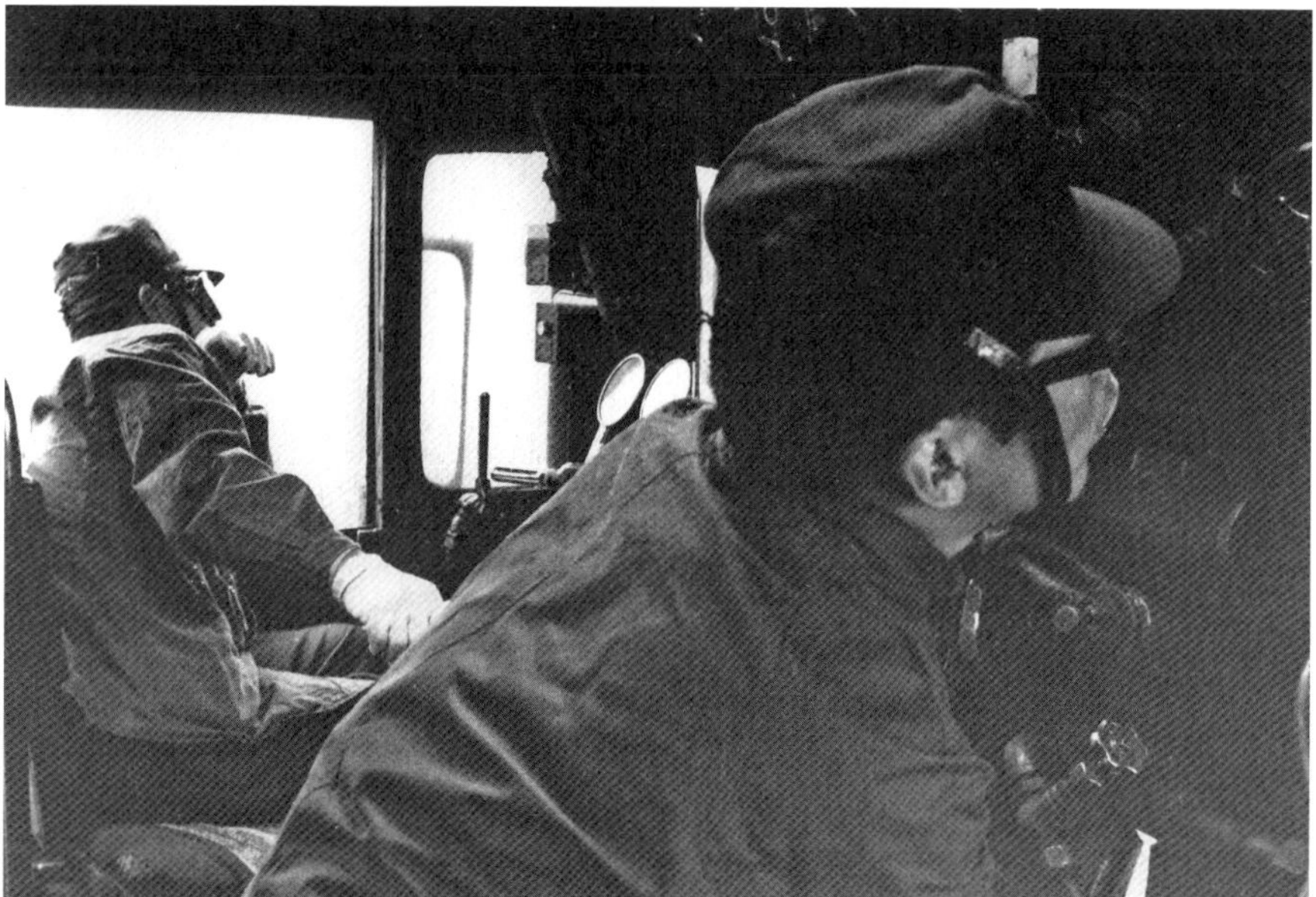

急行ニセコ1号を引くC62の運転台では機関士（左）がブレーキ弁に手をかけながら前方を注視。機関助士（右）は計器を見ながらボイラー圧力などを調整している

国縫、山崎と時速70キロ程度で通過し、八雲で停車。機関士は後ろを振り返り、乗客の乗り降りを見つめながら、今か今かと発車合図を待っている。駅長の右手が上がり豪快に汽笛を鳴らして発車。落部付近では左手に室蘭方面を望みながら噴火湾に沿って快調に飛ばしていく。しかし、遅れはなかなか取り戻せない。1時間ほどで森に着いた。

ここから砂原線に入る。最大勾配は1000分の6。ここをいかに乗り切るかが機関士と機関助士の腕の見せ所だ。機関士は少しでも加速を効率よくするため、駅構内に進入する際、加減弁ハンドルを引いたまま、ブレーキ弁を締めて制限速度まで減速する。つまり車でいえばアクセルを踏みながらブレーキを掛けるようなものだ。

そうしておいて、最後尾の客車が構内を抜けた途端、ブレーキを一気に緩め、そのまま加速する。函館でわずかな時間で接続する青函連絡船を遅らせてはならないからだ。その甲斐あって大沼には遅れを2分ほど回復して到着。あとは終着函館までひとっ走りだ。

仁山信号場から渡島大野にかけての下り急勾配を速度超過しないよう慎重に運転。下り線と上り線に挟まれた広い五稜郭操車場を右手に見ながらいよいよ函館の街並みをかすめる最終コースに入る。車内では車掌が連絡船や江差線などの乗り継ぎ案内に余念がなく、乗客は下りる支度に忙しいことだろう。

ホームが右カーブになっている函館駅ホームで停止。長旅を終えた旅行者が改札口へ、あるいは連絡船乗り場へと急いでいる。駅構内には津軽海峡からの潮風が匂い、C62の運転台に無事到着の安堵感が広がった。

栄光伝える「つばめマーク」

鉄道ファンならC62 2の左右の除煙板に飾られた、つばめのマークをご存じだろう。この2は当初、大阪の宮原機関区に所属し、東海道本線浜松―大阪間の非電化区間で特急つばめをけん引したが、その際、同機関区と鷹取工場により、つばめけん引のシンボルとしてこのマークが取り付けられた。

小樽築港に配置転換後、工場内で「こんな昔のものを付けていると、いかにも本州でいらなくなった車両と見下されてしまう。外してしまおう」との声が出たが、幹部が「いや、過去の栄光を忘れるわけには行かない。この機関車が北海道を走ることはみんなの喜びだ」と意見を述べ、そのまま付けておくことになった。

決して状態が良い機関車ではなかったが、このつばめマークを付けた2のたくましい走りを見るために鉄道ファンが多数来道し、まさしく北海道のＳＬを代表するエース機関車となった。小樽築港機関区ではつばめマークが輝きを失わないよう、いつも懸命に磨き続けたという。

その2は山線の重連先頭だけでなく、函館にも乗り入れていたので、カメラを構えていて2が来てくれると「おおっ、つばめだ」と歓声を挙げたものである。遠目からでもこのマークはよく分かった。つばめマークに愛情を込め、「スワローエンジェル」と呼ぶファンもいる。

東海道本線で特急つばめを引いていた名残のマークを付けたC62　2＝1971年9月

D52カムバック、補機の務めも

旅客用Ｃ62に続いて貨物用Ｄ52が１９６０年、北海道に10年ぶりに順次復帰してきた。今度は長万部ではなく、五稜郭機関区所属である。ナンバーは28、56、89、１３６、１３８、１４０、１４２、２０１、２０２、２０４、２１７、２３５、４００、４０４、４１４、４１８、４２２、４６８の計18両である。ただし、４１８と４２２はほとんど使用されなかった。

主な用途は五稜郭操車場—東室蘭操車場間の貨物列車と、急勾配がある渡島大野—大沼間の補機作業である。Ｄ51より強力なＤ52は通常のけん引機だけでなく、補機として実に頼もしい存在となった。急行列車の補機はそれまでＤ51が函館から付いていたが、今度は渡島大野からＤ52が後部に連結され、後ろから強烈に押し上げる方式に変わった。

個性的なSLがずらり

筆者も中学生、高校生となり、写真撮影の行動範囲が広がった。函館から札幌、長万部、倶知安、青森などに遠征するようになる。しかし、最大の関心事は地元、函館、五稜郭両機関区のSLたちだった。形式ごとにそれぞれ個性的な機関車が走っており、それを見るのが楽しみだった。

まず9600形。大正生まれのずんぐりした貨物用SLで、当時は本線のけん引から引退し、もっぱら五稜郭駅、工場、操車場、有川貨物線の入れ替え作業が仕事だった。見た目は「おじいちゃん」だが、フットワークも軽く、休む間もなく動いていた。

中でも49698という機関車がユニークだった。これは運転席が通常左のところ、右側にある変則機関車で、五稜郭操車場の下り入替線が右カーブになっているため、機関士の視界が開けるよう、改造されていた。

おまけに、普通はボイラー先端の中央上部に付いている前照灯が、右側にちょうどピースサインのような感じではみ出し、茶目っ気があり、一目でそれと分かる存在だった。もう1両、右運転席の19670という機関車も働いていたが、こちらの前照灯は通常の中央に付いていた。

D51はナメクジというタイプが面白かった。D51初期の100両のうち1～85、91～100の計95両は通常、前照灯と煙突の間に進行方向に対して横向きに置かれている細長い給水温め機を、縦向きにして煙突後ろに置き、砂箱、蒸気溜と一体化して長いカバーで覆った半流線形スタイルだ。

給水温め機とは水をあらかじめ100度ほどに温めておき、蒸気にしやすくする装置。ナメクジとはどこかのファンが言い出したらしいが、そのうち国鉄内部でもそう呼ぶようになり、いわば市民権を得た。横から見ると、確かにベローっとしていて、そう見えなくもない。

筆者が小、中学生のころ、五稜郭機関区に70が配置されており、それが通過すると「ナメクジだ」と口にして周りの大人から不審がられたものだった。

もう1両、333も注目だった。この機関車は

1954年8月、昭和天皇ご来道に際し(お召船は洞爺丸)、名誉あるお召列車のけん引機の務めを果たした。その時は全体が埃ひとつなく黒光りするまで磨き上げられ、ボイラー下部と走行部との間にある歩み板など目立つラインは白線を引いて清廉さを強調。ボイラー前部には2本の日の丸が交差して飾られた。まさに晴れ舞台である。

お召列車は初日8月8日に函館から大沼へ、2日目は大沼から長万部まで御料車を含む5両編成を引いて走った。お召機は機関区の最上の機関車が選ばれるのが常で、3が三つ続く「トリプルスリー」の語呂も良く、333に白羽の矢が立てられたのだろう。ちなみに予備機は332だった。

333は大役を果たした後、普通に貨物や客車を引いて走っていたが、気のせいか、皇室御用達の高貴な雰囲気を感じたものだ。333は現在、白老町ポロト公園に保存されている。

江差線用のC58は一時期、213が目立った。これは1960年に紀勢線の紀伊田辺から移ってきたが、同本線はトンネルが多く、煤煙に悩まされるため、煙突を鷹取(工場)式集煙装置で覆っていた。これは運転席で操作し、煙を後方に流れやすくするためで、函館に渡ってきてからもしばらく取り外されず、なかなか存在感のある姿だった。

D52は204の除煙板が北海道式の切り取りタイプで、なんとなく前部が軽やかな感じがした。まだまだあるが、ファンでない方には退屈だし、キリがないのでいったんやめておこう。

皇太子さま、すずらんで来函

1954年の昭和天皇ご来道に続き、1958年、現在の天皇陛下がまだ独身の皇太子だったとき、北海道視察にお見えになり、札幌を中心に阿寒湖、洞爺湖、旭川などを周遊された。函館には当時SLがけん引していた急行すずらんの最後尾に展望車を連結し、7月6日に来函、五稜郭公園や市立図書館をお周りになった。

この夜は湯の川温泉の若松旅館に1泊し、翌7日に余市に向けて出発。このとき筆者の父が両日とも、列

1954年のお召列車をけん引したD51　333＝1966年

五稜郭機関区の変わり種49698。入替の関係で右運転席、右側に飛び出た前照灯が特徴だった＝1964年4月

紀伊田辺から五稜郭に転属し、江差線で活躍したC58　213。五稜郭駅で入替中＝1960年

「ナメクジ」と称されたD51初期の70。貨物を引いて五稜郭操車場を出発する＝1964年

独身時代の天皇陛下（当時皇太子）が急行すずらん連結の展望車で函館ご訪問。五稜郭駅を通過する＝1958年7月

車が五稜郭駅を通過する際、写真を撮った。初日の機関車はC57１４２と番号不明の同形の重連運転。お召列車とは違って国旗はないが、特別に磨き上げられた様子だ。皇太子さまが展望車のデッキに出て、外を眺められているシーンが写っている。

函館からお帰りになるときは、今度はD51３６５を先頭にこれまた同形の重連運転。仁山の勾配や長万部以降の山線を通るので、力があるD51を使ったのだろう。写真を見ると運転席にはベテラン乗務員の姿も見え、万全を期している様子がうかがえる。

展望車は気品のある二重屋根、車体に白線が入り、乗り心地をよくするため3軸ボギーの台車が使われていた。こうした車両は普段、北海道にはないため、東京から回送され、青森からは連絡船で運ばれてきたのだろう。白地の形式名が写っているが、読み取れないのが残念だ。

皇太子さまはこの後すぐ、正田美智子さんとの婚約を発表。函館へのご旅行は独身生活最後の思い出になったに違いない。

本格的な気動車の時代へ

戦後10年以上経過し、経済環境や庶民生活も向上してきた。1956年の経済白書は「もはや戦後ではない」と大胆なキーワードを使い、話題となる。1958年には函館出身の作詞家、川内康範原作の「月光仮面」がHBCテレビで放映され、子供たちを夢中にさせていた。

国鉄は1957年、第1次5ヵ年計画を実施することにし、総額5020億円を投じて車両の電化、電車化、ディーゼルカー（以下、気動車と表記）化、線路施設の増設などに着手した。

鉄道発足以来、動力車の主役であり続けた蒸気機関車を電気機関車、ディーゼル機関車に置き換える、いわゆる「動力近代化」が最重要テーマで、日本列島すべてで快適、高速の旅を実現しようとするものである。

電気、ガソリン機関車あるいは電車、ガソリンカーとも戦前から存在し、前述したようにガソリンカーが函館―上磯間ほか室蘭線、千歳線で走っていた。しかし、燃料供給の難点のほか性能も良好とは言いがたく、普及するには至っていなかった。

北海道内では1956年11月、函館本線に気動車が本格導入された。まずは札幌―岩見沢間で、次いで札沼線の旅客列車すべてが気動車に置き換えられた。函館には1955年にキハ05形という旧式気動車が5両配置され、1956年から1957年にかけてキハ11形、1957年から改良型のキハ12形、58年からキハ21形、1959年からキハ22形が続々お目見えする。

いずれも寒冷地仕様だが、キハ12以降は二重窓を備え、窓周囲がクリーム色、窓から下と屋根付近は朱色に塗られ、当時としてはなかなか斬新なデザインだった。

これらは函館―森、函館―江差な

五稜郭駅を出発した江差線普通列車。キハ21、キハ12などが見える＝1964年10月

ど短距離の普通列車のほか、急行、準急にも進出し、乗客をＳＬの煙から解放して明るい旅を提供した。両運転台なので、ＳＬのように終着駅の転車台で方向転換する必要もなく、行ったり来たりが極めてやりやすくなった。

筆者は五稜郭―函館を往復するときキハ21と22によく乗った。21は前後のドアがやや中間寄りで、ドアから入ると、そのまま客室になっていたが、22は出入りのドアが両端にあり、そのドアと客室との間に仕切りドアがあって、冬の寒気が客室に入り込むのを防ぐ構造になっていた。どちらに乗っても必ず運転席後ろにへばりついて、出発から停止まで運転士の操作を後ろから勝手に〝勉強〟させてもらっていた。

江差線用にユニークな気動車も存在した。キハユニ25形2両で、車両の半分が普通座席（ハ）で、残りは半分が郵便（ユ）と荷物（ニ）を運ぶスペースになっていた。鉄道ファンとしては、このキハユニが連結されていると、わざわざそちらに乗り、郵便や荷物の取り扱いを見学した。

函館・道南でいち早く旅客列車が丸ごと気動車化されたのは瀬棚線だった。１９５６年9月1日、それまでは蒸気機関車Ｃ11が引いていた同線の旅客列車8往復を気動車に置き換えた。Ｃ11が青息吐息で急坂を上っていたのに比べ、ディーゼルエンジンの気動車は軽やかだった。

瀬棚行き気動車の1番列車は、函館本線との分岐点である国縫を午前5時12分発車。途中の駅に到着するたびに小、中学生が小旗の波で、待望の〝無煙化〟を歓迎した。これにより、Ｃ11が引くのは貨物列車のみとなった。

旧函館駅を出発するローカル気動車2両編成＝1960年10月

準急えさし・松前がデビュー

1960年10月には、キハ22の高性能を買って函館—江差間に準急えさしが登場した。時はまさに日本列島が高度成長期。江差町及び地元住民にとっては念願かなっての運行で、函館発の1番列車が午前10時58分に江差駅に到着すると、小学生や鼓笛隊が待ち受けて歓迎。昼過ぎには折り返し函館行きの出発式が行われ、マーチが流れる中、くす玉が割れ、拍手で見送った。1両編成とはいえ、最高速度85キロの高速で走破し、江差線の新時代を告げた。

3年後の1963年12月1日には函館からこのえさしと連結し、2両編成で木古内まで行き、そこで分離して松前に向かう準急松前が誕生した。帰りは別々に走ってきて木古内で一緒になり函館に帰る。つまり、このえさし・松前は木古内を分岐点にYの字型に走るのである。

この年、筆者は中学1年生だったが、準急松前の初列車に乗る機会を得た。それも、車内清掃のアルバイトとしてで、ほうきとちり取りを持たされ、走行中車内のごみを掃除して歩く。中学生の制服を着ているものだから、あちこちのお客さんが珍しがって声をかけてくれた。

むろん、ただ乗っていたわけではない。木古内では短い停車時間を利用して、先頭のえさしが出発するシーンを撮影。師走の最初のこの日、木古内には大粒の湿った雪が降っていた。このあと、松前に再び乗車し、終着松前へ。途中、渡島福島では小学生の鼓笛隊が雪の中、ホームで一生懸命マーチを演奏し、多数の住民が歓迎してくれた。松前城を眺めながら小さな松

準急えさしの行先表（サボ）＝1963年12月

準急松前の行先表（サボ）＝1963年12月

松前駅の準急松前運転開始の祝賀掲示
＝1963年12月

前駅に到着したことを今でも覚えている。

すぐさま折り返し、木古内で先ほど別れた準急えさしと定時に待ち合わせて再び2両編成で函館に戻った。筆者の車内清掃作業もこれで終了。好きな列車に乗ってアルバイト賃をもらったうえ、社会勉強と鉄道趣味双方に役立つ有意義な一日だった。同じ日、江差線には準急おくしり、同ひやまも運行を始めた。これで江差線の準急は3往復体制になり、当時の活気が偲ばれる。

短命に終わったレールバス

気動車導入より遅れたが、1963年にキハ01形というレールバス3両が江差、松前線に投入された。キハ22等に比べると、半分ほどの大きさで、乗客が少ないローカル線用に製造された。当時、西ドイツ（現ドイツ）で盛んに活躍しているのを視察中の国鉄総裁が目にとめ、それを参考に製造したとされる。

バスと名が付いたのは自動車用ディーゼル機関を利用しているためで、線路を走るのでハンドルはないが、運転台は前後にあり、手軽さが売り物だった。しかし、鉄道車両としては大量輸送に不向きでトイレもなく、運用しにくいことから、翌1964年には2両に削られ、結局このわずか2年間で役目を終えた。

そんな希少価値のある車両だが、筆者のアルバムには52と54の写真が残っている。その中には五稜郭駅外れの構内でレールバスを職員数人が押している写真がある。線路の端に動かしたかったが、運転士が見つからなかったようで、なんとものん気でユーモラスな絵柄となった。

キハ55の急行すずらん

普通列車用のキハ22などの導入が進む一方、エンジンを2基搭載し、加速力と登坂力を大幅に向上させた急行用気動車キハ55形が1960年7月1日、函館―札幌間に千歳線経由の急行すずらんとして登場した。従来、蒸気機関車がけん引していた列車を置き換えたのだが、一気に函館―札幌の所要時間を優に1時間以上短縮し、5時間で結ぶことが可能になった。

短命に終わったキハ01形レールバス＝1964年3月

レールバスを押して動かす国鉄職員たち＝1963年3月

函館駅で行われた準急えさしの出発式＝1960年10月

準急えさし1番列車出発のセレモニー＝1960年10月

木古内駅を発車する準急えさし。後方は準急松前＝1963年12月

準急松前初列車を歓迎する福島町の子供たちの鼓笛隊＝1963年12月

気動車急行への置き換えでSLけん引最終となった急行すずらん＝1960年6月

北海道初の気動車急行すずらんの函館駅での出発式＝1960年7月

主要ルートである小樽経由の急行と比べても30分も速い。それにトンネルに入るたびに客車内に煙が入り込むこともなくなった。鈍足から快速へ─。有煙から無煙へ─。函館駅で実施された下りすずらんの出発式には「快適なディーゼルカー急行すずらん」の横断幕が掲げられたが、そのキャッチフレーズが気動車急行の革命的な意義を端的に表現している。しかも全車座席指定で、乗客は席取りの心配をすることなく安心し

五稜郭操車場を通過する上り急行すずらん＝1960年11月

て乗れるようになった。
　クリーム色の車体に窓周りの赤が都会的な雰囲気を醸し出し、道内の気動車急行網の幕開けを告げるアピールの機会となった。実はキハ55は寒冷地対策が施されてなく、夏場はこれで良かったが、冬になると本州に送り返し、キハ22で代用せざるを得なかった。
　気動車急行を急いだ余りの結果だが、翌年からは北海道向けに作られたキハ56形に置き換えられ、本格的な運転が始まった。このころから蒸気機関車の淘汰は加速し、わずかに残っていた貨物用Ｄ50、旅客用Ｃ51など大正時代の花形ＳＬはいよいよ姿を消して行った。

東北に特急はつかり登場

　すずらんが登場した１９６０年12月10日、津軽海峡の向こうの東北本線・常磐線に日本初の気動車特急はつかりがデビューした。後に気動車特急の標準タイプとなるキハ80系の９両編成（後に10両に増車）で、こちらもそれまでのＳＬけん引の列車を置き換えたが、当初速度アップはせず、「習熟運転」と称して客車時

特急おおぞらと組んで高速接続を実現した東北本線特急はつかり＝1968年3月

代と同じダイヤで運転された。

下り列車でいえば上野を午後0時20分に出て青森に午前0時20分に到着する、所要時間ちょうど12時間の特急だった。先頭車キハ81は非貫通式のボンネット型で、どこか犬の顔を思わせる独特のスタイルを持ち、鉄道ファンからは「ブルドッグ」などと呼ばれた。

原形は1958年に東海道本線に登場したビジネス特急こだま151系の先頭車だが、こちらは犬でいえばテリアの感じで、両者の雰囲気はかなり違っていた。

はつかりは運行開始を急いだせいか、試運転期間が短く、走り始めて間もなくエンジントラブルや遅延が続出。口さがないマスコミから「はつかり、がっかり、事故ばっかり」と揶揄された。それでもはつかりは首都圏と東北各地を結ぶ優等列車であると同時に、北海道とを最速で結ぶ重要な役割を期待されていた。

一方、道内の高速列車は依然として急行列車止まりで、前年デビューの気動車急行すずらんを除けば、まだSLが引く時代遅れの速度だった。なんとかこの状況を打ち破りたい—。時あたかも、1961年10月1日に全国白紙ダイヤ改正（昭和36年にちなんでサンロクトウ改正と呼ばれる）が行われることになった。白紙ダイヤ改正というのは、それまでのダイヤが実情に合わなくなったため、いったん白紙に戻して全部作り直すという大がかりな作業だ。

道内初の特急おおぞら運転

このとき、道内史上初めての特急となる、おおぞらが函館―札幌―旭川間に登場する。特急はつかりの先頭車両を貫通式に変えたキハ82を先頭車に使い、中間車両ははつかりと同じキハ80、キロ80、食堂車キサシ80などを連結するピカピカの80系編成。連結・切り離しや方向転換が容易に出来る特性を生かし、平坦な室蘭本線・千歳線経由で函館―札幌（方向転換）―旭川を通し運転することにした。

停車駅は東室蘭、苫小牧、札幌、岩見沢、滝川のみで、観光シーズンに限って虻田（現・洞爺）、登別に停車する。函館―札幌間の所要時間は4時間30分となり、SLけん引の急行に比べて約1時間短縮。函館―旭川間は札幌乗継の急行より1時間以上早くなった。

これに接続するはつかりは同じ白紙ダイヤ改正で上野―青森間を10時間25分にスピードアップ。両列車を結ぶ青函連絡船もこの便に限り、4時間25分と通常より5分速めた。列車番号ははつかり、おおぞらとも１Ｄ（Ｄはディーゼルを表す）、２Ｄ、青函連絡船も1便、2便という本州・北海道連絡の最速トリオの誕生となった。

同時に大阪―青森間におおぞらと同じ車両を使った特急白鳥がデビュー。日本海沿線を縦貫する超長距離特急で青森発着ははつかりとほぼ同時刻に設定され、これも北海道のおおぞらと効率よく接続した。

白鳥の列車番号は２００１Ｄ、２００２Ｄで、これらの下り列車番号の末尾がすべて「１」であることから、最も効率が良い本州・北海道連絡の代名詞として「1便接続」と呼ばれた。

ここで上野―函館―札幌

五稜郭駅から有川に入る特急おおぞらの試運転列車。キハ82が1両で走っている。右は五稜郭操車場と有川を結ぶ有川線の築堤＝1961年夏

室蘭本線を堂々の12両編成で走行する特急おおぞら＝1964年5月

の所要時間（青函連絡船を含む）の推移を函館本線が事実上開通した1904年から振り返ってみよう。同年は上野─函館が26時間45分、函館─札幌が14時間37分で合計41時間22分かかった。

1934年になると、順に17時間08分、6時間33分、合計23時間41分で初めて24時間を切る。1956年は順に18時間35分、5時間47分、合計24時間22分で、34年より遅くなったが、はつかり、おおぞらがスタートした1961年になると、順に15時間、4時間30分、合計19時間30分に一気に短縮された。（函館での連絡船・列車の接続時間は除いている）

おおぞらが函館に登場したとき、国鉄関係者や鉄道ファンだけでなく、マスコミを通じて多くの市民の関心を集めた。初期トラブルが続いたはつかりを教訓に、函館では連日、乗務員の訓練が行われた。

まだ地味な茶色の客車が多かった時代。その中にあって先頭車キハ82のクリームと赤の塗色、客席より高い位置にある運転席、そして密閉窓は北海道の鉄道の新時代到来を高らかに告げていた。小学生だった筆者も夢中でおおぞらを見学し、運転席を興奮しながら見たものだ。
1961年10月1日のおおぞらの出発式はまだ夜が明けない中、電灯が薄暗く灯る函館駅ホームで盛大に行われた。定刻午前4時55分、自動ドアが閉まり、テープカットに続き、くす玉が割れ、駅長が右手を挙げると「ファーン」という柔らかいタイフォン（汽笛）が鳴って発車。真新しい10両編成の気動車がエンジン音を一段と高く響かせ、力強く札幌、旭川に向けて動き出すと万雷の拍手が起きた。

ゆったりとした座席、静かな車内、清潔でサービスが行き届いた食堂車。運転開始直後に鉄道専門誌に掲載された同乗記事は「列車はなお快走を続けている。振動もなく、いたって静かな走りっぷりである。それほど静かに走るということは車両が優秀だからである」とベタほめしている。

〝5階建て〟の長距離急行も

ダイヤ改正の主役は確かに特急おおぞらだったが、それ以外にも函館発着の気動車急行列車も増発もしくは改正され、時間短縮、サービス向上が図られた。まず函館―東室蘭―札幌―釧路に急行摩周（後のおおとり）、函館―東室蘭―札幌―網走に同オホーツク、函館―東室蘭―札幌―稚内に同宗谷が新設された。

この3本の急行は函館から一緒に編成を組んで午前11時10分に発車。多客時には12両の長大編成となった。滝川で摩周を分離、さらに旭川でオホーツクと宗谷が分かれるという珍しい〝3階建て列車〟で、上りはその逆で一緒になって函館に帰ってきた。

ところが実は5階建てだった。釧路、網走、稚内の3方面に分かれた後、稚内行き宗谷は音威子府で1両、網走行きオホーツクは北見で2両をそれぞれ切り離し、最終目的地に向かっていた。函館駅では乗客に間違いが起きないよう、丁寧な

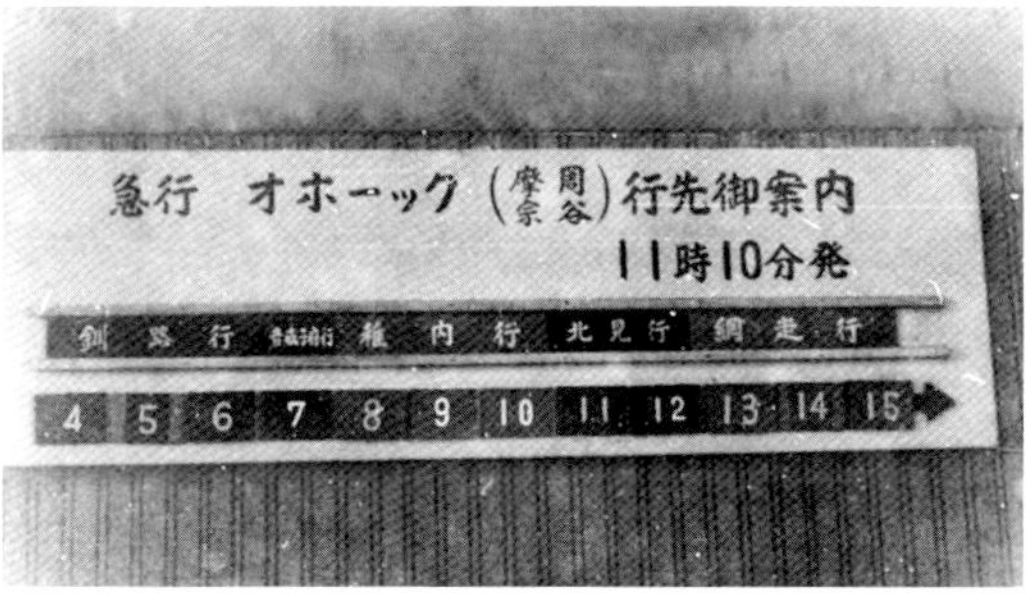

特急オホーツクの行先案内。12両編成の行先が5つに分かれている＝1961年10月

案内表示を掲示したようだ。

逆に上り列車が旭川や滝川で統合するとき、1本でも遅れれば他の2本は待たなければならず、とりわけ冬はダイヤの確保に苦労した。函館―稚内を結ぶ急行宗谷は、10年前に走り始めた網走方面の大雪、釧路方面のまりもに後れを取ったとはいえ、戦前の函館と稚内、樺太を結んだ急行列車を思い起こさせる復活ダイヤだった。

むろん札幌と道東北を結ぶ客車急行も増発された。また函館―東室蘭―札幌―旭川には夜行の準急たるまえが走り出した。これにはマロネロ38形という車両が連結されていた。戦前に製造された車両で、戦時中はベッドを外され普通車に改造されたものの、戦後再び寝台車にカムバックした経歴を持つ。

マは重量、ロは当時の2等、ネは寝台を意味している。したがって、この車両は重さが45トン級、ロネで2等寝台、もう一つのロは2等車を表していた。

つまり車両の半分は寝台付き、残り半分は2等座席。

筆者は当時まだ小学生で乗る機会はなかったが、マロネロという風変わりな名称に惹かれ、とにかく一度見てみたくて夜中、函館駅に行ってホームから中を覗き込んだことがある。同形式は函館に3〜6と9号の計5両が配置されていた。

C55も引いた不定期急行石狩

このほか1961年以前から、夏と冬の繁忙期に不定期で函館―東室蘭―札幌を走る急行石狩があった。下りは特急おおぞらの出発後、あまり急がない、特急に乗るにはお金がもったいない、あるいはおおぞらが止まらない駅で乗降したい、そんな客を乗せて、函館を午前5時20分に出て東室蘭経由で6時間以上かけて札幌まで走る。上りは函館着午後11時だった。

これは普段、函館には顔を見せない札幌方面のC57やC55が引っ張って来るという意味で、筆者にとってはスペシャル気分の列車だった。しかも混雑するときは客車の編成を増やし、その分、重くなるので機関車2両の重連となる。

時間的に函館近郊では上りは深夜になるため全く撮れず、撮影可能なのは夏の下り列車だけだ。このため、

夏と冬に函館―札幌間を走った不定期急行石狩。C57がさっそうと走って行く＝1965年夏

7月の運転時期になると、五稜郭駅近くの自宅を午前3時ごろ、カメラを担いで自転車で出発。通称大野国道を走りに走って渡島大野駅付近へ。さらに国道5号の峠下に出て仁山信号場近くの急勾配で待ち構える。片道20キロほどの道のりだ。

　すると煙を吹き上げる機関車2両に引かれた石狩が苦しげに峠を上って来る。1965年8月撮影の際の機関車はC55 25+36（いずれも戦前の原形は流線型）で、朝日に輝く1750ミリのスポーク動輪の美しかったこと。間もなく大沼に抜ける新峠下トンネルに入るため、2両が相次いで「ボーッ」と汽笛を鳴らし、トンネルに吸い込まれて行った。フィルム代を節約したのか、2コマしか撮っていないが、私にとっては名画の一場面を見るような瞬間だった。

戦後しばらく続いた客車の普通席。急行の普通車もほとんど同じだった＝1971年

青函航路に〝新幹線〟

本州のはつかり、白鳥、北海道のおおぞらという新型気動車特急が出そろい、次は青函連絡船の高速化が課題となっていた。現行の連絡船は戦中、戦後の資材が乏しい時期に建造された船が多く、老朽化も進んだため、青森—函館間は通常4時間30分にとどまっていた。

明治時代の青函連絡船第1、2号の比羅夫丸、田村丸は貨車を積まないので身軽とはいえ、当時すでに4時間で結んでおり、それに比べればスピードの点で不満が積もっていた。

1963年の青函連絡船の年間利用者数は、北海道観光ブームの到来もあって、初めて350万人を突破するほど需要は高まっていた。新旧交代の時期を迎え、客船の羊蹄丸、摩周丸、大雪丸のほか貨物船の石狩丸、渡島丸（各初代）、貨客船の第六、第七、第八、貨物船の第十二各青函丸をそれぞれ廃船。新たに客船の津軽丸、八甲田丸、松前丸、大雪丸、摩周丸、羊蹄丸（八甲田丸を除く5隻はいずれも2代目の命名）が1964年から翌年にかけて次々と就航した。

新造船の6隻はすべて8300トン級の大型船。定員は1200人で既存の十和田丸より少ないが、貨車は当時の貨物船より多い48両を積載できるよう設計された。新型ディーゼルエンジンを8基搭載し、青函連絡船も無煙化が図られた。

なお、トン数については、1967年の規程改正により、船尾の扉で密閉された車両格納スペースがトン数に加算されなくなり、6隻とも5300トン級に引下げられた。

そのとき現役だった初代羊蹄丸と比較してみよう。旅客定員は羊蹄丸が1388人に対し、津軽丸は1200人で188人少ないが、積載車両はワム換算で津軽丸が48両、羊蹄丸は19両なので約2・5倍に増えた。速力は津軽丸が18・2ノットで、羊蹄丸の14・5ノットよりはるかに速い。

1日当たりの航海数は津軽丸が5回可能なのに対して、羊蹄丸は4回止まり。運航要員は羊蹄丸は95人なのに対して津軽丸は44人で、半分以下となった。要員1人当たりの旅客数は津軽丸が136人、羊蹄丸は59人で、2・3倍に。同じく貨車に対しては、津軽丸が

1人で5・4両、羊蹄丸は0・8両に過ぎず、圧倒的に効率が良い連絡船になった。

外観を見れば、煙突は従来船の細い4本から太い1本になり、その均整のとれたスタイルは早速、亡き洞爺丸に続いて「海峡の女王」と称される。船体は上部が白だが、下部はそれぞれ塗色が異なり、ひと目で識別できるようにした。津軽丸は灰青色、八甲田丸は黄、松前丸は緑、大雪丸は深い緑、摩周丸は濃い青、羊蹄丸はえんじが塗られた。就航当時のものから塗り替えられた船もある。

先陣を切った津軽丸は建造中から全国的な話題となり、北海道新聞は横須賀・浦賀造船所に記者を派遣して津軽丸進水式を大々的に報道。「(当時最新鋭の)十和田丸より大きく、スピードが速いので所要時間を40分短縮し、3時間50分で結ぶことができる。船というより全自動のオートメーション工場だ」と最新鋭ぶりを熱く伝えた。

バウスラスターという船首の底に直径2メートルの可変プロペラも設けられ、船の方向を自由に変えることができるほか、客室は椅子席が増え、従来船より楽な船旅が可能になった。

津軽丸は一連の試運転を終えて5月10日、函館発の便で青森に出発、デビューを飾った。筆者はこのセレモニーを函館桟橋で撮影したが、安全航行を誓った後、和服姿の女性が船長に花束を贈呈。デッキには乗客が鈴なりとなり、桟橋の見送りの人たちとの間に五色のテープが乱舞した。夢中でシャッターを切りながら、青函新時代の到来を肌で感じ取ったものだ。

この年、1964年10月1日、東海道新幹線が開業し、「夢の超特急」が走り始めたことから、津軽丸タイプの就航はそれになぞらえて「海の新幹線が開業した」とも喧伝された。

津軽丸が就航して間もない同年7月23日、函館ドック函館造船所(現・函館どつく)で今度は松前丸の進水式が華やかに行われた。くすだまが割られ、船体をつなぎとめていたロープが切られると、松前丸はスルスルと後進し、海面に滑り込んだ。

筆者はここでも撮影の機会に恵まれ、祝賀のシーンを記録することができた。明治時代から函館の海運業を支えてきた函館ドックが全力を傾けた連絡船とし

函館港で待機する津軽丸＝1964年12月

最後の務めを終えた羊蹄丸に敬礼する乗組員＝1964年6月

客車普通席で眠りを取る夜行急行利尻の乗客たち＝1970年5月

新型高速客船としてデビューし、初航海で青森に向かう津軽丸
＝1964年5月

て、地元が鼻を高くしたのは言うまでもない。

１９６４年と言えば、東海道新幹線の開業と同時に日本初の東京オリンピックが開かれた記念すべき年。全国を回る聖火リレーのうち、千歳から始まった道内コースの最終地は函館で、五輪史上初めてという洋上リレーの舞台にその津軽丸が選ばれた。

9月17日午前9時、北海道の最終ランナー小沼五郎さん（当時函館水産高2年）が掲げた聖火と関係者を乗せた津軽丸はファンファーレが奏でられるなか、さっそうと津軽海峡へ。見送る港内の船が一斉に汽笛を鳴らして、海峡での聖火リレーを祝福した。

青森側陸奥湾沖に差し掛かった同11時、プロムナードデッキで聖火が青森側の第1走者である高校生のトーチに引き継がれた。その瞬間、津軽丸が祝福の長い汽笛を響かせると、先導の自衛艦おおたか、うみたかも呼応。見守る乗客からは盛んな拍手がわき、引き継がれた聖火は午後0時50分、無事青森桟橋に着いた。

一方でこの年、函館桟橋で悲しい事故が起きていた。7月12日、連絡船デッキでテープを取ろうとした女子学生が誤って転落し、亡くなった。このため、船の出港ムードを盛り上げていた見送りの紙テープが再び使用禁止になった。戦後の１９４９年に復活し、乗船客に親しまれた光景だったが、安全優先には勝てない。青函連絡船の名物が一つ消えたのは残念だった。

１９６５年6月に筆者は新旧連絡船の交代を目の当たりにする機会があった。20日、１９４８年以来、洞爺丸などとともに、戦後輸送の立役者として活躍した初代羊蹄丸が老朽化のため役目を終えた。

函館桟橋に接岸し、客を見送って空船になった後、船長はじめ乗員が下船。たたずむ羊蹄丸に向かって整列し、掛け声とともに一斉に敬礼。津軽海峡で苦楽を分かち合った僚友に別れの挨拶を捧げた。

その10日後、ペンキの色も真新しい2代目摩周丸が華やかな雰囲気の中、函館から処女航海に出発。テープカット、花束贈呈のあと、割れた大きなくすだまから「祝 摩周丸就航」の幕が飛び出し、見送りの無数のテープが風に揺れる中、補助汽船かつとし丸に船尾を押されて青森に向かった。テープは特別許されたと思われる。青函連絡船、華やかなりしころ、のひとコマである。

第5章

高速近代化、花開く

江差線上磯から茂辺地は峠道。C58は雪の中で奮闘する＝1971年3月

優等列車増発と藤城線

北海道の気動車特急は1961年10月のおおぞらに続いて、新型青函連絡船津軽丸就航に合わせて1964年10月に函館—網走・釧路間におおとり、さらに翌年10月には函館—旭川間に北斗が新設された。

特急の普及と連動して同月、函館駅に座席自動予約装置を備えたみどりの窓口が開設された。今はパソコンやスマートフォンで簡単に指定席を予約できる時代だが、当時は画期的なシステムで、乗客はゆとりを持って列車に乗れるようになった。

指定席が普及していなかったころ、函館でいえば青函連絡船から函館発の列車の席を確保しようと、我先にとホームを走る人が多く、その陰でお年寄りや女性、子供連れが間に合わず、つらい思いをしていた。もちろん、連絡船に乗る時も同じだった。

1966年10月には函館—瀬棚間に瀬棚線（国縫—瀬棚間）初の急行せたなが運転を開始。これは上りが瀬棚を午前5時30分に出て函館に同8時45分着。下りは函館を午後5時25分に出発して瀬棚に同8時34分に到着した。

瀬棚線の停車駅は今金、丹羽、北桧山の3駅。瀬棚方面から函館の日帰り可能なダイヤで「ビジネス急行」と銘打って売り出した。幹線の特急や急行と違い、ローカル用の気動車編成だが、函館本線と瀬棚線の分岐点である国縫で函館—長万部間の列車と下りは分離、上りは統合する。

瀬棚駅での上り1番列車出発セレモニーでは先頭車両前面に日の丸を交差して飾り、「祝 運転開始 せたな」のヘッドマークを掲示。ホームにはたくさんの大人、子供が詰めかけ、くす玉を割るなど、歓迎ムードを演出した。

途中駅の今金でも到着に合わせて中学生、役場職員のブラスバンドが鉄道唱歌を演奏し、吉谷一次函館市長（当時）に宛てて交流推進を要望するメッセージが託され出発した。

函館と網走・釧路を結ぶ特急おおとりの出発式＝1964年10月

おおぞらに次ぐ気動車特急第2弾として新設された特急おおとり。藤城線の高架橋を高速で走り抜けた＝1967年2月

仁山信号場付近

函館駅でも下り列車の出発式が行われ、こちらも先頭車がヘッドマークを付けて誇らしげである。国鉄はこの時代、高度経済成長の波に乗り、本線だけでなくローカル線にも積極的に準急、急行を導入し、乗客の掘り起こしに努めていた。

青函局管内の鉄道輸送量の推移を人キロ（輸送した旅客数にそれぞれが乗車した距離を乗じる）で見てみると、１９５５年度に5億８５００人キロだったのが年々上昇し、10年後の１９６５年度には9億９４００

人キロと70％以上増加する〝右肩上がり〟の時代だった。

このようにローカル線を含む列車の高速化、気動車化が進む中、函館近郊では新たな路線工事が進行していた。これは七飯から渡島大野、仁山信号場を通らずに、下り列車専用のバイパスとして直接大沼に抜ける通称藤城線。そのころ函館―七飯間は複線ですれ違いができたが、七飯―渡島大野―仁山信号場―熊の湯信号場（無人）間は単線だった。

藤城線8・9キロは函館本線の支線の位置づけで、途中駅を置かず、七飯―大沼間を複線化して輸送力を向上させる一方、仁山越えを回避することでSL補助機関車を廃止するメリットがある。

同時に、仁山信号場経由は原則上り線にするが、下りローカル列車を一部残し、住民の利便性を確保するとした。これにより、上下線の分岐点だった熊の湯信号場は役割を終え廃止、同信号場から新峠下トンネルまでの線路と鉄橋も撤去された。

藤城線は七飯で函館本線からいったん左に小さく分岐し、高架橋に出て右にカーブを切り函館本線と国道

仁山信号場を過ぎ、国道5号の鉄橋を渡って大沼に向かうD51＋D52の貨物列車＝1966年7月

函館本線の支線、藤城線開通後、七飯からの雄大な高架橋を走る急行ニセコ3号＝1970年10月

5号をまたぎ、山を縫いながらトンネル5本を通過する。そして新峠下トンネルを抜け切ると大沼だ。

最大勾配は1000分の10に緩和され、貨物列車もSL1両でけん引が可能になった。七飯の高架橋は長さ900メートル以上で幾何学的で美しく、その上を走る特急や貨物列車などは、見上げると天空を駆けるような魅力があった。

列車に乗ると、窓から七飯の市街地やコメどころの大野平野、遠く函館山も広々と見渡せる。開通後、初めて乗った列車から見るその光景は新鮮で感動的だった。

第1章冒頭で渡島大野駅が旧本郷駅として建設されるに際し、住民の反対によってルート変更を余儀なくされ、その結果、仁山信号場までの勾配が随分きつくなったと書いたが、藤城線開通で、このハンディを64年ぶりに解消できたと言

藤城線も勾配はきつい。煙をたなびかせ、全力走行するC62

えよう。

藤城線開通後、筆者は新鮮なアングルで写真を撮るため、七飯駅から歩いて踏切付近の高所に何度も行った。今から50年前はまだ沿線の樹木が少なく、色々な角度から撮影可能だった。C62が引く客車急行も健在で、愛称が「まりも」から「ていね」に、さらに「ニセコ3号」（上りはニセコ1号）に変わったものの、C62が太い煙を吹き上げ、高速で駆ける姿はかつての特急つばめけん引時代の晴れ姿を彷彿させた。

藤城線に通い詰めるうち、仁山信号場上の仁山スキー場から俯瞰すると、雄大なシーンを撮影できるのではないか、と思い立った。それで、仁山信号場で下車してスキーをはかずにリフトで頂上に上がってみた。

最初に行ったとき、晴れていたので遠く津軽海峡を望むことができた。望遠レンズをセットし、寒さをしのぎながら藤城線の列車を待っていると、かつての狩勝峠を思わせるようなS字カーブの光景をニセコ3号や貨物列車が走って来るのが見えた。仁山越えほどの苦しさはないが、やはり大沼への峠の道のりは厳しさを残していた。帰りはスキーがないので滑走できず、リフトに乗って下りてきた。

また、10月に自力で上ったときは天気がよく無風で、D51の吐き出す煙がS字カーブで雲海のように残ったのには感動した。中には重すぎて機関車1両では不足なのか、D51とD52が重連で引く急行貨物列車も見ることができた。これは幸運だった。

仁山越えに備えるため、D52+D51重連で五稜郭操車場を出発する貨物列車

迫力の仁山越え

時間を少し戻して、藤城線が開通する前の「仁山越え」を取り上げたい。前にも触れたように、渡島大野から仁山信号場、そして大沼に至る上り勾配は、SLにとってまさしく鬼門となる区間だった。

仁山頂上から藤城線を望む。D51＋D52重連の長大貨物が通過して行った＝1972年1月

そのために貨物列車や急行は補助機関車を必要としていた。2台の機関車が力を合わせて峠に挑む姿は、機関車や乗務員には申し訳ないが、ファンにとってはSLの醍醐味を堪能できる光景だった。

補機の歴史は古く、筆者が確認した範囲では1922年11月改正の列車運行表（内部用の列車ダイヤ）の函館発107列車、111列車の2本に補機を意味する△マークがついている。

さらに1933年7月1日改正では、稚内・札幌行きの急行列車に函館から森まで補機が付いた。この列車は軍川（現・大沼）で森方面から来た補機付き列車とすれ違うよう、ダイヤが作られていた。さぞかし迫力があったことだろう。一度でいいから見てみたかった。

筆者が知っている1960年代の補機作業は、主に五稜郭操車場発の貨物列車から始まる。まず前部に2両連結する重連を組み、渡島大野からそのまま仁山越えをし、大沼で切り離して補機だけ渡島大野に戻ってくる。そこで待機し、次の貨物列車が到着すると、その後部に連結し、今度は後ろから押し上げる。これを何回か繰り返して五稜郭に戻ってくる。

例えば、1965年のD52の22仕業というダイヤは午前5時30分、五稜郭操車場を3261列車の前補機で出発し、大沼まで行って渡島大野に戻り、以後、193列車、3161列車、463列車、263列車、急行ていね105列車の5回にわたって後部補機を務め、大沼で方向転換し、6070列車の前部に連結されて五稜郭操車場に午後5時2分に帰ってくる。もう

D52　468が引く貨物列車が仁山信号場の加速線から出発。後部補機の煙も見える＝1964年

仁山越え補機最終日、テンダーに日章旗を付けて急行ていねを待つD52　468＝1966年9月

ひとつ、D52の作業としては昼過ぎから深夜まで渡島大野―大沼間を3回後押しする26仕業というダイヤもあった。

仁山信号場の手前で写真を撮るため列車を待っていると、渡島大野出発の長い汽笛が2回鳴り、急坂に挑むドラフト音が遠くから聞こえてくる。機関車の走行音が次第に苦しげになり、速度も落ちてくる。2筋の煙はひとつになって太さを増し、雲に届けとばかりに上って行く。

機関車が目前まで迫り、シャッターを切ると、ロッドの重苦しい回転音、排気音が耳元で最高潮に達する。それに続いて長い貨車がリズミカルに通り過ぎて行く。補機が後部連結の場合は、貨車に続いて補機がボリュームを上げて近づいてくる。列車の先頭で引くのも大変だが、押す方もボイラーの燃焼を最大にし、満身の力を込めているのが分かる。

長距離貨物輸送がまだ国鉄に任されていた時代、仁山では毎日こんなドラマが展開されていた。貨車に積まれてあるのは、すべて道民生活に直結する物資だった。藤城線開通が秒読みになった1966年9月、高校1年になっていた筆者は学校の合間を見ながら自転車をこぎ、頻繁に渡島大野、仁山信号場に通った。

最終補機に添乗体験

そして藤城線初日、同時に仁山越え補機最終日の1966年9月30日、筆者は仲間2人と渡島大野で最後の補機使用列車になる函館発札幌行き下り急行ていねを待った。歴史にピリオドを打つ補機を務めるのは

渡島大野を発車する急行ていねの補機。駅員が指差し確認しながら見送った＝1966年9月

D5256号である。

　同駅の函館寄り、機関車1両分しかない短い待機線で函館発札幌行きの下り急行ていねの到着を待つ同機は黒光りを放ちながら、いつになく頼もしく見える。機関士と機関助士は計器や足回りなどの点検に余念がない。発車してからの異常は絶対に許されないからだ。

　私たちが炭水車（テンダー）の後ろに回って写真を撮っていると、左側上部に日の丸の小旗が付いているのに気がついた。こちらを振り返った機関士が「今日が最後だから、自分で旗を作って飾ったんだ」と教えてくれた。山上りの補機作業の厳しさを知り尽くし、その機関車を愛すればこそその、ベテラン機関士の心づかいだった。

　出発に備えてボイラーの圧力を上げると、煙突からの煙が黒さと勢いを増してくる。急行ていねの到着時間が近づいてきた。そのときだ。機関士が「よし、君たちを運転台に乗せてやろう。大沼公園まで行くか？」。この幸運を逃す手はない。即座に「お願いします」と返事をする。

　私たち3人は夢見心地で鉄製のはしごを上がって運転台へ。仕事の邪魔にならないよう炭水車寄りに身を寄せる。機関士は左側、機関助士は右側の狭い椅子に座った。機関士席には機関車を自在に操る加減弁や逆転ハンドル、ブレーキ弁など主要機器があり、機関助士席に向かって注水バルブや計器類がところ狭しと並んでいる。

　すると、朝から補機作業に当たっていたD51が2両連なって大沼駅から下って来て五稜郭機関区に戻って行った。いよいよ残る補機作業はこの急行ていねだけである。やがて七飯から向かって来る客車10両編成のていねが目に入ってきた。本番は間もなくだ。運転台には緊張感がみなぎってくる。

　この日、C6232号に引かれたていねは減速しながら私たちの右側面をぎりぎりに通過し、渡島大野駅1番ホームに停車した。定時到着だ。いよいよ補機の出番となる。

　ボイラーの先端、左前部のステップに乗った操車掛が青い旗を振って待機線から本線のニセコ最後部車両に誘導する。連結時、衝撃を与えてはならない。機関士は慎重にブレーキを操作し、双方の連結器が「ガチャン」と音を立ててつながった。

ブレーキ管を結び、安全を確認して作業終了だ。この間、ボイラー圧力は一段と高まり、煙が力強く真っ直ぐ上がり始めた。前方に目を凝らすと、先頭のC62も太い煙を吹き上げている。出発信号機が青に変わる。一瞬の静寂ののち、ベルが鳴り響き白手袋をはめた駅長の右手が上がった。発車。本務機C62の「ボーッ」という合図が聞こえ、D52も同じく「ボーッ」と汽笛を吹鳴した。

ここから先頭と最後部の2両のSLは汽笛だけを頼りに呼吸を合わせて山を上り切らなければならない。かつての特急SLであるC62のダッシュは力強く、補機D52はホームを引きずられるように速度を上げて行く。シリンダーから白くなった蒸気が「シュッ、シュッ」と勢いよく何度も線路に吐き出された。ホーム中央の改札口を過ぎるとき、駅員が総出で見送っているのが見えた。「さようなら」と叫ぶ声も聞こえる。機関士が左腕を高く振って応え、「ボーーッ」と長い汽笛を鳴らして渡島大野の補機の歴史に終わりを告げた。

感傷に浸る間もなく、先頭は右カーブとなっている1000分の20の急勾配の築堤にかかり始めた。次第に加速が鈍くなり、補機にのしかかる重量が増してきた。ここからがD52の本領発揮だ。

機関士が右肩付近にある加減弁ハンドルを思いっ切り手前に引くと、大量の蒸気がシリンダーに送り込まれ、D52は「ガツン、ガツン」と全力でぐんぐん押し上げ始めた。

機関助士はバルブを操り、自動給炭装置（ストーカー）で石炭を大量に燃焼室に送り込んでいる。機関士と機関助士の腕の見せ所だ。客車と違って台車に緩衝バネなどほとんど使っていない機関車の運転台は、ひたすら「ガッ、ガッ、ガッー」、という単調な騒がしい走行音に支配されている。ボイラーを覗くと、地獄の業火のごとく大量の石炭が真っ赤な炎を出している。温度は1000度に達していよう。

直線に入ると大きな土手は一段と高くなり、住宅や水田が右下に豆粒のように小さくなって行く。後方には津軽海峡にぽかんと浮かんだような函館山。その函館山も煙の後方に見えなくなった。急行ていねはC62

渡島大野から仁山信号場まで長い土手が続く。急行ていねを押し上げる補機＝1965年9月

とD52という巨大機関車に前後を守られながら、時速50キロほどの苦しい速度で仁山信号場に近づいている。

信号場の手前で本務機から「ボーッ、ボッ、ボッ」と汽笛が鳴らされた。これは惰行運転に切り替える合図。補機も同じく吹鳴し、ブレーキをかけ始めた。いつもは一気に通過するのだが、今日は新線切り替えの関係もあって臨時停車するのだろう。

右にカーブしている仁山信号場ホームにいったん停車。ここで止まると、前方の急勾配を上り切るためには一度後進してスイッチバックの加速線に入り、勢いをつけて発車しなければならない。

はたして、両端機関車の「ボッ、ボッ、ボーッ」という後進合図で本線から加速線にゆっくり入った。突端まで行くと、先ほど通ってきた本線が眼下に見えるほど高くなっている。機関士は大急ぎで逆転ハンドルを回転させ、再び前進に切り替えた。間髪を入れず、本務機から「ボーッ」という発車の合図。補機もそれに応え、いよいよ仁山越えのクライマックスに向かって再スタートを切る。

懸命に加速する仁山信号場でも駅員みんなが見送っている。何か声を上げているようだが、D52の辺りを圧するドラフトがすべての音を掻き消した。スイッチバックの遅れを少しでも取り戻さなければならない。

右手に国道5号を見下ろす高い築堤に出ると、本務機から「ボーッ」という汽笛。滝の沢トンネルに突入だ。客車に続いて補機もトンネルへ。途端に周囲は真っ暗になり、トンネル天井や壁に当たったシンダー（石炭の粉じん）が降り注いでくる。

これを一気に抜けると熊の湯信号場で、急行ていねは通常、分岐器を右に曲がって下り線に入るのだが、下り線は藤城線への切り替え作業が行われているのだろう。そのまま上り線に入り、再び本務機から「ボーッ」と叫ぶような汽笛。峠下トンネルに進入する合図だ。

ここは滝の沢トンネルよりはるかに長く、「ゴーーーーッ」という騒音と真っ暗な闇が果てしなく続く。運転席の裸電球が微かな光を放っているのが、せめてもの明るさだ。ボイラーから発せられる高温の熱気と煙突からのきな臭い煤のにおい。そしてここでもシンダーが嵐のように降り注いでくる。乗務員は防塵メガネを付けているが、それすら効果はなさそうだ。

やっと前方が明るさを増してきた。峠の頂上を越えた両機関車は力行運転から惰行運転に切り替え、大沼国定公園に寄り添う左カーブに入った。左手に秀峰、駒ヶ岳（標高1131メートル）が見える。機関士や機関助士は重責を果たした安堵感と解放感からか窓を開け放ち、外気を胸に一杯吸い込んでいる。窓を閉め切って耐えていた乗客も大沼・小沼の美しい風景を堪能していることだろう。

急行ていねは大沼駅を通過してさらに左にカーブを切り、本線が1本、側線が1本の、こじんまりした大沼公園駅に滑り込んだ。すかさず操車掛がD52前方で連結器とブレーキ管を解放する。発車を告げるベルが慌ただしく鳴り響き、前方の本務機から「ボーッ」という発車合図が聞こえてきた。

列車が動き出すと最後尾の客車と止まったままのD52の連結器がゆっくりと離れ、これをもって仁山越えの最後の補機作業が終了した。D52 56はいったん大沼駅に戻り、ターンテーブルで方向転換し、所属する五稜郭機関区に単機で帰ることになる。

――今から半世紀前、函館・道南のSLが最後の輝きを放っていた時代の一つの記録である。

ディーゼル機関車続々

藤城線の開通は函館本線の列車増発につながった。1967年3月1日、函館発着では4本目となる気動車特急として北海が登場した。これは室蘭本線、千歳線経由ではなく、昔ながらの山線、つまり倶知安、小樽経由で旭川と結んだ。函館―旭川間の函館本線全線を結ぶ特急は初登場である。

1961年の特急おおぞら運行以来、おおとり、北斗も室蘭本線経由となり、山線は地盤沈下していたが、北海の運転開始で一矢を報いた。函館発着はおおぞら同様、青函連絡船で特急はつかりに接続した。1969年10月1日には5本目の特急として函館―札幌間にエルムが登場。これは再び室蘭本線経由となった。

客車列車が急速に気動車化される中で、機関車もSLに代わってディーゼル機関車（DL）が続々と投入

され始めた。1964年から函館機関区に入替用としてDD13形3両が入った。

横から見ると凸型で、函館駅構内や青函連絡船の貨車航送作業に力を発揮。なにしろ煙は出ないし、SLに比べて見通しが抜群に良い。同形はすぐに7両に増車され、函館機関区の9600は一掃された。

青函連絡船への貨車航送は長年、1910年～20年代にかけて製造された9600たちが一手に引き受けていた。函館に着いた本州向けの貨物列車を分割し、可動橋を使って船尾から押し入れる。到着便からは貨車を引き出し、貨物列車に仕立てて送り出していた。地味な作業だが、本州と北海道の生活物資交流に欠かせない大切な役目を担っていた。

さらに1968年には五稜郭機関区にDE10形が一挙に8両配属され、五稜郭や有川桟橋で入替用として

新鋭DD51が投入されると、D52と組んで貨物列車を引くことが多くなった＝1970年12月

新旧交代の時期を迎えた函館駅構内。左は急行まりも、中央はDD13、その右が19619

働いた9600形9両がすべて姿を消した。番号は29601、39655、49601、49603、49671、49674、49698、59658、79666である。

これらの中には29601のように函館を追われて移ってきたばかりのナンバーもある。これで連絡船の貨車航送はすべてDLが受け持つことになった。

9600の最後が近づいたころ、筆者は夕焼けをバックに築堤を有川に向かう79666の姿を写真に撮り、名残の1枚としている。その後、29601は名寄、39655は旭川、49601と49603は稚内、49671は北見、49674は帯広、49698は長万部、79666は旭川に転属、59658は廃車になった。

そしてついに大量生産の万能型ディーゼル機関車DD51形が函館運転所（1968年12月、函館機関区と函館客車区を統合して発足）に3両投入される。SLでいえば速度は旅客用C61形を上回り、けん引力はD51形を上回るよう設計された〝二刀流〟の優れものだ。番号は610～612である。国鉄色と呼ばれる朱色に白線が入った凸型車体で、真っ黒なSLに比べて格段に明るく目立った。

翌年、これら3両は五稜郭機関区に移され、新たに4両が仲間入り。いよいよD52やD51に混じって本線の列車の先頭に立つようになった。当初、乗務員の習熟の意味もあって、SLの前に連結されて本線を運転した。

SLの豪快な写真を狙って待っているのに、DD51が先頭になってくると、一応シャッターは押すものの、内心がっかりした。SLもDD51が前に付くと煙を余り上げることもなく、やる気を失ったように見えたものだ。やがてDD51は非電化区間が多い北海道にくまなく配置され、旅客、貨物のエース機の座を占めることになる。

電化進展に乗り遅れ

北海道全体の動向に目をやると、1963年度から第2期北海道総合開発計画が始まり、札幌を中心とする道央地帯における第2次産業の誘致育成が重点政策となった。

このため道央圏の輸送力強化が課題となり、国鉄は函館本線（長万部―小樽間を除く）、千歳線、室蘭本線の3幹線の複線化を急ぐとともに、交流電化計画を推進することになった。

電化計画案は完成時期が3期に分けられ、それによると、第1期は函館本線の小樽―旭川間172・6キロ、第2期は千歳線の苗穂―沼ノ端間62・6キロと室蘭本線の室蘭―岩見沢間140・2キロ、そして第3期として函館本線の函館―長万部間112・3キロと大沼―森間（渡島砂原経由）35・3キロが挙げられている。これを聞いて「いよいよ函館にも電車が来る」と期待した向きもあるだろう。

1965年12月、札幌で電化起工式が行われ、北海道の国鉄としては初となる電気機関車（EL）ED75形、同じく電車711系が試運転を開始。どちらも北海道の寒さに対応できる構造で、車体は赤色で統一、かつてない派手な装いとなった。

試験を重ねて1968年8月28日、小樽―滝川間で、電気機関車、電車による営業運転がスタート。電気機関車はED75を改良したED76形が主力となった。翌年10月には滝川から旭川まで延長された。

次いで千歳線、室蘭本線沼ノ端―室蘭間の工事が始まり、北海道の鉄道100周年に当たる1980年10月1日、営業を開始する。

しかし、電化は道央圏でとどまり、函館―長万部間、大沼―森間の電化がその後、真剣に検討された形跡は見当たらない。おそらく今後の旅客、貨物需要の動向、コストなどを考えて立ち消えになったのだろう。架線を張るため古いトンネルを改良しなければならない難点もあった。

鉄道の開業が遅れた函館はまたしても後れを取った、という感を禁じ得ない。函館付近の電車走行は、当初計画が忘れられたころの1988年3月、青函トンネル開業に合わせた江差線、海峡線の電化でやっと実現する。

連絡船客が1億人に

このころ、青函連絡船にも新たな動きが起きていた。

洞爺丸事故を受けて1957年に就航した客船十和田丸が旧型化し、1966年10月に引退。翌11月、2代目十和田丸が就航した。初代十和田丸は貨物輸送の増大に対応するため、函館ドックで貨物船に改造され、翌年、新たに石狩丸（2代目）として就航した。

連絡船はこれまで旅客と貨車を運ぶものと決まっていたが、マイカーの普及で自動車航送（カーフェリー）も行うことになった。船尾プロムナードに自動車6両を積むスペースを作り、1967年6月1日未明、青森発の1便十和田丸から航送を開始。自動車の乗降は函館がエレベーター、青森はスロープを使った。

自動車航送に関しては、1964年から函館―大間（青森県）間に民間のカーフェリーが就航しており、青函連絡船がそれに対抗した形だ。自動車航送は順調に伸び、1976年には累計25万台に達し、船上で該当客に記念品が贈られた。

1967年、青函連絡船の貨物船の一部が急きょ、青森と室蘭間を往復する事態が発生した。9月27日、室蘭本線豊浦―洞爺間で土砂崩れが起き、旅客、貨物列車とも完全にストップ。これだと函館本線小樽経由で貨物列車を迂回して走らせても滞るのは目に見える。

復旧は長期にわたる見通しとなったため、窮余の策として9月29日から檜山丸と空知丸を使って青森と室蘭を往復させた。室蘭港には函館のような可動橋がないため、貨車を直接航送することはできず、荷物の積み替えで対応することになった。そこに10月3日、2度目の崩落が起き、輸送状況は一段と深刻化する。

このため急きょ、同港の国鉄埠頭に簡易可動橋を設置することにし、10月10日から突貫工事を開始。岸壁

青函連絡船の自動車輸送

簡易可動橋。接岸するのは青函貨物船「桧山丸」＝1967年

の護岸が軟弱、水深が浅いという悪条件だったが、1分間に柱1本を海底に打ち込むことが可能な新鋭機械を取り寄せ、昼夜分かたず作業を続けた。

その結果、わずか2日で完成させ、12日から復旧する23日までこの可動橋を使って青函連絡船がフル回転し、本州との貨物輸送を必死に守り通した。このときは「さすが国鉄」とマスコミからも称賛された。

1970年1月10日、乗船客が累計1億人に達し、記念イベントがあった。1908年に初の青函連絡船として比羅夫丸が就航して以来、63年目の達成となる。同日午後5時、函館発の摩周丸の乗客で1億人を数え、全員に記念はがきが手渡され、旅行券が当たる抽選会が船内ホールで開かれた。乗り合わせた客は偶然の幸運にさぞかし盛り上がったことだろう。

1972年2月には札幌でアジア初の冬季オリンピックが開催されることになり、それに先立って、8年前の東京オリンピックと同じく青函連絡船を使って聖火リレーが行われることになった。今度の聖火は本州から札幌に向かう。その大役を大雪丸が担うことになり1月20日、青森発午前5時5分の便に聖火が持ち込まれた。

この朝、真冬には珍しく波は穏やかで、津軽海峡の真ん中で夜明けを迎え、大雪丸はオリンピック旗を掲げて祝福。到着後、函館駅前広場で市民6000人が出迎える中、聖火は堂垣内尚弘北海道知事（当時）に無事引き渡された。このあと聖火は道南、道東、道北の3コースに分火され、それぞれ市内の高校生ランナー3人がトーチを高く掲げ、この日のために作られた〝五輪太鼓〟が打ち鳴らされる中、札幌目指してスタートした。

また、1973年8月5日、この日の乗船客が合計3万4560人を数え、1日の客数としては青函航路開設以来の最多記録となった。連絡船と接続する特急もスピードアップされ、旅行が身近になったこともあって、乗船客は増える一方の良き時代だった。

観光客増にモデル列車

話が前後するが、1968年は北海道開道100年に当たる記念の年だった。天皇皇后両陛下ご出席のも

黒松内を通過する北海道観光号エルム。乗客は窓を開け、北海道の空気を味わっていた＝1965年8月

とで札幌・円山陸上競技場で記念式典が開かれ、大博覧会も開かれた。この当時、高度経済成長の賜物なのか、北海道の知名度が上昇し、特に観光に関する関心が全国で高まっていた。

そこで国鉄は本州から大量の観光客を北海道に送り込もうと、かつてない大型プランの観光モデル列車を立案。これは東京から列車と青函連絡船で函館に至り、道内各地を鉄道とバスで周遊し、列車で帰京する8泊9日もしくは9泊10日というロングラン旅行だ。6月から9月にかけて4コース作って募集した。内容はAとCは9泊の日程が同じだが道内周遊は逆回り。BとDは10泊で、これも道内は逆回りとなる。

鉄道専門誌、鉄道ファン誌の１９６８年8月号にBコースに関する記事が出ているので紹介したい。道内のモデル列車はすべて気動車を使っている。

北海道第1観光号と名付けられたBコースの列車はまず電気機関車ＥＦ80形が引く客車寝台急行第1おいらせで上野を夕方出発。翌朝、青森に着き、青函連絡船で昼前に函館へ。大沼や五稜郭公園を散策後、函館山に上り〝百万ドルの夜景〟を楽しみ、湯の川温泉で宿泊する。

3日目の朝、8両編成の観光モデル列車に乗り、倶知安経由で札幌へ。時計台、北大などを見学後、夜は奥座敷の定山渓温泉に宿泊。札幌の人口が80万人だったころである。4日目は定山渓鉄道で札幌駅に出て、札幌から気動車で旭川へ。石北本線に入り上川で下車。ここでバスに乗り換え、層雲峡を経て恩根湯温泉まで走破。5日目は国道を使って美幌峠、屈斜路湖、砂湯などを経て川湯温泉で宿泊する。

6日目は摩周湖を眺め、阿寒湖畔へ。7日目は釧路湿原でタンチョウを見学後、釧路駅から4両編成のモデル列車に乗り、狩勝峠を越えて室蘭本線を一気に登別まで。登別温泉でゆっくりお湯につかって疲れをいやす。8日目はバスで洞爺湖周辺を観光後、洞爺湖温泉に宿泊。

9日目は洞爺発のモデル列車で函館に昼前到着する。すぐに青函連絡船に乗り換えて青森に夕方着。ここから往路とは逆方向の上り第1おいらせに乗り、車中泊して10日目の朝に上野に到着し、北海道観光を終える。

それにしても、かなりの強行軍ではないか。この記事では参加人数や旅費等が触れられていないのが残念だ。2016年3月の北海道新幹線の開業をめぐり、新幹線の観光利用と新幹線からの二次交通のあり方がクローズアップされている折、今から半世紀ほど前に東京と北海道が協力して極めて野心的な観光プログラムを作ったことは、大いに参考になる。

C62、3重連で惜別

1970年代に入ると、全国に空前のSLブームが

急行ニセコ1、3号の最終日。下り3号を引くC62　2+3+16の3重連は名残惜しそうに熱郛を通過して行った＝1971年9月

沸き起こっていた。全国各地でＳＬがバタバタと姿を消すことになり、今のうちにその雄姿を残しておきたいというファンが激増した。

とりわけ１９７１年９月に急行ニセコ３号（下り）、ニセコ１号（上り）をけん引するＣ62が引退し、新鋭ディーゼル機関車ＤＤ51にバトンタッチすることは予想されていたとはいえ、いざ正式決定すると、ファンの間にかつてない衝撃が走った。

そして全国からＣ62の走る姿を一目見たい、ひとコマでも写真に撮りたい、と大勢のファンがカメラと三脚を持ち、青函連絡船に乗って函館経由で詰めかけた。目的地はＣ62が重連で走行し、迫力あるシーンに事欠かない長万部―小樽間の山間部が圧倒的で、筆者も数十回足を運んだ１人だ。

国鉄は異例のサービスとして、Ｃ62引退に先立って７月と８月、小樽―倶知安間でＣ62の３重連を２回実施した。

そしてＳＬ最終日となる９月15日はニセコ１号がつばめマークのＣ62２を先頭に、小樽から２＋３＋15の３重連で運転。マンモス機関車が３両つながって力を合わせる迫力は筆舌に尽くしがたく、日本のＳＬ史上、最高の見せ場となった。

一方、函館発のニセコ３号は函館から16がけん引し、長万部から２と３が折り返しで加わった。撮影名所は三脚の林立で足の踏み場もなく、上りを撮って次の下りを撮るのに移動するファンで普通列車は満員となった。

筆者は上下とも蕨岱付近で撮影し、長年の〝付き合い〟に別れを告げた。函館からの視点で見ると、最後に函館を出発したＣ62は16、到着したのは15だった。これが１９５６年に本州から渡ってきたＣ62の急行けん引の見納めとなった。

ニセコを見送った後、筆者はペットロスならぬ〝Ｃ

函館本線で活躍したC62　3は現在、JR北海道苗穂工場に磨かれて保存されている。後方はやはり勤めを終えたDD51＝2015年9月

62ロス〟に陥り、以降、DD51重連のニセコ号は1枚も撮影していない。DD51がなくなった今思えば、貴重な記録になったことは間違いなく、撮っておくべきだったと悔やんでいる。

C62の代表格だった2は1972年開館の京都・梅小路蒸気機関車館（旧国鉄梅小路機関区）に運転可能な状態で展示。同館は2015年夏にいったん閉館し、内容の充実を図って2016年春、京都鉄道博物館として再オープンするが、現役を退いても「つばめ神話」が消えることはなく、再び圧倒的な人気を集めるのは間違いない。

筆者は大阪・京都方面に行った際は、古寺巡礼より先に梅小路に駆け付けるのが常だ。また、急行けん引がなくなって一度引退したあと復帰し、「C62ニセコ号」を引いた3は現在、JR北海道苗穂工場の一角に準鉄道記念物として大切に保存され、その威容を見ることができる。日本が戦災から立ち直ろうとしていた時代、平和の申し子として誕生した特急、急行けん引機C62形の最後のグループは北の大地で存分に活躍し、その使命を終えた。

SLブームがピークになるころ函館・道南のD51、D52、C58なども雪崩を打って廃車の運命をたどった。1972年10月ダイヤ改正ではSLけん引の列車は函館発の下り旅客は3本、五稜郭操車場発の貨物が20本（臨時を含む）で計23本、到着の上りが旅客4本、貨物18本（同）で計22本残っていた。

いずれもD51またはD52だが、貨物用大型機のD52は小編成のローカル旅客列車にも回され、せっかくの怪力を持て余していたのはいかにも末路を思わせた。

また江差線は函館―江差間（区間列車も含む）に客車1本、客貨混合1本、それに貨物、臨時貨物、臨時機関車回送を加えて上下計6本ずつ。松前線は上磯―松前間に臨時貨物が上下1本ずつあった。これらはすべてC58で翌1973年10月までにすべてディーゼル機関車または気動車に置き換えられ第一線を退いた。

瀬棚線のC11で幕閉じる

そして最後に残ったSLは瀬棚線のC11形のみ。C11は長万部機関区所属で、上下2本ずつの貨物列車を受け持っていたが、こちらは１９７４年６月24日に廃止になった。

国鉄は同30日、長万部―瀬棚間にＣ11２０７によるさよなら列車を運転。長万部の出発式では乗務員３人に花束を贈呈、長万部高校生徒のブラスバンドが「蛍の光」を演奏する中、汽笛を高らかに鳴らして出発し、多くの人生を運んだ思い出の瀬棚線をかみしめるように走った。

終着の瀬棚では別れを惜しんでホームや駅前が黒山の人だかりとなり、今金の狩場太鼓、瀬棚の三杉太鼓が勇壮に披露され、長年のＳＬの活躍に拍手。これにより函館・道南では１９０２年の函館―本郷（現・渡島大野）開業以来、72年続いた蒸気機関車の時代が終わりを告げた。

筆者は１９６９年７月と12月、さらに１９７１年２月の計３回、国縫から普通列車に乗り、難所と言われる美利河―花石間の撮影を行った。とりわけ、崖をえぐるように流れる利別川にかかる第２利別川橋梁は規模が大きく、懸命に煙を吐くＣ11の貨物列車は絵になった。一方で、戦前の厳しい労働環境の下、危険な作業に取り組んだ先人たちに思いを馳せずにいられなかった。

最後の３両も命運尽きる

ＳＬの運命がいよいよ消える１９７５年、筆者は室蘭本線で残り少ない日々を懸命に走り続けるＤ51６０３の〝生涯〟をたどる北海道新聞の連載企画の写真を担当した。

運転台に乗り込ませてもらい、煤煙にまみれながら貨物列車を引く乗務員の苦闘にもレンズを向けた。戦前からひたすら鉄路を走り続けた６０３は、丁寧に磨き上げられ、駅に止まれば子供たちが駆け寄ってくる人気者となった。同機は廃車後、東京の国立科学博物館に保存される予定だったが、追分機関区の火災で焼け、最終的にスクラップされたのは実に残念なことだった。

ＳＬけん引の全国最後の旅客列車は１９７５年12月14日、室蘭発岩見沢行きで、室蘭機関区のＣ57１３５が受け持ち、大勢のファンが詰めかけたため熱狂的な

1日となった。マスコミはヘリを飛ばしてその雄姿を全国に伝えた。同機は現在、さいたま市の鉄道博物館に展示され、人気を集めている。

10日後の12月24日は夕張線石炭列車が最後の貨物となり、D51241がけん引。筆者は同機の最終運転の模様を取材する機会に恵まれた。務めを終えた同機に乗務員らが日本酒を振る舞い、苗穂工場で製造され、追分機関区一筋に石炭列車を引いた241をねぎらった。

そのシーンは、鉄道で働く人たちと機関車との〝絆〟の強さを象徴していた。この241も603同様、追分機関区の火事で被災。わずかに動輪1対が追分鉄道記念館のそばに展示されている。

そして翌1976年3月2日、室蘭本線追分駅構内の入替機関車9600形3両（39679、49648、79602号）が静かにボイラーの火を止めた。3両は全国で最後まで残ったSLたちで、北海道内では1880年の義経号以来、96年続いた歴史の幕を閉じたことになる。

雨の夜、有川線で大スリップ

ここで青函連絡船貨物船専用の岸壁として戦時中に作られた函館近郊の有川岸壁について、筆者の見聞を含めてあらためて触れておきたい。連絡船と通じるメーンの線や一時留め置き線などは20本以上になる広大な敷地で、ここに集約されるのは貨車だけでなく時には回送中の機関車や電車なども混じり、重要拠点であるとともに、鉄道ファン的にもなかなか興味深い施設だった。

有川通路とも言われた専用線は五稜郭操車場と結ばれ、距離は3キロ程度だった。札幌方面から同操車場に到着した貨物列車のうち、本州に渡る貨車は1編成に仕立てられ、9600に引かれて急勾配を上り、右にカーブして有川に来る。途中、五稜郭機関区を右手に見ながら函館本線下り線、江差線と立体交差する。

その時、たまたま本線の列車が通過すると、上下に列車が入る貴重な写真が撮れた。築堤を進むと下りになり、筆者の母校でもある港小学校の近くを通って有川に下って行った。

逆に本州から来た貨車を有川から引き出す9600形はバック運転して築堤を上り、同操車場に入っていた。これがまた大変で、雨が降った日などは築堤の途中でスリップする。筆者は一度、夜間の雨の日、何度も何度もスリップし、悪戦苦闘する様相を見たことがある。

太いロッドで結ばれた大きな動輪が空転する様はすさまじく、それまで「ボッ、ボッ、ボッ、ボッ」とリズムよく上ってきたと思ったら突然、「ガラ、ガラ、ガラ、ガラッ」と、ボイラーも吹っ飛びそうな大きな音を立てて空回りを始めた。この時、機関車が発するごう音はあたりの空気を切り裂き、悲鳴に近い叫びとなった。

機関士はいったん惰行運転に切り替えて砂撒き装置で砂を線路に撒き、再び慎重に加速を始めるのだが、それでもまたスリップしてしまう。たまたまそれを線路わきで見ていて、どうなることかと心臓がドキドキしたものだ。また、編成が重すぎるのか、あるいは運用の都合なのかは分からないが、時々、バック運転の重連で迫力ある姿を見せてくれることもあった。

機関車の海中転落事故も

ところで有川の先はすぐ海なので、五稜郭操車場から重い列車を引いて坂を下る時、機関士はブレーキ操作に相当神経を使った。1963年12月16日、19675がけん引し、五稜郭操車場を発車して有川に入線した貨物列車が停止することなく、そのまま海中に突っ込む事故が発生した。

機関助士は非常ブレーキをかけてとっさに飛び降り無事だったが、機関士は運転席に座ったまま死亡。機関士が運転中、何らかの身体的異常をきたしたとされる。運転席は後部の炭水車がのしかかったため押しつぶされ、連結していた石炭車（セキ）なども引きずられて海へ転落した。

筆者は事故後、引き揚げられた19675号を見たが、師走の雪降る有川の一角で見るも無残な姿をさらしていた。海と接する特殊な路線ゆえ、危険な実態を目の当たりにした思いだった。たまたま事故の数日前に19675の写真を撮影しており、事故機となったのは信じられない思いだった。

事故はともかく、普段、有川線を見ているのは楽しかった。貨車は一般に黒色の有蓋車（ワ形）が多かったが、全体が白く涼しげな冷蔵車（レ形）もあった。夏などこれを見つけると、いくぶん涼しさを感じた。

　また家畜車（カ形）は生きたまま牛など家畜を乗せる貨車で、外気に触れ呼吸が楽にできるよう、側板に隙間を作ってあった。牛や馬たちが本州方面のどこに連れて行かれるのか知る術はないが、これが通るたびに、家畜の運命を思うとやるせなかった。

　余談だが、ある日、小学生だった筆者の家に耳の長い見たこともない犬がやって来た。食事を与えるといいものしか食べてくれない。「なんと贅沢な」と驚いて調べてみると、アメリカン・コッカー・スパニエルという高級犬だと分かった。色が黒いので、とりあえず「クロ」と名付け、家で飼うことにした。

　かわいがっていたところ、しばらくして持ち主が現れた。聞くと、馬の世話をするために貨車に乗っていた人で、長旅の友としてその犬を連れていたが、有川あたりで貨車から逃げ出して行方が分からなくなっていたという。いまさら別れる切なさはともかく、犬とともに家畜を世話しながら本州と北海道を往復している人の存在を知って驚いたものだった。

　本州―北海道の貨物輸送の縁の下の力持ちを務めた9600は前述したように、1968年をもってディーゼル機関車にバトンを渡した。五稜郭機関区で子供のころからキューロクと呼んで親しんだだけに、その後、撮影のため訪れた宗谷本線などの駅や機関区で、なじみの番号と再会すると、うれしくなったものだった。

　青函連絡船廃止後、使命を終えた有川岸壁と五稜郭操車場とを結んでいた築堤は取り壊されて平地になり、現在は市立函館病院をはじめ住宅が立ち並んでいて全く面影はない。わずかに函館本線上り線に接する

有川岸壁から海中転落した19675。炭水車や石炭車とともに無残な姿をさらしていた＝1963年12月

ように、有川への上り勾配が始まる個所の土台となるコンクリートが残っているだけだ。有川は現在、JR貨物の函館貨物駅になり、五稜郭駅から線路でつながっている。

連絡船乗客、減少へ

青函航路は1972年30往復体制を確立。1973年に年間旅客数は498万人、貨物は1971年に同553万トンを記録していた。だが順調に伸びてきた輸送量は、このあたりから鈍化傾向となる。千歳空港（新千歳空港の前身）をはじめ函館を含む各地の空港整備が進み、東京などから航空機で直接往復する旅行客が増え始めたからだ。

1977年5月、新造の石狩丸（3代目）が就航し、これにより青函連絡船の近代化が完了。同時に各船に喫茶室、娯楽室、禁煙席を設けるなど乗客サービスに務めたが、半面、就航70周年の1978年には旅客運賃を平均18・2%、貨物同6・5%値上げするなど、かえって利用者の反発を招く事態になった。

こうした連絡船をめぐる情勢変化の中、「海峡の女王」と愛された津軽丸（2代目）が1982年3月4日の青森発5便の航海をもって引退することになった。1964年の就航以来、近代化船の最古参として活躍し、地球を78周する実績を残した。青函連絡船の一番華やかな時代にフル回転した船だ。

引退後は北朝鮮に売却され、その後はサウジアラビアに移り、最後は1998年にスエズで解体されたと伝えられている。1982年11月12日には松前丸も第一線を去った。

国鉄経営に陰りが見え始めるのと軌を一にして、合理化を巡って労使の対立が激化。1973年12月3日には国労・動労のいわゆる順法ストで青函貨物は壊滅状態に陥った。こうした中で国鉄は次第に国民の支持を失っていく。函館―青森間の旅客輸送実績は、1986年には1973年に比べて半分以下の約210万人にまで減少した。

青函連絡船は1986年10月6日の羊蹄丸の便で、就航以来78年間で70万回航海を達成。距離にすると延べ7884万キロ、地球と月の間を100回以上往復したことになる。この間に輸送した乗客は1億554万人に上った。この時点で次の節目となる80万回は期待すべくもなく、70万回航海は青函連絡船にとって最後の勲章となった。

この間、民間航空機の大量輸送の促進、信頼度の向上、鉄道運賃との差額縮小などにより、本州—北海道間の旅客の国鉄離れは加速する。大手航空会社は競って大型ジェット機を投入。1980年には千歳空港と羽田など本州方面の空港を結ぶのは18路線に増え、1日当たり片便71便を運航。道内各空港との路線も12路線、同27便と急増した。

この結果、北海道—本州間の旅客輸送の交通機関別シェアを見ると、1975年には青函連絡船38%、航空47%、民間フェリー15%だったのが、10年後の1985年にはそれぞれ16%、72%、12%と、航空機の台頭と青函連絡船の凋落による格差拡大が際立ってきた。

札幌—首都圏間に限定すると、1975年に国鉄は14%なのに対し、航空機は86%だったのが、85年にはそれぞれ4%、96%と、ほとんど航空機の独占を許してしまった。同時に北海道開発法に基づく公共投資が増大し、道路、港湾、空港の整備も急速に進展。これらの投資額は国鉄のそれに比べてはるかに多く、国鉄の収支は日に日に悪化する。

赤字ローカル線の存在も一段と重くのしかかってきた。折しも1981年9月、運輸省は「青函トンネル開業予定時に青函連絡船を全廃する」との方針を明らかにし、1908年以来の歴史にピリオドを打つことが確定的になる。悲惨な戦争を挟んで、栄光の時代を築き上げた青函連絡船も時代の流れに抗することは難しくなった。

札幌圏中心にシフト

国鉄が斜陽の影を広げる中で、1961年に北海道に〝特急革命〟をもたらした特急おおぞらに代表されるキハ80系の引退の時期が近づいてきた。老朽化により20年前には最新だった設備も見劣りするようになり、長年寒地で走行したゆえに故障も目立ってきた。

新たに北海道専用として開発されたのはキハ183

北海

1980年にデビューしたキハ183系。特急北海として復活運転された＝2009年10月

系で、第一陣として65両が導入された。先頭車はおおぞら等のキハ82と違い非貫通式に変更され、冬期の着氷を防ぐため、全体が直線的な作りで正面中央下部が前方に突出したスラント形と呼ばれるデザインを採用した。

1980年2月1日、函館―釧路間のおおぞら5号、4号としてスタート。キハ183系はその後さまざまなバリエーションが作られ、2016年3月現在でも同系が函館―札幌間の特急北斗、札幌―網走間の特急オホーツク、札幌―稚内間の特急サロベツに使用されている。

一方で1980年10月1日に実施されたダイヤ改正は、北海道内の鉄道の常識を覆す画期的な改正となった。これまで函館を中継点とし、本州と道内を結ぶ列車、青函連絡船を中心に作っていた列車ダイヤを、千歳空港発着の航空機との接続を重視した札幌中心のダイヤに作り変えたからだ。

それは1905年の函館―札幌―旭川間全線開通以来、本州と北海道の窓口となってきた函館の地位を大きく低下させるきっかけとなった。国鉄はもはや千歳空港の存在を無視できなくなり、競争ではなく共存を図る方向に方針転換したのだった。

ダイヤ改正に合わせて苗穂―室蘭間の電化工事が終了し、函館本線の電車の乗り入れが可能になり、千歳空港に隣接して千歳空港駅（現・南千歳）も開業。室蘭―千歳空港―札幌―旭川間に781系電車によるL特急ライラックが運転を始めた。

ライラックはまさに航空機の客を札幌圏に呼びこむことで鉄道の再生を目指す〝シンボル列車〟として登場した。同時に青函連絡船は上下4便が減便され、貨物船日高丸が休船となり、函館ドックの岸壁で寂しく係留されたのは連絡船の将来を暗示していた。

この年は手宮―札幌間に北海道最初の鉄道が開業してからちょうど100周年に当たった。国鉄は記念行事をさまざま展開し、中でも蒸気機関車C56160を京都の梅小路機関車館（当時）から借り、小樽―札幌間に記念列車を走らせてマスコミの話題になった。

しかし、道内国鉄の苦境は深刻化する一方で、1978年度には旅客が1億1600万人で収入が596億円、貨物は1527万トンで収入379億円、その他収入も合わせると1026億円になるが、経費は3025億円かかっており、1999億円の赤字を計上、収支係数は295で、100円の収入を得るのに295円要している計算になる。これでは営業は成り立たない。

こうした実情から、1981年10月のダイヤ改正では収入改善を目指して、札幌中心のダイヤ作りが一段と鮮明になった。札幌と帯広、釧路を短時間で結ぶ石勝線が開通したこともあり、特急おおぞら1号、6号の函館―札幌間が廃止され、後継として北斗1号が新設された。

その結果、1964年以来続いた上野―札幌間最速接続のはつかり・おおぞらコンビはその使命を終えた。また函館―稚内間の急行宗谷は札幌―稚内間に短縮され、函館―札幌間は特急北海に格上げ、分離された。かつて函館から札幌あるいは道東北に延びていた特急、急行の大半は札幌が終始発になったのである。

函館駅で5千万円詐取事件

1981年3月10日午前7時前、函館駅で前代未聞の事件が発生した。小荷物掛2人が鉄道公安職員を伴って、江差・松前行きの気動車（4両編成）の車掌室に、この日運ぶことになっていた現金5千万円入りの袋を手順通りに持ち込み、そこにいた車掌に託し、受領印を確認した。

ところが、その車掌はニセ者で、本当の車掌が来る前に現金袋を抱え、行方をくらましてしまった。この間、わずか1分ほど。ニセ車掌はフードをかぶり、マスクをかけ、風邪をひいているように装い、人相が分かるのを警戒していた。

北海道警は「函館駅構内5千万円詐取事件捜査本部」を設置して、内部に詳しい者の犯行とみて大々的に捜査を始めた。しかし、

5千万円詐取事件のあった列車。松前から函館に到着後、現場検証が行われた＝1981年

有力な目撃証言がなく、届け出も遅れたことなどから、捜査は難航。長年の捜査にもかかわらず、1988年に時効を迎えた。

犯行日の前後は国鉄の人事異動の真っ最中で、事件が起きた日は職場が変わったばかりの職員も多かった。函館駅長も交代し、新駅長は職場に出勤したところ、警察官が出入りする物々しい雰囲気に驚き、事件を知ったという。

航空、バスに押される

札幌中心のダイヤ改正に取り組む国鉄に対し、他の交通機関は一段と攻勢を強めていた。全日空は1982年7、8月の多客時に函館—東京線にジャンボ機ボーイング747（550人乗り）を投入。1日1往復とはいえ、それまでのトライスター（326人乗り）5往復に加える形で輸送力をアップした。

また、陸上では北斗交通が1984年3月から函館—札幌間に深夜直行バス（45人乗り）の毎日運行を開始した。函館、札幌をそれぞれ深夜に出発し、翌日朝に目的地に到着する「動くホテル」との触れ込み。国鉄にはほぼ同時刻に発車する同区間の普通夜行列車があり、それより運賃は高いが、特急に比べれば割安な料金設定だった。空港や道路の整備が進み、利用者による交通機関の選別が当たり前となり、国鉄の長距離輸送独占が崩壊していく流れが強まった。

こうした中、社会党の赤字ローカル線道南調査団が1981年10月3日、函館地方を訪れ、瀬棚線、松前線の実態調査を行った。それに続いて同9日には国鉄ローカル線廃止反対北海道共闘会議や住民の足を守る道南会議などがローカル線を守る対話集会を開催。函館・道南の鉄道と連絡船の存廃をめぐり、かつてない緊張した空気が広がって行った。

青函局函館支社管内の鉄道輸送量は、ピークの1965年には9億9400人キロを記録したが、1975年から急減し、1986年には約4億700人キロと半分を割る事態になった。

こうした利用者減少は首都圏、京阪神など一部の大都市を除けば全国的な傾向で、政府は膨大な累積赤字で身動きが取れなくなった国鉄を再建するため、

1985年を目途に定員削減による合理化並びに赤字ローカル線の廃止、バス転換を骨子とする国鉄再建促進特別措置法（国鉄再建法）を国会で成立させた。

廃止基準については複雑なので省略するが、1982年に発表された第2次廃止対象路線には函館・道南から瀬棚線、松前線が挙げられた。1日1キロ当たりの旅客輸送密度が2000人未満であることが理由だった。

他に天北線、名寄本線など道内12路線も同様に対象となった。名寄本線や天北線は長距離路線で、これらの廃止は通学生も含めて住民生活を直撃する。瀬棚、松前でも地元はもちろん、周辺自治体、住民を巻き込んで反対運動が沸き起こったのは当然と言えよう。

函館市電も縮小へ

ここで国鉄を離れて函館市電の歴史を駆け足でざっと拾ってみたい。1913年、函館水電株式会社の経営として東京以北最初の電気軌道として発足したことはすでに述べたが、その後、函館市内と湯の川温泉との連絡だけでなく、十字街、大門、谷地頭など函館市内主要地域にも路線を広げていった。

ところが、1926年1月の新川町車庫の火災で車両31両と車庫を焼失。さらに1934年3月の家屋など3万戸が焼けた大火では変電所、車庫のほか在籍車両の75%を焼失、残ったのはわずか16両という悲惨な事態になった。

しかし、復興のテンポは早く、函館船渠社（現在の函館どつく）が製造した車両に、専門メーカーの台車やモーターなど動力装置を取り付けた新車15両を1936年に導入した。これが2軸ボギー車の300

函館市電が五稜郭駅前まで開通し、住民の利便性が向上した。市電601が到着したところ。右にバス、奥にSLの煙が見える＝1972年

形だ。太平洋戦争が激化した１９４３年11月、事業主体が函館水電から函館市に変わり、以来、市民から「市電」と呼ばれるようになった。

戦後は車両の更新に努め、１９４８年から大型の５００形30両を購入。これと次の６００形はドアが片側３ヵ所あり、運転士のほか車掌が２人乗務し、混雑する車内を手際よくさばいた。走行中に名調子で乗り場を案内し、車内を和ませる名物車掌もいて、乗客が爆笑に包まれたこともあった。

また、五稜郭駅周辺の人口増に対応するため、１９５５年に路線を五稜郭駅前まで延伸させ、国鉄との接続を容易にした。これにより、国鉄を利用する郊外の通勤、通学者が市電に乗り換え、五稜郭公園近くの繁華街である本町や柏木町などに乗り換えなしで行けるようになった。同時にバス停も拡充された。

この界隈には国鉄の官舎が立ち並んでいたほか、桔梗に向かって新しい住宅も増え、駅前には食堂、八百屋、魚屋や、もっきり酒場などが立ち並んだ。買い物客のほか、朝夕のラッシュ時は大変にぎやかで、夏の盆踊りのころには食堂で氷水（かき氷）をいただくのが楽しみだった。子供たちは遠足や修学旅行に出かけるとき、この駅前に集合して、これから始まる新しい体験に胸を弾ませた。

筆者も街に出かけるとき、よく市電を利用した。それぞれの特徴をよく覚えている。３００形は小型で無骨な感じ。２軸なのでよく揺れた。旧京王電軌から譲り受けた二重屋根の４００形は、さすが名門出身という気品があった。さらに、当時まだ新しかった５００形はオリジナル車両で、早くも市電の主《ぬし》的存在感を漂わせていた。それ以降の都会的なセンスを漂わせる車両も、ハイカラな街並みに合っていたと思う。これらの大部分が健在なのはとてもうれしいことだ。

ただ、１９７０年になると国鉄同様、モータリゼーションの波が押し寄せ、道路に車があふれて渋滞が深刻化し、その結果、道路中央を往来する市電への風当たりが強まってきた。環境問題に対する意識がまだ希薄だった時代である。利用者の減少も進んだため、１９７８年11月に五稜郭駅前線を廃止。その後も１９９２年３月に東雲線、翌年３月にはガス会社回り線をそれぞれ廃止した。

数字を確認してみよう。市電の1966年度の1日あたりの利用者数は6万2000人に対してマイカー所有者は1万人。これが1974年度にほぼ拮抗し、1983年度になるとマイカー所有者6万9000人に対して市電利用者は1万人で、1966年度に比べて逆転した。

こうした急速なマイカー普及が市電の縮小を招いたが、今やお年寄りなど交通弱者だけでなく、人気度全国1位の観光都市になくてはならない存在に。夏期には明治生まれの電車を再生したハイカラ號も運転され、エキゾチックな街並みに溶け込み、訪れる観光客の人気を集めている。

青函トンネルに夢かける

国鉄も函館市電も苦しくなる一方で、函館市民にとって長年の大きな夢が現実味を帯びてきた。津軽海峡の直下、長さ53・85キロ（以後、簡略化のため53・9キロと記す）の青函海底トンネル工事が大詰めを迎え、1988年には開業できる見通しが立ってきたのだ。

政府や国鉄は同トンネルに列車を走らせることで一気に安全性、速達性、恒久性（たびたび線路増設などを行う必要がないから）を確保すると同時に、荒天に弱い青函連絡船を廃止する方向で動き出していた。そうなると、本州との玄関口である函館にとっては交通輸送上の劇的な変化となる。

歴史を振り返ると、第2章で述べたように、青函トンネルは関門トンネル（3・6キロ）と並び戦前の大東亜共栄圏構想の中で、もっぱら軍事的意義の観点から必要性が論じられていた。

本州の下関と九州の門司を結ぶ関門トンネルは戦時中にもかかわらず、その重要性から工事が続けられ、1942年6月に下り線が開業、1944年8月には上り線も使用開始となった。しかし、青函トンネルは関門トンネルに比べて10倍以上の距離があるうえ地質調査もままならず、戦時中は全く手つかずの状態だった。

それでも津軽海峡の海底をぶち抜いてトンネルを掘る、という大胆な構想はかすかに息づいていた。それ

青函トンネル着工を記念して、函館駅前に立てられた祝賀塔＝1963年

は、早くも終戦翌年の１９４６年秋、運輸省の土木技術陣が、北海道汐首岬—青森県下北半島・大間崎（東線）と、北海道白神岬—青森県津軽半島竜飛岬（西線）の2つのルート候補について地質調査に入ったことからも分かる。

その結果、海底部の距離はいずれも22キロで変わらないが、水深が東線は２７０メートル、西線がほぼ半分の１４０メートルで、トンネル前後の取り付け距離や水圧を考慮すると、西線が圧倒的に優位に立つことが分かった。また断層や火山の影響についても西線のほうが安全性は高いと判断された。氷河時代、西線は陸地でつながっていたが、東線はすでに海だったとされる。第3章で取り上げた戸井線と大間線（いずれも工事中断）を海底トンネルでドッキングさせる案が幻に終わったのも、こうした理由からである。

１９４９年の国鉄発足当時、予算の観点からＧＨＱの命令で調査が中断したものの、１９５３年8月の鉄道建設審議会で「青森県三厩から渡島半島福島に至る鉄道」として予定線に入れられ、一気に着工に向けて動き出すことになった。

ただ、国鉄内部にも慎重論があった。1949年1月9日の北海道新聞に「是か非か青函トンネル」と題する記事があり、その中で当時の五稜郭工機部長の高橋（名前の記述なし）氏が反対論をぶち上げている。

その要旨は①（当時のカネで）2000億円をつぎ込み、30年かけて掘るトンネルにどれほどの価値があるのか②スピードというなら、今の連絡船を改良すれば安くて済む③関門トンネルは海峡を往来する船舶が多く、トンネルで危険を避ける意味もあったが、津軽海峡はそんなに多くない④掘ったとしても将来、保守管理に莫大なカネがかかる⑤30分もトンネルの中にいたいと思う客がいるのか⑥単に戦前の夢を追うような計画は絶対反対だ―との主張だ。

国を挙げてのプロジェクトに国鉄内部の、しかも地元函館の現職部長が堂々と反対論を唱えるのは、よほど肝っ玉が太い性格か、それとも戦後自由主義の表れか。しかし、将来の保守費用が際限なく膨らむリスクを指摘するなど、本質的な点を突いていて極めて興味深い。

洋上調査が本格化

鉄道建設審議会に先だって1953年7月には吉岡沖で第4回海底地質調査が行われていた。これは調査船からダイナマイトを海中に投入し、爆発させる弾性波試験などが主で、この機会に北海道新聞は調査船白山丸（127トン）に記者を同乗させ、その模様を現地からレポートした。

それによると、揺れる白山丸の中で応援の漁船2隻と無線で連絡を取りながら位置を定め、ダイナマイトを投下すると同時に現場から逃れ、見守っていると、「バーンという爆発音が船体を大きく揺さぶり、数十秒後に前方海面に波の小山がムッとのし上がって散った」と、爆破の様子を生々しく描写している。

翌1954年1月には吉岡と三厩で起工式が行われ、吉岡海岸で海底の地質や地下水の分布状況を調べるボーリング調査に入り、トンネル着工に向けて動きは本格化して行った。

台風15号による洞爺丸事故が発生したのはそれから8ヵ月後の9月である。1430人の乗客、乗組員の命が犠牲になったことから、青函連絡船の安全性に対する信頼感が揺らぎ、これが海底トンネル建設への世論の後押しとなった。

　この年の春、国鉄に京都大学理学部地質学科を卒業した1人の学生が入社していた。後に日本鉄道建設公団青函建設局長として青函トンネル工事の指揮を取り、「ミスター海底トンネル」と呼ばれた持田豊氏（故人）である。

　高倉健主演の映画「海峡」のモデルにもなった人物で、持田氏の著書「青函トンネルから英仏海峡トンネルへ」（中公新書）には、入社2年目の持田氏が突然の辞令を受けて青森側の三厩に赴任し、基礎調査から着工、さらに出水事故などを経験しながら、教本が全くない中、手探りで新技術を生み出して完成に至るまでの苦闘がつづられている。

　青函トンネルは1962年8月、福島町吉岡で地質調査のための海中ボーリングを開始。1963年3月、青函トンネル調査工事区が函館市港町の鉄道敷地の一角に開設された。この事務所は筆者の家のすぐ近くで、入り口に掲げられた看板をまぶしく見上げたことを覚えている。

ダイナマイト爆破の瞬間。津軽海峡洋上で＝1953年

持田豊氏

新幹線規格の掘削を決める

　1964年5月に始まった工事は着々と進み、1965年5月には調査斜坑の掘削先端が海底に達し、大きなニュースとなった。1968年3月には調査坑から水平坑の直進コースの掘削を開始。1969年11月、鉄道建設公団はトンネル内を在来線だけでな

く、新幹線も通れるよう内径を9・7メートルに広げる方針を明らかにした。

実はここに至るまでひと悶着あった。トンネルを複線1本にするか、それとも単線を2本掘るかという基本設計にかかわる考え方の相違だ。鉄建公団は工事期間や費用の面から複線1本を主張。これに対して国鉄は①事故発生の際、複線だと隣線に影響が及ぶ②在来列車との行き合い交換も課題になる―などと反対し、議論がもつれた。

鉄建公団は複線方式でも安全は十分確保できるとし、国鉄側が最終的に受け入れたが、北海道新幹線が開業するにあたり、貨物列車とのすれ違いで新幹線が140キロに速度制限を迫られることになり、複線方式のマイナス面が大きな課題として浮上した。

先進導坑を風が吹き抜く

1965年夏、中学3年生だった筆者は、吉岡側の調査斜坑を見学させてもらったことがある。ヘルメットを貸与されて先端部へ。工事は緒に就いたばかりで、いつになったら青森まで掘り進めるのか、気が遠くなるような思いで説明を聞いた。

さらに1971年夏には三厩の竜飛岬でトンネル工事の実習をすることになった。当時、大学で地質学を専攻しており、現場に3週間ほど滞在し、岩石サンプルの採取と分析の技術を学ぶ。このため青函連絡船で青森に行き、国鉄津軽線の気動車に乗って工事現場の宿舎に入った。

それに、開通すれば北海道へのルートとなる津軽線

吉岡側の青函トンネル斜坑入口＝1965年6月

青函トンネル工事着手間もないころの吉岡側工事現場＝1965年6月

で、貨車をひいて木材輸送に当たっているC11形の活躍を写真に残しておきたい、との思惑もあった。

三厩駅にマイクロバスが迎えに来てくれたが、工事現場に向かう途中、海沿いの狭い道で崖から石が落ちてきてバスの屋根にガツンと当たった。幸い事故にならずに済んだが、この付近の荒々しい自然から先制パンチを受けたようで衝撃を覚えた。

初めて竜飛岬に立ち、吹き飛ばされそうな風を受けながら津軽海峡の向こうの北海道を望んだ時の、あの壮大な景色は忘れられない。竜飛岬と白神崎の間は氷河時代マンモスが往来し、その後、海になったとされるが、青函トンネル工事現場に立つと、双方の岬が精いっぱい手を伸ばして、再びつながろうという意思を持っているようにも見えた。

海底トンネルの地質を調べる場合、通常の垂直ボーリングは不可能で、坑内から予定ルートの範囲内に水平にボーリングを打ち、前方の地質を調査しなければならない。これは前例のない技術で、青函トンネルの技術陣が重力の影響などの難点を克服して、1000メートル以上先まで確実に調査可能にした。

筆者は毎朝、昼の弁当を片手に暗い斜坑の切羽まで数キロ歩いて行き、電灯の明かりだけを頼りに、先方岩盤から採取したコア（岩芯）を円管から取り出し、分析する作業を学んだ。まだ、だれも見たことのない海底のコアを手に取るのは、大自然の一部に触れた思いで感激したものだ。

中には柔らかい粘土質のものもあり、この先、掘進が可能かどうか、専門家ならずとも不安を覚えたこともある。陸上のトンネルに比べて未知の分野が多く、当時の技術陣の中にも完成に疑問符をつける人が少なくなかったように思う。

ただ、誰もが「世界一の海底トンネル」を掘っているという誇りを持っていた。天井から常に水が滴り落ちているので思わず見上げたら、職員が「なめてみろ」という。手で受け止めて口に入れたら潮の香りがしてしょっぱい。確かにここは海の底であることを実感した。

帰りは仲間と坑道を競争しながら上って入り口に出て、夕日を仰いで一息ついた。夜はトンネル掘削のベテランの部屋で晩酌の相手をしながら、北陸地方の長大トンネル工事現場で経験した数々の逸話を教えても

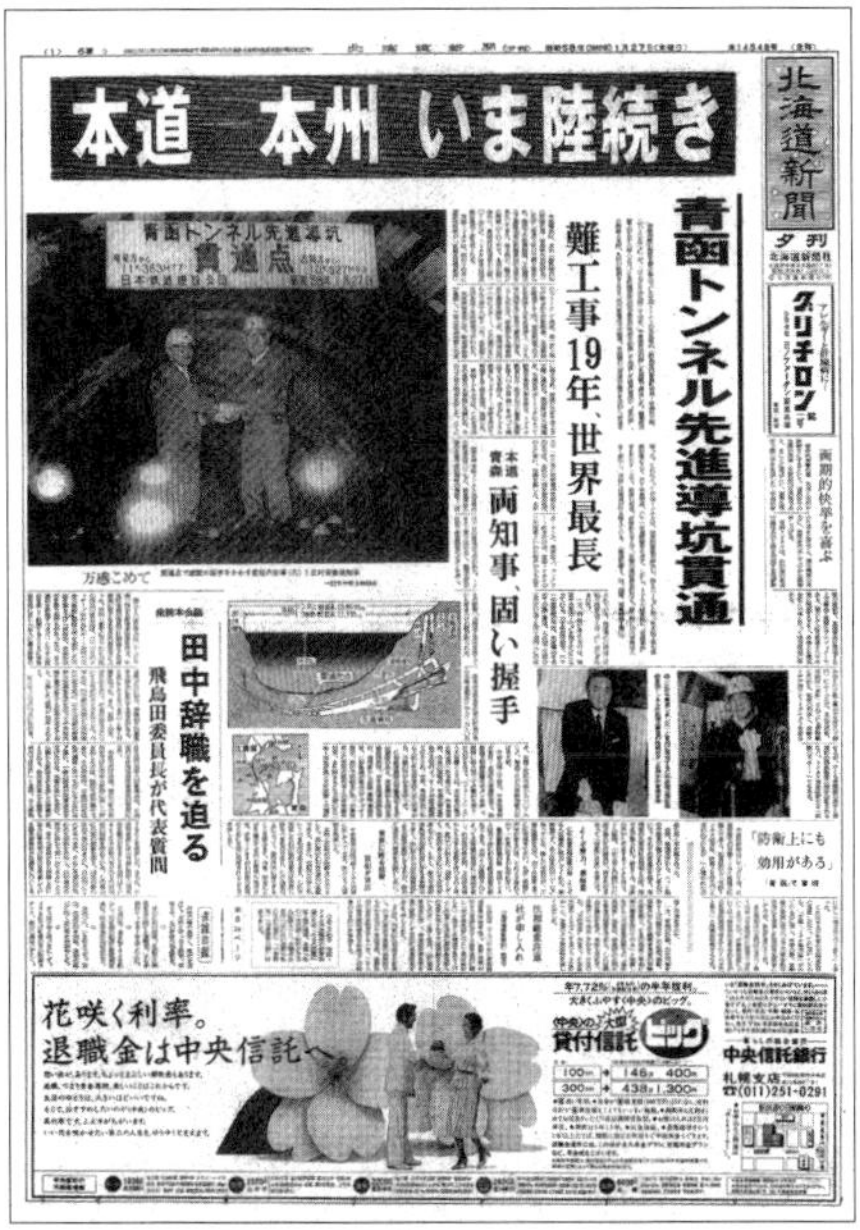
北海道新聞 夕刊

本道　本州　いま陸続き

青函トンネル先進導坑貫通

難工事19年、世界最長

本道 青森 両知事、固い握手

万感こめて

田中辞職を迫る

飛鳥田委員長が代表質問

花咲く利率。退職金は中央信託へ

1983年1月27日付北海道新聞

らった。筆者はひと夏で三厩を去ったが、その後も青函トンネルの技術者は世界でも類を見ない研究、経験を重ね、いく度かの事故に見舞われながらも着々と掘り進む。

そして1983年1月ついに先進導坑が貫通し、本州の風が北海道に、北海道の風が本州に流れ込んだ。福島町の深山久三郎町長と三厩村の木村重雄村長がトンネル内で握手を交わし、この日を待ち望んだ関係者が歓喜にむせぶ。さらに1985年3月10日、いよいよ列車が通過するトンネル本坑が貫通した。両方から掘り進んだ坑道がつながったとき、誤差は距離で2センチ、高低は6センチに過ぎず、極めて正確な測量がなされていたことが裏付けられた。それは、函館・道南にとっても〝鉄道復権〟につながる期待の星でもあった。

地方線の命運尽きる

しかし、国鉄には赤字ローカル線の整理という難題が突きつけられていた。1987年4月の民営化を待たずに道内赤字路線の白糠線、万字線、手宮線などがバス転換された。北海道の鉄道発祥の路線で手宮と南小樽を結ぶ手宮線も容赦なかった。

廃止の動きは函館・道南にも及び、1987年3月16日には国縫—瀬棚間の瀬棚線が廃止、バス転換された。瀬棚線沿線の道立高校は北檜山町丹羽にある檜山北高校だけで、朝夕の丹羽駅は通学生で賑わっていたが、廃止の動きには抗しきれなかった。

最終日には気動車による「さよなら瀬棚線」号が車

体横に「沿線のみなさん、長い間ありがとう」の横断幕を掲げ、大勢の見送りを受けながら名残を惜しむように走り、55年の歴史に幕を閉じた。今は一部に線路跡などが残っているだけで、かつてビジネス急行せたなが走ったり、Ｃ11が貨物列車を引いた面影はほとんど見られない。

もう一つ、木古内―松前間の松前線も青函トンネル開業直前の１９８８年2月1日、同様に廃止、バス転換となった。木古内―松前間の乗客数が少ないのと、一部が海峡線に含まれるためで、こちらは瀬棚線より短命、わずか35年の現役路線だった。

桜で有名な松前は江戸時代、松前家が1万石の藩主として全道を治め、政治の中心地だったが、松前線開通に手間取った挙句、5年に渡る廃止反対運動も空しく、レールを撤去されることになった。

松前駅ホームでお別れ列車を見送る町民ら＝1988年1月

松前駅手前には鉄橋があり、そこを走る列車は全道唯一のお城である松前城を目の前に仰ぎ見ることができた。しかし、そうした優雅な光景にも幕が下ろされた。

新生ＪＲ北海道としてはなんとしても赤字を縮小し、青函トンネル開業までに前向きの経営を取り戻したい。すでに青函トンネルにつながる函館本線函館―五稜郭間、江差線五稜郭―木古内間、海峡線木古内以南の電化工事が進み、道央圏に比べて遅れていた函館にもやっと電化の時代が到来した。１９８６年11月には青函トンネルの主役となる電気機関車ＥＤ79形の２など4両が配置され、試験運転が始まっていた。

ＥＤ79は現役のＥＤ75形を青函トンネル専用に改造したもので、同トンネル特有の連続勾配（１０００分の12）や湿気などに対応可能な高性能機関車。青函トンネルは53・9キロと長いため、排気ガスが出る気動車やディーゼル機関車は走らせず、機関車は旅客も貨物もＥＤ79が充てられた。同機関車は１９８７年9月28日からトンネル内での乗務員訓練と試験運転を開始。世界一長い海底トンネルの歴史的開業は刻一刻と近づいていた。

第6章

海底トンネルで本州直結

駒ヶ岳を背に、函館に向かってスパートするD52貨物列車＝1969年10月

ＪＮＲからＪＲへ

膨大な赤字を抱え、合理化の大ナタを振ったものの成果は芳しくなく、むしろ混迷を深めた国鉄は、１９８７年4月1日に官営・公共企業体としての鉄道の幕を閉じ、北海道旅客鉄道株式会社（ＪＲ北海道）など旅客鉄道6社に分割民営化され、貨物分野は日本貨物鉄道株式会社（ＪＲ貨物）に振り分けられることになった。

ＪＲ北海道は資本金１４６億円、社員数1万３００0人、旅客営業距離２５４1キロで、初年度は経営安定基金の運用益を含めて8億円の黒字を見込んだ。資産としては旧国鉄北海道総局が管轄していた鉄道はもちろん、青函連絡船、バスを引き継ぐとともに、これまで制約が多かった土地、建物その他資産を活用した営業が可能になった。函館・道南にはＪＲ北海道函館支店（１９１５人）が設置されることになった。函館では民営化本番を前に「これからは営業が大事」と職員が切符や旅行企画商品を売り歩くビジネスを始めた。五稜郭機関区の職員も機関車ならぬマイカーを運転して切符を〝お客様〟の自宅に届けるようになる。

また、それまで「客が少ないから」と削減してきた普通列車を、逆転の発想で増発するダイヤ改正も。函館―七飯間を中心に上下3本ずつ、函館―上磯間にも上下6本ずつを新設し、それぞれ「うきうき号」「わくわく号」と親しみやすい愛称を付けたところ、郊外から函館に買い物に出かける主婦らの人気を呼び、利用が増えたという。お堅い〝鉄商売〟から客本位の〝水商売〟へ―。民営化ならではの成功例だろう。

函館駅には直営の土産物店「とれいんしょっぷ函館」が開店したほか、喫茶店、そば店、売店などがオープン。これらの店では駅や機関区で勤務していた職員約20人が、慣れないながらも異業種の仕事に挑戦した。

一方で、思い切って本州に転身する広域移動に応募し、あこがれていた東海道新幹線の運転士になった元五稜郭機関区乗務員や、東京駅の出札係についた元青函連絡船幹部もいる。青函局の広域移動は1次、２次合わせて３８５人に達した。しかし、国鉄労働組合（国労）員を中心に人材活用センター配属を命じられ、不本意な仕事に回された職員も少なくなかった。

また、国鉄青函局として最後のイベント列車になる希望号が1987年3月31日夜、函館―森間で運転された。前年11月に廃止された急行ニセコの14系客車5両を貸し切り、車内はモールやちょうちんで賑やかに飾られた。

午後6時1分、国鉄OBを含む公募の客216人を乗せて函館を発車すると缶ビールが次々開けられ、消えゆく国鉄への切々たる思いと新会社への大いなる希望が複雑に絡み合い、時を刻んで走り続ける客車での宴会は最高潮に達した。

OBの1人は「感無量」と言いつつ、「後輩には民間人として頑張ってほしい」と激励。添乗の職員7人は揺れる車内でビールやつまみのサービスに汗を流し、「今夜がスタートだ」と力強く誓い合った。

午後7時45分、函館発の国鉄青函連絡船として最後になる八甲田丸22便が出港した。青函連絡船の煙突のアルファベットマークは深紅のJNRから萌木色のJR（JAPAN RAILWAYS）にすでに取り換えられていた。

乗客は328人と少ないが、それでも普段より5割ほど多かった。船体には「ありがとうございました。明日から新会社です」と大書された横断幕。「マイウェイ」の曲が流れ、23年ぶりに復活した五色のテープが八甲田丸と岸壁の間に乱れ飛んだ。

青森発の下り便は羊蹄丸。こちらの乗客はさらに少ない137人止まりで、近年の乗船客の減少を象徴するかのような寂しさだった。

ところで船には必ず人間の戸籍に当たる船籍がある。青函連絡船は従来、国鉄本社がある東京だったが、これを機にJR北海道の連絡船基地である函館に移された。

記念列車が上野から札幌に

一方、全国的なイベントとして東京から新生JR6社に向けて走る記念列車が順次スタート。北海道には上野から札幌行きの特別お座敷列車、旅立ちJR北海道号（12系客車6両編成）が3月31日午後1時30分、この日だけのヘッドマークを付けた電気機関車EF58形89に引かれて上野駅を出発した。

同形は戦後を代表する特急用電気機関車で、昔ながらの茶色に塗られた89がＪＲ北海道への橋渡し役を担った。ちなみにこの89は現在、さいたま市の鉄道博物館に展示されている。

旅立ち号は直流と交流の接続点である黒磯でＥＤ75形１０３６号にバトンタッチし、東北本線を走り抜けて同日深夜、青森に到着。青森駅長らが出迎え、山口百恵の「いい日旅立ち」の生演奏が流れる中、一行１００人はＪＲとしての青函連絡船運航第1号となる檜山丸に乗船した。

カレンダーの日付が変わった4月1日午前0時過ぎ、檜山丸は太い汽笛とともに岸壁を離れ、駅員らがペンライトを振る中、ゆっくりと函館に針路を取る。漆黒の海峡を越えて、まだ明けやらぬ午前4時に函館着岸。ここから乗客は特別運転のお座敷気動車（キロ59形、キロ29形5両編成）に乗り換え、札幌を目指した。

国鉄民営化を記念して旅立ちJR北海道号を東京からけん引したEF58　89。さいたま・鉄道博物館に保存されている＝2009年1月

このあと、函館駅ではホームにＪＲ北海道発足をＰＲする横断幕を掲げ、午前8時11分発札幌行き特急北斗5号を民営化記念列車として出発式をにぎやかに行った。

同列車を運転した長万部運転区の運転士（当時46）は北海道新聞の取材に対して「緊張のあまり午前2時に目が覚めた。清算事業団に行った仲間のためにも頑張らなければ」と決意を語った。

その清算事業団青函支部（１７５人）では同日、入所式が行われたが、挨拶に立った当局代表に対し、根深い労使対立からか、やじと怒号が浴びせられる一幕も見られた。

この先、北海道の鉄道輸送はどの方向に進むのか。華やかな出発式の陰で、ＪＲ北海道は待ったなしの難題を抱えながら、民間鉄道会社の歩みを始めた。

青函トンネルの準備着々

ＪＲ北海道がスタートしてから1年足らずでやって来る１９８８年３月には青函トンネルが開業する一方、青函連絡船は廃止になる。この間、函館側、青森側双方には膨大な準備作業が必要だった。

トンネル着工当時に期待された北海道新幹線の開業は遠のいたが、函館はこれから陸続きで本州と北海道の玄関口となる。１９８６年９月にはすでに海峡線のレールは締結され、１９８７年５月に青函トンネル準備工務区が現場に近い木古内に設置された。

７月には海峡線の電車線架線の接続式が行われ、電車、電気機関車運転の準備が整った。交流２万ボルトで、旅客、貨物の電気機関車はＥＤ79形、電車は盛岡—函館間の特急はつかりに起用される４８５系などの試運転が始まった。53・９キロの長大トンネルでは燃料や排気の関係でディーゼル機関車や気動車は使えない。ここだけは電気車両だけの区間となる。

駅関係では木古内のトンネル寄りに知内駅を作ることになり、建設を開始。トンネル内部には福島町の直下に当たる海底に吉岡海底駅、青森側の三厩の直下には竜飛海底駅をそれぞれ設置することになった。日本に海浜の駅はたくさんあるが、海底に駅を作ったのは初めてだ。

また、青森側地上部分に津軽今別駅を設置することになった。両海底駅は駅と言っても火災等緊急時の避難場所あるいは保守点検の基地とするのが目的で、一般客の乗降はできない。ただし、トンネルへの理解を深めるため、海底駅見学券を発売し、内部を歩けるようにした。海底駅については後にあらためて述べたい。

開業準備が着々と進む中、１９８７年９月９日、「青函トンネル開業は１９８８年３月13日」と正式発表があった。これにより、青函連絡船は同日をもって廃止される。かつてない劇的変化まであと半年となり、そ

青函トンネルをくぐり初めて函館入りしたはつかり試運転電車＝1987年12月

の準備に拍車がかかった。

9月28日、いよいよ実際の車両を使って木古内とトンネルを挟んだ青森側の新中小国間約89キロで試運転を開始。トンネル内は時速25キロに制限し、試験車を含む7両編成で架線、通信、パンダグラフなどの安全を夜までかけて確かめた。担当した運転士は「線路基盤がしっかりしている。トンネル内も快適だった」とマスコミに感想を述べ、安全運転に自信を見せた。

トンネルの両出入り口の上部には「青函隧道」と記された扁額が掲げられた。本州側が中曽根康弘首相、北海道側が橋本龍太郎運輸相（肩書はいずれも当時）の揮毫で、右から始まる横書き。2人とも国鉄改革を強力に推進した政治家だった。JRはトンネルの愛称を、その距離53・9キロにちなんで「ゾーン539」と名付けた。

青函連絡船、最後の1年

青函連絡船の廃止は数年前から予期されたこととはいえ、いよいよ現実味を帯びてくると、函館は苦悩を深めた。幕末に貿易基地として開港して以来の港町で、1908年の就航から連絡船とともに歴史を営んできた函館にしてみれば、なんとしても連絡船を存続させたい。実際に廃止されれば、民営化の嵐が吹きすさぶ中で、連絡船職員は陸上勤務への配置転換を迫られる。

市民生活への影響も大きく、例えば当時、函館駅前朝市は年間200万人超の連絡船乗降客の約3割が土産品購入や食事に利用していたが、廃止によって客足が落ちる、と誰もが危機感を持った。

函館市も「青函トンネルができても海峡には複数のルートがあったほうがいい。現に関門海峡にはルートが7本ある」と廃止反対を表明。市民グループも「なんとか残す方法はないのか」と運動を続けた。しかし、刻々と迫る廃止予定日を前に決定打は見つからず、焦燥感を強めるばかりだった。

JRもさまざまな試みを行った。6月28、29の2日間、「青函子供の船」を実施し、子供たちに連絡船の機能、役割をアピール。また、「北海道1周の旅」も企画し、単に青函航路だけでなく、船旅そのものに活路を見出そうとする実験も重ねた。

さらに船内での案内、記念写真撮影などに当たるマリンガールの募集をこの年も実施。1980年から続いているサービスで、7、8月の繁忙期に船内に配置される。真夏の太陽のもと、遮るものがない洋上で「ただいま船の進行方向右側に見えておりますのは、下北半島で最も景色の素晴らしい仏ヶ浦でございます」などと名調子でガイドすると、乗客から「ホーッ」「オッ、あれか」と感嘆の声が上がり、すこぶる好評を博していた。

1987年はこれが最後とあって函館、青森から女性58人が応募。それぞれの側から3人ずつが選ばれ、6月27日の戴帽式ではブルーのジャケット、クリームのスカート、紺のリボン風ネクタイに身を包んだ6人が純白のマリンハットを受け取り、姿勢を正して敬礼、健闘を誓った。

マリンガールに囲まれて鏡抜きを終えた船長（中央）は帽子を振ってあいさつ＝1988年3月

マリンガールたちは7月1日から業務を始め、8月30日まで約2ヵ月勤務。苦労を重ねながら最終乗務を終えると、「やりがいがあった」「やはり船旅はいい。青函トンネルは怖いわ」などと、連絡船への愛情を口々に語った。

青函トンネル開通まであと半年を切ると、「なくなる前に一度は乗りたい」とフィーバーになり、全国から乗船客が訪れるようになった。10月10日には乗車を制限する〝満員札止め〟の事態も。船内の食堂は大混雑し、年明けの2月には1日当たりの売り上げが前年同期に比べて3倍になった。

弁当も飛ぶように売れ、同2・5倍に達した。食堂ではホタテやエビ、イカ、ワカメなど、ご当地の海産物をてんこ盛りした塩味の海峡ラーメンが大人気となり、1航海で300食が出た日もあった。

このころ北海道新聞の投書欄では「連絡船のオーナーになって1隻でも残しては」「本州から海を渡って北海道にくるからこそ、観光の価値が生まれる」など存続を訴えるほか、「ロマンだけでは守れない。4時間の船旅は長すぎる。廃止は当然だ」など、連絡船の行く末をめぐる意見が活発にかわされ、道民の関心の高さを示した。

そして最後の年となった１９８８年1月6日、津軽丸形の客船第4船として１９６５年5月に就航していた大雪丸が最後の航海を終えた。同形では津軽丸、松前丸がいずれも１９８２年に退役（両船ともその後、北朝鮮へ）しており、残る同形客船は八甲田、摩周、羊蹄、十和田丸の4隻。貨物船は廃止前日の3月12日に空知丸が引退。最終日を迎えたのは貨客船では檜山丸、石狩丸の2隻という寂しい顔ぶれとなった。

青函博覧会の準備進む

函館と青森の明治以来の交通体系が一変するのを機に、青函トンネル開通記念博覧会（青函博）が函館商工会議所から提案され、１９８６年に実行委員会を作って準備に入っていた。

函館、青森とも造船不況などで経済基盤が沈下しており、世界一の海底トンネル完成は絶好の地域活性化の材料。１９８７年8月にはＪＲ北海道に対して、１９８８年の青函博開催期間中、青函連絡船の貸し出しを申し入れた。船内でバザールやビアガーデンを開くほか、ホテルとして利用する計画も作った。

このころ、函館―青森間の客船運航はすでに8往復まで減っていた。下り便で見ると、青森発午前0時30分の1便は函館発特急北斗1号と同3号に接続。同5時25分発の21便は同7号に、同7時30分発の23便はおおとりに、同10時10分発の25便は北斗11号に、午後0時10分発の3便は同13号に、同3時発5便は同15号に、同5時5分発の7便は森行き普通列車に、同7時50分発の9便は多客時運転のすずらん89号にそれぞれ接続していた。特急列車のうち、おおとりだけが札幌を越えて網走まで行くが、北斗各号は札幌止まりになっており、すでに札幌中心の特急運転が定着していた。

列島結んだダイヤ改正

１９８８年3月にＪＲ各社分割後、初の大規模ダイヤ改正が実施された。キャッチフレーズは「レールが結ぶ、一本列島。」。青函トンネルの海峡線の開業及び瀬戸大橋を通る本四備讃線（瀬戸大橋線）の開業（4

月10日）によって、北海道、本州、四国、九州がレールで結ばれる意義を強調する内容となった。俗に「一本列島ダイヤ改正」と呼ばれている。

そして3月13日。函館駅がこれほどめまぐるしく動いた1日は空前絶後だったろう。80年間、青函輸送の主役を務めた連絡船は到着次第、順次運航を停止。それと同時進行で、記念式典の中を青函トンネルに向かう列車が華々しく発車していく。

駅ロビーなどには青函連絡船の最後の乗船名簿、あるいは最初の海峡線列車の乗車券を求めるファンら600人が厳しい冷え込みの中、徹夜で列を作った。中には急ごしらえの〝段ボール寝袋〟にくるまる人も。駅では温かい即席みそ汁を用意し、寒さしのぎに配って喜ばれた。駅員の手で海峡線の真新しい時刻表も張り出され、終始、緊張した作業が続いた。

海峡で最後のランデブー

青函連絡船の動きから振り返ってみよう。まず、1924年から始まった貨車航送が、旅客より一足早く動きを止めた。最後の貨車航送は函館発13日午前2時40分の八甲田丸、青森発は13日午前0時5分発の檜山丸だった。

そして客船。押し寄せる乗客に応えるため、臨時便をさらに2往復追加し、計12往復として各船とも満席で航行した。航海を終え、乗客を送り出した船はそのまま港内待機となる。

最後の便は函館発が午後5時の22便で羊蹄丸、青森発は午後5時5分の7便で八甲田丸が受け持った。夕暮れ迫る中、羊蹄丸は函館桟橋に巨体を接し、左舷上部には「さようなら青函連絡船」の横断幕。ブリッジでは鈴木繁船長を中心に、いつも通り粛々と出港準備が進んだ。

やがて出発のアナウンス。甲板に「ジャン、ジャン、ジャーン」というドラの音が響いた。タラップが外され、ブラスバンドの「蛍の光」が演奏される中、羊蹄丸は定刻、満員の1140人の客を乗せてゆっくり動き出す。海峡から吹いてくる冷たい風に、色とりどりの紙テープが激しく舞った。別離を惜しんで太い汽笛が鳴らされる。

鈴木船長が「80年にわたってのご支援ありがとうございます」と船内放送をすると、客室から大きな拍手。函館港を見下ろす船見町の幸坂には多くの市民が出て、海峡に針路を取る羊蹄丸に「さようなら」「ありがとう」と声をかけ、船影がなくなるまで見送った。

デッキには美唄から駆け付け、菓子と花を静かに海上に手向け、亡き兄の冥福を祈る55歳の女性の姿もあった。兄は終戦直前の空襲により青森港外で沈没した第二青函丸に機関士として乗り組んでおり、19歳で戦禍に散ったという。「肉親は私1人しかいなくなった。兄の生前の足取りをこの日、この目で確かめたかった」。平和な時代になっても、連絡船の悲劇は最後の日まで影を引きずっていた。

一方、八甲田丸は乗客が殺到したため青森を9分遅れて出港。こちらも1140人と客席が埋まった。出港後、いつも通りに速度を上げ、夜のしじまに沈んだ津軽海峡で、青森に向かう羊蹄丸と行き交った。

毎日繰り返されたいつもの光景だが、これが最後、もう二度とランデブーはない。両船は万感の思いを込めて汽笛を鳴らし合い、別れを惜しんだ。夜風が吹きさらしのデッキに出た乗客たちもまた、近づいては遠ざかって行く相手の船に向かって手を振り続けた。

八甲田丸が海峡を渡り切ると、函館の街の明かりが見えてきた。着岸を知らせる「ヴォー」という、力強くも哀調を感じさせる汽笛がとどろく。仕事をやり遂げた思いからか、ブリッジの工藤民雄船長の目には光るものがあった。

桟橋で待ち受けた500人がJR函館支店吹奏楽団の演奏に合わせて、石川さゆりのヒット曲「津軽海峡冬景色」を大合唱。その声が止み、あたりが閑散とすると、津軽丸形として一番長く働いた八甲田丸はひっそり桟橋を離れ、白と黄色で彩られた船体を静かに休ませた。

この日、34年前に洞爺丸が沈没した現場近くの七重浜では、慰霊碑に献花をし、海に向かって一心に冥福を祈る遺族の姿が見られた。夜、函館市内のホテルで開かれた連絡船終航謝恩パーティーでは乗組員OB代表が「存続か廃止か騒然とする中、使命を自覚し、安全運航に徹した現役の人たちに敬意を表する」と、言葉熱く労った。

ＪＲ函館支社が２００３年発刊した「道南鉄道１００年史　遥《はるか》」は翌14日の函館港の情景を次のように描写している。

そして3月13日、青函連絡船は青函トンネルに役目を譲り、80年の歴史の幕を閉じた。最後の連絡船は八甲田丸、摩周丸、羊蹄丸、十和田丸、檜山丸、石狩丸の6隻。翌14日、一足先に終航した大雪丸、空知丸を含め、函館港に全船が集結した。それは、最初で最後の勢ぞろいだった。

80年の歴史の中で、青函連絡船が運んだ乗客は１億６１１２万７９８２人、貨物の輸送トン数は２億４６９７万６３０２トンと記録されている。

大雪丸は東京のホテルに売却され、4月4日、思い出の函館を去って行った。また、連絡船関係職員も様々な職場に移り、ＪＲ北海道に所属する社員は札幌地区に約１１７０人が異動、函館支店管内は約１２０人となった。

船舶指令の苦闘伝える

青函連絡船は過去のものになったが、「遥」に船舶指令の苦闘ぶりが紹介されている。国鉄時代は青函船舶鉄道管理局内の指令室に旅客、貨物担当などそれぞれの指令と一緒に24時間体制で詰めていた。

あるとき、深夜青森着の特急列車が40分遅れた。連絡船はそれを待って、同じ40分遅れで出航。これを受けて、函館や札幌の列車指令は「連絡船を待っていたら、接続列車が遅れる。そうするとほかにも影響が及んで道内のダイヤが混乱する」と、連絡船を待たずに函館発特急列車を定時に発車させようとした。函館から乗る客だって「時間通り発車してほしい」と願っているだろう。

それに対して船舶指令は「連絡船が頑張って遅れを10分取り戻す。だから30分待たせてほしい」と要請。船が函館に着いたら、札幌行きはすでに発車していたとなれば、乗客が怒り出すに決まっている。定時運行を守りたい列車指令の気持ちも分かるが、船内の切迫する状況を想像しながら説得を繰り返した。この時は

函館港に集結した十和田丸と桧山丸と摩周丸の3船＝1988年3月

青函連絡船の名物だった出港を告げるドラ＝1964年

函館発の最終便「羊蹄丸」を、多くの人が哀惜の思いを込めて見送った＝1988年3月

結局、船舶指令の要望通り、連絡船の函館到着を待つことになった、と同書はつづっているが、一般にはあまり知られていないエピソードだ。

青函連絡船への追憶

函館生まれの筆者は青函連絡船には何度も乗ったし、ごく身近な存在だった。青森は札幌に行くよりずっと近い街だった。最初の乗船は洞爺丸事故から間もない、まだ幼児のころだったと思う。初めて乗った3等船室は海面近くにあり、丸い窓から波頭が見え、いささか恐怖を覚えた。海峡では揺れに揺れ、船酔いして、二度と乗りたくないと思ったことを記憶している。

小学生になると、夏は近くの七重浜や有川岸壁の近くで泳いだので、沖合を行き交う連絡船を間近で見ることができた。大半は石炭燃料の旧型船だったが、とても大きく優雅で、黒い煙を残し、海峡に向かって行く光景は子供心にも旅情をかき立てられた。

中学の修学旅行は東京へ、高校の修学旅行は東京、奈良、京都という日程で、当然、函館から連絡船を使った。連絡船は青森に夕方着いて、私たちは上野に向かう夜行列車に乗る。修学旅行専用の臨時列車だったと思う。当時は旧型の客車が連なり、その背もたれは衝立のように垂直だ。夜のとばりが下りると、仲間同士、肩を寄せ合い、あるいは床に新聞紙を敷いてゴロリと横になった。

しかし、鉄道ファンとしては眠ってなどいられない。車内が静まったころ、こっそり抜け出してトイレに行き、ガラス窓を開けて（当時は開閉可能だった）顔を出し、前方を見ると蒸気機関車が重連で力いっぱい煙を上げていた。

圧巻は盛岡の手前、十三本木峠がある奥中山―御堂間だった。ここの急勾配を上るため、当時貨物列車のD51重連はもちろん、急行列車用C60やC61などいろいろな形式が入り混じって3重連、あるいは後補機など、実に迫力あるシーンを1日中展開。私が見ている時も、対向してくる列車はすれ違いざま、ごう音を立てて去って行った。

この付近は電化が近づき、SLの活躍も残りわずかだったため、後に仲間と連れ立って夜行の連絡船に乗り、東北本線を乗り継いで十三本木峠の撮影を行った。春にはまだ遠い1968年3月、時折吹雪く中をD51たちが力を合わせて貨物列車を引いてくる。

これらの中には青函連絡船を中継役に、北海道から運ばれてきた荷物、あるいは北海道に届ける荷物も数多く含まれていた。まだ国鉄が貨物輸送の主役だった時代だ。この付近は東北新幹線開業とともに経営分離され、今は第3セクター青い森鉄道の路線となっている。

こうした東北の鉄道の魅力にも取りつかれ、高校生のころからしばしば連絡船を利用して青森に撮影旅行をした。鉄道車両とは違って客室スペースが広く、ゆったりした雰囲気がすっかり気に入った。

青森に向かうとき、背後に遠ざかる函館山は、ふだん街から見ている、牛が寝そべったような臥牛山《がぎゅうざん》（函館山の別称）とは全く異なる姿に変身するのが新鮮な驚きだった。

また、海峡を越えて左手に近づいてくる下北半島の恐山《おそれざん》には、死者を霊界から呼び戻して会話するイタコたちがいる。洋上の美しい景色を眺めながら、東北の〝異界ストーリー〟に思いを巡らすのも青函連絡船の贅沢な時間だった。

青森に着くとホームに待っている普通列車に乗車。「人間失格」などを書いた作家、太宰治の古里を走る津軽鉄道や、桜の都・弘前と造り酒屋で有名な黒石を結ぶ弘南鉄道は、いかにも津軽情緒たっぷりの趣だった。

国鉄では8620形の3重連が走る山あいの国鉄花輪線、同じく8620が主役で、海岸の美しい景観と奇岩、白神山地で知られる五能線などを訪れた。SLが生きているうちに何が何でもとの思いで、九州や中国地方への撮影旅行に行った時も、函館から真っ先にお世話になったのは、いつも青函連絡船だった。

連絡船の運命が定まった以降、お別れに乗ることはかなわなかったが、ニュースを聞くたびに、学生時代の撮影旅行に誘《いざな》ってくれた連絡船の姿を懐かしく思い浮かべたものだ。

函館港に停泊中の貨物船檜山丸＝1964年

函館で建造された松前丸がたくさんの客を乗せ、雪の中でデビューを飾った＝1964年12月

特急日本海、ひと足早く

時間の歯車は容赦なく回る。新時代を告げる青函トンネルの初日に話を移そう。トンネルを通過する列車は前日から動き出していた。

大阪発函館行きの寝台特急日本海1号は満員の客を乗せて12日午後5時半過ぎ、一足早く大阪を出発。ヘッドマークを飾った電気機関車EF81に引かれ、夜の日本海の波の音を聞きながら富山、糸魚川、秋田と順に北上を続けた。

それまで終点だった青森で方向転換し、青函トンネルを抜けて函館へ。函館—大阪間約1200キロを直接結ぶ列車はもちろん史上初めてだ。連絡船時代に比べて2時間12分短縮され、17時間33分の旅となる。

JR貨物が受け持つ貨物の1番列車は、札幌貨物ターミナル（札幌市白石区）を12日午後9時37分出発。北見に近い訓子府町産のタマネギ、ジャガイモのほか札幌のLL牛乳などを積んだコンテナ車が連なり、13日未明に五稜郭駅に到着。ここでディーゼル機関車DD51を解放。逆方向に電気機関車ED79重連が付き、江差線に分岐して青函トンネルに向かった。

逆に本州から北海道に向かう最初の貨物列車は12日午後、東京・隅田川駅で出発式を行って発車した。こちらは雑誌やビール、引っ越し荷物などで、トンネル通過後、五稜郭で機関車交代を行い、13日午後、札幌貨物ターミナルに到着。青函トンネルの開通で、東京—札幌間の貨物列車の所要時間は3〜5時間短縮、輸送力は1日26％増強されるトンネル効果を生んだ。

ミスター海底トンネルも

函館駅から出る青函トンネル初列車は3月13日午前7時23分発、盛岡行き上り電車特急はつかり10号。ヘッドマークには「祝 海峡線開業」のロゴが入れられた。青森からは同7時29分発、電気機関車けん引の函館行き下り快速海峡1号が初列車となった。これには石原慎太郎運輸相（当時）が乗り込んだ。

特急はつかりは、かつて上野—青森間のエース列車だったが、東北新幹線の盛岡延伸で、盛岡—青森間のシャトル特急となっていた。それを今回、うち2往復を函館まで延長し、新幹線への接続を容易にした。

函館駅での出発式には久間章生運輸政務次官、横路孝弘北海道知事、東条猛猪JR北海道会長（いずれも当時）らが出席。赤とクリームに塗られた485系（1000番台）編成が4番ホームに着き、ボンネットタイプの先頭車がタイフォン（汽笛）を鳴らして滑り出すと、大きな歓声と拍手が起きた。

これには青函トンネルの項で紹介したミスター海底トンネルこと持田豊・元鉄建公団海峡線部長も招待され、式を見ながら「連絡船に何か悪いことをしちゃった」と冗談交じりで語ったという。

持田氏は前日の北海道新聞に手記を寄せ、調査開始の初期、イカ釣り船からロープを垂らして海底の岩石をかき上げて一から調べたことや、工事に精魂を傾けた関係者の名前を挙げ、「よもや完成した姿を見るとは…感無量である」と喜びを表した。

函館発盛岡行きの特急はつかり10号の出発式が函館駅4番ホームで行われた＝1988年3月

1番列車、海底で行き交う

快速海峡1号の機関車は赤いED79で、客車は青い50系が使われ（一部14系なども使用）、カラフルな組み合わせの編成となった。青森での出発式では、発車を待ちきれなかったのか、くすだまが式の途中で突然開くハプニングがあった。

海峡1号は青森を2分遅れて発車。先に函館を出ていたはつかりは木古内停車後、午前8時11分に、海峡1号は蟹田停車後、同20分にそれぞれ青函トンネルへ進入。両列車はしばらく海底に向かって下り、8時32分にトンネル内でごう音とともに瞬時にすれ違った。海峡1号に続き、前夜、大阪を出発した寝台特急日本海1号が下りの2番手としてトンネルを通過した。

個室寝台・食堂車（グランシャリオ）付きの豪華列車として注目された札幌―上野間直通の特急北斗星は定期2往復、臨時1往復が運行することになった。

先陣を務める上野発の北斗星1号は13日午後4時50

分発車。ブルートレインの名にふさわしく、夜空のもと、青く長大な編成を輝かせ、北の都に向かって北上する。石川さゆりの「津軽海峡冬景色」では、上野発の夜行列車は青森止まりだったが、北斗星の終着駅は一気に札幌まで延びた。

一方、上野に向かう北斗星2号は定刻の午後5時18分を2分遅れて札幌を出発。海底トンネルへの期待を膨らませる満員の客を乗せ、上野を目指して南下を始めた。

北斗星2号は朝からの興奮冷めやらぬ函館に午後9時40分着。けん引機DD51の役目はここで終わり、後尾にED79が連結される。慌ただしく5分後に今度は逆向きに発車。五稜郭から江差線に入り、木古内を通過すると車内には「まだか、まだか」と待ち望む声が起きた。短いトンネルをいくつか通り、ついに青函トンネルに入ると、浴衣姿の乗客たちも窓に顔をすりつけ、歓声を挙げながら海底を実感しようとした。

夜から朝にかけて東北本線をひた走り、翌14日午前9時17分に上野着。所要時間15時間59分（最短ダイヤは15時間53分）で、個室で一晩ゆっくり過ごせるのが人気を高めた。

函館駅は深夜から未明になっても眠ることはなく、13日午後10時32分に札幌からの北斗星4号（臨時）、同11時34分には北斗星6号がそれぞれ到着して発車。日付が変わって14日午前1時13分には、夜行連絡船の代替に新設された青森発札幌行きの急行はまなすが到着、同31分に札幌に向かった。これと入れ違いに札幌から青森行きのはまなすが同2時39分に到着、同52分に青森に出発して行った。はまなすの客車は北斗星と同じブルーで登場した。

早朝になると、上野からの北斗星1号が午前4時24分、同3号（臨時）が5時36分、同5号が6時38分と、ほぼ1時間おきに順次到着し、かつての本州―九州連絡の特急あさかぜ、さくらなどブルートレイン全盛期を思わせる華やかさを演出した。

開業当初のトンネル通過列車は旅客が15往復（うち1往復は季節運行）、貨物が20往復。札幌―上野間の所要時間は盛岡―上野間で新幹線を使えば最短で10時間52分、従来に比べて2時間26分短縮された。また、函館―青森間の最短時間は特急はつかり5号の1時間

59分で、連絡船時代の3時間50分に比べてほぼ半分に短縮された。

トンネルの経済効果、5億円に

青函連絡船廃止と海峡線開業という新旧交代で騒然とした函館だが、当時の北海道新聞は「函館 夏並みの人・人」「波及効果は5億円」と、いかに大勢の人が押し掛けてお金を使ったか、その熱狂ぶりを伝えている。同紙によると、連絡船とトンネル目当てに来函した人を約1万5000人と見込み、これに観光客1人当たりの平均消費額1万6836円を掛けるなどして算出すると、経済効果は約5億円になるという。これは市内のデパートなど大型店10店舗の1日平均売り上げの2億8600万円をはるかに上回る額だった。

民営化を前に旗揚げした駅構内の土産物店「とれいんしょっぷ函館」も午前5時の開店と同時に本州方面に帰る客が押し寄せ、午前中は前日の2倍の売り上げを記録。函館の3月は桜には早く、まだ観光の売り物はないころだが、この時ばかりは〝青函トンネル特需〟で沸きに沸いた。

火災検知器作動で急停車

ただ初日、残念なトラブルがあった。午前7時ごろ、釧路発隅田川行き貨物列車が走行中、トンネル内外の2ヵ所の火災検知器が作動し、緊急停車した。列車に異常はなく、間もなく発車した。

ところが午後5時5分ごろ、青森発函館行き快速海峡13号が青森側の津軽今別駅手前に差し掛かった時、またも火災検知器が作動し急停車した。異常がないため発車したが、トンネル進入後、竜飛海底駅付近で再び検知器が作動したため再停車。念のため強制排気装置を動かし、列車を待避所がある吉岡海底駅まで動かして止まらせた。

乗客は慌てることなく、臨時停車をこれ幸いとトンネル内部の写真を撮る人もいたという。結果的に列車に異常はなく、同列車は38分遅れて函館に到着。これにより、折り返し運転の列車が遅れるなどダイヤが乱れた。JRは「訓練と違って本番の列車は暖房などで温度が上がり、検知器が作動した。温度設定を調節する」と説明した。

青函博覧会で〝最後の最後〟

トンネル・フィーバーは盛り上がる一方だった。これを機に地元の活性化を図ろうと、函館、青森両市で準備が進められていた青函トンネル開通記念博覧会（青函博）が7月9日始まった。「新たな交流と発展―北の飛躍を目指して」をテーマに、9月18日までのロングランだ。

函館、青森ともアイデア合戦となり、函館側は青函トンネルを輪切りにした実物大の模型を製作し、着工から完成までの工事を再現。青森側は青森観光物産館（アスパム）を中心に青森の過去、現在、未来を映像と模型で描くなど、協力しつつ競い合った。

とびっきりの目玉企画は、いったん役目を終えた青函連絡船の再登場だった。JR北海道、北海道と地元自治体が合意したもので、青函博より一足早く、道主催の「世界・食の祭典」開幕日に合わせて、6月3日から十和田丸と羊蹄丸が1日2往復の臨時運航をすることになった。当初は空席が目立ったが、夏休みに入ると連絡船とトンネルを組み合わせる観光客が増え、再びブームが沸き起こった。羊蹄丸は函館港で、十和田丸は青森港で洋上ホテルとしても活用された。

連絡船（右）を見ながら続々入場する観光客ら＝1988年7月

結果は6月3日からの108日間で、連絡船には22万人余が乗船。ただ、3月のお別れフィーバーには程遠く、すでに連絡船の時代は過去になったことを印象付けた。函館発の最終便は十和田丸、青森からの最終便は羊蹄丸で、それぞれセレモニーが行われたが、見送りや出迎えはJR社員の姿が目立った。

トワイライトエクスプレス登場

海峡線が軌道に乗り、JR発足1年の1988年4

月1日、JR北海道函館支店は函館支社になった。7月1日には函館―札幌間に夜行の快速気動車列車ミッドナイトの運行が始まる。これは普通切符で乗車でき、夜間を効率よく利用できる〝昭和型〟の夜行列車だった。とくに格安の青春18きっぷを手にした若い旅行者が愛用し、毎日移動しながら列車を撮影する鉄道ファンにとってもありがたかった。

　年が明け、1989年1月8日、元号が平成に変わった。4月1日には初めて消費税3％が導入され、国鉄運賃も改定された。青函トンネルを通過する列車として同年7月21日から札幌―上野間に新たに臨時寝台特急エルムを運転。これは北斗星の人気があまりに高く、多客時の補完が必要になったためで、すべて開放型B寝台という手軽さが受けた。

　エルムと同日、札幌―大阪間を1日近くかけて結ぶ豪華寝台特急トワイライトエクスプレスが登場する。編成はJR西日本の所有で、先端1号車スロネフ25形501～503号はスイート／ロイヤル車とし、「まるでホテル」がうたい文句となった。ダイナープレヤスと名付けられた食堂車のディナーもたちまち人気

大阪行きの上り特急トワイライトエクスプレス。DD51重連に引かれ、砂原線を函館に向かう＝2007年6月

の的になった。

札幌からの上りは洞爺を出ると次に営業停車するのは新潟県の新津。この間約780キロ。途中、青森、秋田などに運転停車はするが、夜間約12時間かけて青函トンネル、奥羽本線、羽越本線を一気にたどる道のりだ。

ただ、トワイライトが函館駅に乗り入れることはなかった。一つ手前の五稜郭に停車して機関車と乗務員を交代させるだけで、函館の人は駅から乗ることができない。それではと、札幌まで特急で行き、始発札幌からトワイライトエクスプレスに乗り直して楽しむファンもいた。

五稜郭駅で行われる機関車交代は鉄道ファンにとっては貴重なシーン。停車するのは下りが早朝、上りは夕暮れ時で、夏期を除いて暗く、撮影は難しい条件となる。そこで素早く駆け付けようと、五稜郭駅そばの小さなホテルが宿泊場所としてファンの間で人気となった。

海底駅が人気、映画祭も

このように青函トンネル開業は再び函館の鉄道を活気づけた。函館支社管内の1988年度の鉄道輸送量は8億人キロと、開業前の前年度に比べてほぼ倍増した。これは青函連絡船の分を吸収したこともあるが、函館がトンネル効果をてこに巻き返しを図ったことを意味しよう。

青函トンネルの駅で人気を博したのは吉岡、竜飛両海底駅である。吉岡海底駅では海底下145メートルの地点にメッセージや手形をかたどったアートメモリアルボードを貼り付けた。結婚や誕生、旅行の一生の思い出に、と多くの人からボードが寄せられた。

竜飛海底駅には青函トンネル記念館が作られ、1990年7月23日、天皇皇后両陛下が視察された。ここには地上と体験坑道を結ぶ778メートルの日本一短い鉄道がある。

同年10月19日には竜飛海底駅の見学者が早くも10万人を突破した。これを見ても、トンネル完成は全国的にインパクトがあるイベントだったことが分かる。

1991年2月にはトンネル開業3周年を記念して青函トンネルウォークを実施。これには外国人を含む373人が参加し、斜坑を含む海底下を25キロに渡って見学しながら歩き切った。

1994年3月には吉岡海底駅で海峡映画祭を開催するなど、青函トンネルは単なる鉄道施設ではなく、多彩な催しを展開する特別な場所として活用されるようになった。

ブームはいいが、脱線気味のハプニングも起きた。1997年9月、函館から青森に向けて回送中の列車の運転士が、青森口手前8キロの地点で軌道に平行した巡回用通路に男3人がしゃがんでいるのに気づき、通報した。

青森県警蟹田署の署員が現場に向かったところ、発見場所から5キロ函館寄りの竜飛海底駅で、3人を発見、鉄道営業法違反（鉄道地内への立ち入り）の現行犯で逮捕した。いずれも本州の大学生で、好奇心からなのか、トンネル内を歩いて北海道に渡ろうとしたという。みっちり油を搾られたに違いない。

吉岡海底駅の開業初日は満員の見学者でにぎわった＝1988年3月

140キロ運転実施

本筋の列車の話に戻ると、トンネル運転の習熟とともにスピードアップが図られた。1991年3月16日のダイヤ改正で、函館―盛岡間の特急はつかりが140キロ運転を実現した。

これは当時の在来線の最高速度で、はつかりに使っている485系車両の性能が優れているのと、青函トンネルの線路が北海道新幹線の規格で作られたことから可能になった。ただ、この段階ではまだ下り坂を走っている時だけで、上り坂で140キロは出せなかった。どちらも140キロで走るのは後の789系スーパー白鳥の登場を待つことになる。

1993年3月13日は青函トンネル開業5周年に当たった。5年間の利用者は1407万人に達し、まだまだ根強い人気があることを示した。当時の函館駅に初めてエスカレーターが設置されたのもこの日だった。

同年7月12日夜、奥尻島北方沖の日本海海底を震源地とするマグニチュード7・8の地震が発生。奥尻島が津波に襲われ、火災が発生するなど大きな被害を受けた。最終的に死者202人、行方不明者28人と記録されている。函館・道南の鉄道も大きな被害を受けた。

函館本線函館―蘭越間、海峡線五稜郭―知内間、江差線木古内―江差間、室蘭本線静狩―長万部間が不通となって、大混乱をきたした。揺れが強かった場所はレールがまくらぎから外れて波を打ち、電化区間では電柱がバタバタ倒れた。

特急はつかり時代に青函トンネル内で在来線最速の140キロ運転を実現した485系。写真は特急白鳥時代＝2009年3月

JRは関連グループを総動員し、復旧工事に当たった結果、14日には函館―札幌間の特急北斗の運転開始にこぎつけた。海峡線も15日には応急手当てが終わり、本州側との連絡も復活。この地震で青函トンネルは問題なかった。これは震源地から離れていたほか、掘削工事の際、周辺の地盤に特殊なコンクリートを打ちつけてあることも幸いしたと言われている。

函館―札幌、3時間の壁破る

1994年3月1日は函館にとって画期的なダイヤ改正となった。函館―札幌間に従来の特急北斗をはるかにしのぐ、スーパー北斗が登場。JR北海道の技術陣が開発したキハ281系と呼ばれる振り子式気動車の特性を生かし、青函トンネル内を除けば当時の在来線最速の130キロ運転を可能にした。

キハ281系の開発はJR北海道の技術力をいかんなく発揮したプロジェクトだった。振り子式特急用気動車はすでにJR四国で実用化されていたが、同社が採用したコロ式の振り子装置は可動部が剥き出しで、雪が降る北海道では故障の原因になる。そこでJR北海道は蛇腹で覆うリニア式で実験に入った。

しかし、函館―札幌間で夜間試験運転中、7両の試験車両のうち1両が傾いたまま動かなくなる事態が発生。これはリニアガイド内に結露が発生し、それが凍結したのが原因と分かった。これを克服するため、隙間にグリースを100％充填するアイデアが出され、実用化にこぎつけた。

281系の運行で函館―札幌間の所要時間は下り15号、上り2号がともに2時間59分と、ついに3時間の壁を破り、札幌がより身近な日帰り圏になった。従来の特急北斗の最速は3時間29分だった。1906年、函館―札幌間に直通列車が走ったときは12時間を要していたので、88年間の歳月を経て4分の1に短縮したことになる。

281系は貫通式ながら運転台は高い位置にある。JR北海道の独自デザインで、形態から「げんこつタイプ」と呼ばれるようになった。これは見通しをよくするのと、万が一の事故に備え、最先端で仕事をする

北海道を代表する特急気動車281系による函館行きスーパー北斗。森からの上り勾配も難なく上って行く＝2015年7月

運転士の安全も考慮したためだ。

同時に少しでも客席を多く確保するため、客用自動扉を先端部にも取り付け、運転士もその扉から出入りさせる方式を採用した。それまで運転士のドアは独立させていたが、その常識を破った設計だった。乗り心地も向上し、噴火湾をイメージしたブルー主体のカラー、スピード感あふれるデザインも相まって人気の的となった。

また、先頭車の貫通路のスペースが解放されており、乗客が自由に出入りでき、前面に広がるパノラマを楽しむことができた。一般の方は興味ないだろうが、ここに立つと、カーブで傾きながら滑らかに走るのが実感できた。その後、立ち入りが禁止されたのは、安全上の措置とはいえ、ファンには残念なことだった。

ともあれ、青函トンネル内の140キロ運転とスーパー北斗の130キロ運転で、在来線ではギリギリの高速時代に入った。函館─札幌間の特急は3往復増の11往復に。同時に、スーパー北斗、北斗のグリーン席を禁煙にした。今では全車禁煙が常識だが、当時は車内で喫煙が許され、長距離列車は煙が車内に充満していた。ただ、この時、運賃の算定基準の変更で函館─札幌間が510円上がり、乗客からは「スピードと引き換えに値上げするの」との不満も出た。

カーペットやカラオケ車も

スーパー北斗は1997年3月22日のダイヤ改正で5往復から6往復に拡大する。一方で、スピードだけでなく、より旅行を楽しくゆっくり過ごすユニークな車両も登場した。同時に夜行急行はまなすと快速海峡にカーペット車が組み込まれることになった。「のびのびカーペット」と名付け、寝転んで手足を伸ばせる言わば升席の車両版だ。はまなすの方は上下2段式だった。

筆者もはまなすのカーペットカーに一度乗ったことがある。1人ずつ横になり、顔はカバーで隠れるようになっている。隣人との間にはカーテンがあり、一応プライバシーは守られる。

寝台車のベッドより広いし、まして座席車よりはずっとくつろげる。青函連絡船のカーペット席にヒントを得たもので、かつて連絡船が運航していた函館ならではのアイデアだ。

また、4月26日から海峡6号、11号に当時、人気急上昇していたカラオケを楽しめる車両が仲間入りした。従来の車両をカラオケルームカーに改造したオハフ50形1050号という車両で、カラオケ列車は全国で初めての試み。内部にカラオケボックスそっくりの5人部屋、8人部屋を2室ずつ計4室作り、ソファも置いた。

運賃のほかに5人部屋3000円、8人部屋4800円の別料金が必要だった。2530曲をそろえ、3ヵ月ごとに新曲を加えるきめ細かさをアピール。初日は4室とも予約が入り、満席で発車となった。

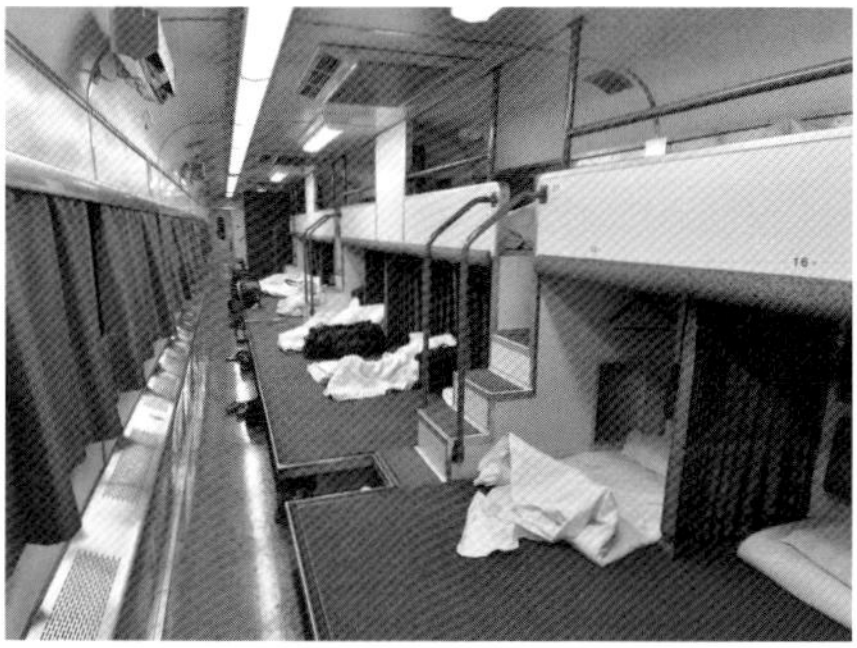
急行はまなすに連結されているカーペット車。青森—札幌間をゆっくり過ごせる＝2014年11月

青い車体にはご丁寧に「KARAOKE」のロゴが大書され、マイク、ピアノ、五線譜のイラストも描かれ、一目でそれと分かる車両だった。青函トンネルといっても中に入れば暗いだけだから、「お好きな曲を歌って気を紛らして」とのサービスだろうが、残念ながらあまり長続きしなかった。

また、1997年7月19日、「サイクル駒ヶ岳号」が登場。これは車内の座席を外し、車輪止めを取り付けた気動車に自転車を積み込み、大沼公園でサイクリングを楽しめる趣旨だ。初日は函館から満杯の22台の自転車と所有者を乗せて出発。夏の間、週末、祝日には森まで運転し、多くの若者をひき付けた。

翌1998年7月18日には関西からオートバイ11台を乗せた「日本海モトとレール」の初便が到着。マニ50形という荷物車を改造し、オートバイの積載を可能にした。運転者は別の寝台車で休憩できる。大阪―函館間の寝台特急日本海1号、4号に連結され、あこがれの北海道でツーリングを楽しむライダーに愛された。

もう1本、函館―上野間の「モトトレイン」も同25

日にスタート。この2本の列車、その目的は同じだが、ネーミングが微妙に違う。それはこんな理由からだそうだ。

運転開始に当たり、大阪から「モトトレインでは『(投資の)元を取れん』と聞こえるのでよろしくない」と異論が出て、大阪だけ「元を取れる」ことを願って「モトとレール」と命名したのだとか。ネットから拾った逸話だが、なるほど、いかにも大阪人らしい発想だ。

さらに1999年7月1日からリゾートスタイルの気動車による「マウント・レイク大沼号」も。緑色の車体がいかにも自然あふれる大沼、駒ヶ岳にふさわしかった。函館から大沼経由で森まで行き、帰りは砂原線経由でカムバック。後に冬期間、名前を逆さにした快速「大沼マウントレイク号」も運転されたが、こちらは函館―大沼往復だった。

トンネルブームに陰り

ただ、青函トンネルを起爆剤としたブームはいつまでも続かない。函館と青森の利用客は1988年度に年間295万人を記録したものの、間もなく200万人を割り込み、さらに2000年度には144万人と、開業時の半分に落ち込んだ。これは周辺人口の減少と航空機のシェアが上がったことによる。

だが、JR北海道も矢継ぎ早に手を打ち、挽回に努めた。開業10年記念の1998年には子供に人気のドラえもんに着目し、ドラえもんやのび太を車体に描いた快速海峡によるドラえもん海底列車を運行。吉岡海底駅にはアッと驚くドラえもん広場を作り、ドラえもん、のび太、ジャイアンの着ぐるみが登場し、子供たちを夢の世界に誘った。これは大当たりし、2002年まで毎年5万人の客を集めた。

出発セレモニーの後、函館駅始発の「ドラえもん海底列車」に乗り込む乗客＝2001年

DD51が主力機関車に

1975年にSLが全滅したあと、寝台特急や急行はまなすを含め、旅客、貨物列車を引き継いだのは万能型ディーゼル機関車DD51である。1962年から1978年までに649両が製造された。旅客、貨物両用で全国のSLに取って代わり、縦横無尽の大活躍。北海道では国鉄の分割民営化のときに、JR北海道とJR貨物に振り分けられ、それぞれ函館・道南でなじみの機関車となった。

DD51の車体色は、だいだい色に白線が入っていた。しかし、青函トンネルが開業し、北斗星が登場して約3ヵ月後の7月9日、ブルートレインのけん引機にふさわしく、同じ色に新装なったDD51が登場した。

北斗星は12両編成と長く、重量もあることから、函館―札幌間約320キロを通し、重連による全力運転が繰り広げられる。その迫力はたちまちファンの心をつかみ、機関車から客車までブルーで統一された北斗星は動画や写真の絶好の被写体となった。

このブルーのDD51は急行はまなすや、その後登場

SLに代わり、主力機となったDD51がコンテナ貨物を引いて五稜郭操車場を出発して行く

北海道に入って朝を迎え、函館から折り返して五稜郭を通過する特急北斗星＝2015年5月

したトワイライトエクスプレスやカシオペアもけん引した。筆者もその魅力に取りつかれた1人で、各地でＤＤ51の姿を追った。とりわけ真冬、雪をかぶったヘッドマークを付けて、凍原を疾走するＤＤ51は掛け値なしに格好がいい。

札幌―東室蘭は電化区間で線路端に電柱が立ち並び、架線もあって写真が撮りづらい面があるが、東室蘭―五稜郭は架線がなく（２０１５年には北海道新幹線のシャトル電車のため、五稜郭―渡島大野も電化された）、すっきりした写真を撮ることができた。電車ほど速くはなく、しかも大きな音を立てて接近してくるので、ＳＬを撮るときのような醍醐味があった。

函館駅での機関車交代

ＤＤ51はどこで撮っても絵になるが、函館駅での発着シーンも見ごたえがあった。北斗星でいえば午前6時過ぎ、夏ならすっかり太陽が上がるころ、海側の函館運輸所から重連のＤＤ51が待機線に出てくる。強力なエンジン音が「ガン、ガン、ガン、ガン」と朝の静

函館駅に到着した下り北斗星の後部に札幌までのDD51重連が連結される＝2008年5月

けさを破る。札幌まで4時間半ほどの道程を一気に走り抜くための序奏だ。

8番ホームで待っていると、ＥＤ79電気機関車に引かれ、海峡線を走ってきた北斗星がゆっくりと入線。停車すると、ＤＤ51の連結作業を一目見ようと、乗車中のファンがホームを競うように駆けてくる。

列車の向きが変わるため、これまでの最後部から最前部になる電源車に、待機していたＤＤ51重連が近づいてくる。前部デッキに乗った操車掛が青い旗を微妙に振りながら、運転士にブレーキのタイミングを知らせる。直前でいったん停止して、ゆっくりと連結。「ガチャン」と小気味よい音が響く。カメラのシャッターがバシャ、バシャと無数に切られる瞬間だ。

運転士はいったん下車して先頭になる機関車に移り、出発を待つ。緊張が高まる場面だ。ホームの人影が車内に消え、出発信号が青に変わった。発車合図が出ると、ＤＤ51は「ピーッ」と甲高い汽笛を一声。北斗星はゆっくりと加速し、ホームを離れて行く。スピードを競うような電車とは違って、機関車が引く客車編成ならではの風格ある出発光景だった。

函館で特急北斗星を引き継いだDD51重連は雪降る中を力走する＝2014年12月

第7章 旅づくり、多彩に

江差線湯ノ岱では江差までの安全を約束するスタフ（中央）を受け渡ししていた＝2008年9月

3本目の華、カシオペア

青函トンネル開業後、札幌―上野間に毎日運行の北斗星と、札幌―大阪間の臨時トワイライトエクスプレスが豪華寝台特急として人気を集めた。そこに1999年7月16日、札幌―上野間に〝3本目の華〟ともいえる臨時カシオペアが参入し、注目度をいっそう高めた。

12両編成の車両はJR東日本の所有で、先行の両列車をさらにグレードアップ。外観は銀色を基調に仕上げられ、全室2人用個室が用意された。先端の1両はカシオペアスイートとし、明るいグレーを基調とした落ち着いた作りで、3面窓から現前に広がる景色を思う存分楽しめる。もう一方の先端車両は大きな窓に囲まれ、回転できるソファが配置されたラウンジカーだ。

運転に先立って、同年5月から真新しい車両を使って海峡線で走行試験を実施。札幌―函館間のけん引はブルーのDD51重連で、函館―青森間は赤いED79、青森―上野は当初EF81、2016年3月現在は客車と同じ色彩のEF510が受け持っている。

また、これほどの花形列車ではないが、地元観光を盛り上げるため、同年7月1日からキハ82系を改良したリゾート列車を使って、マウント・レイク大沼号とナイトクルーズ漁火号を運転。夏の行楽客に人気を博した。

カシオペアのラウンジカーで函館駅での電気機関車連結を見守る乗客＝2015年8月

安全施設としては函館―五稜郭間にあり、列車や車の通行が多い万代町踏切が1999年4月1日午前0時に完全自動化された。以前は列車が来ると踏切横に併設されている詰所から警手が出てきて、「ピーッ」と笛を鳴らし、ハンドルをぐるぐる回して遮断機を下ろしていた。函館本線の列車本数増加に対応し、安全性を高める措置だった。

同じ日には、北海道警函館方面本部鉄道警察隊に初の女性隊員2人が配置され、「女性の被害相談所」もスタート。女性が駅や車内で事件、事故に遭わないよう監視を強化するとともに、被害者への対応を迅速化した。

　乗客サービスの向上も図られた。列車と自動車のコンビネーションを図るため、函館、五稜郭両駅のパーク&トレインの駐車場をそれぞれ拡大。12月１日には函館が１０４台、五稜郭が60台に増車された。12月11日には函館駅に自動改札機６台がお目見えした。初めは戸惑う客も見られたが、改札の混雑防止に威力を発揮。また、１９９９年から２０００年に移行する際のコンピューターの誤作動防止のため、函館支社内に「西暦２０００年問題危機管理対策本部」が設置された。

有珠山噴火で救援列車

　民間鉄道会社として多彩な列車運転や安全対策を広げる中、ミレニアムイヤーの２０００年春、函館・道南の鉄道を揺るがす災害が発生する。３月31日午後１時７分、数日前から火山性地震が続いていた有珠山が噴火し、次々と爆音を発して大地を揺るがし始めたのだ。

　有珠山は室蘭本線から目と鼻の先にあり、いつもは若干の煙を上げる程度で、小規模火山の景観を楽しめる。しかし、そんな観光気分はいっぺんに吹き飛んだ。

　ＪＲ北海道は27日の火山性地震発生後、安全確保のため室蘭本線の旅客、貨物列車を運休させ、函館―札幌間の特急北斗については、長万部と札幌の間で函館本線（山線＝小樽経由）を使って迂回する措置を取っていた。

　31日の噴火直後、直ちに最大規模の対策に着手。午後２時41分に森駅を発車したばかりの函館発、小樽経

北海道からカシオペアの旅行を楽しんで上野駅に下り立つ乗客。世代を超えて愛された＝2015年8月

カシオペアのダイニングカーは食事が終わると予約不要のパブタイムになる。夜が更けて会話が弾む＝2015年8月

有珠山噴火の地殻変動でぐんにゃりと曲がったJR室蘭本線＝2000年4月

由、札幌行きの臨時特急（8両編成）の運転を長万部で打ち切り、乗客をバス代行に移したうえ、同列車を急きょ、有珠山に近い豊浦に向かわせた。豊浦、洞爺両駅から地元住民を長万部に避難させるためだ。救い出されたのは１３３人に達した。

さらにもう１本、別の救援特急を仕立てて、乗り切れなかった人たち全員を乗せて長万部に輸送。現地に向かう列車の運転士は「一刻も早く迎えに行きたい」と気持ちを焦らす一方、安全確保のため設定された時速45キロ制限を保つのにいつになく緊張したという。

山線経由で危機しのぐ

噴火がいつまで続くのか、専門家も見通せない状況が続く。洞爺付近の線路は激しい揺れで、あめのようにぐにゃりと曲がった。このままでは函館と道内全域を結ぶ大動脈が長期間寸断されることになる。事実、ＪＲ貨物の輸送量は３月30日に室蘭本線が不通になってから平常時の12・５％に下落。４月３日までにＪＲ貨物は７億５０００万円の減収、同じくＪＲ北海道は１億２０００万円の減収となっていた。

３日から一部ローカル列車の運転を再開したものの、長距離列車再開のめどは全く立てられない。このため、山線経由の迂回運転を徐々に増やし、普段は乗り入れない乗務員の運転訓練も行い、急ごしらえで態勢を整えた。

もともと函館本線の山線は１９０５年に函館―小樽間が全通後、本州と北海道内陸部を結ぶ最重要幹線の位置を占めてきたが、１９６１年に運転開始した特急おおぞらが室蘭本線経由となって以降、山線周辺の人口が減ったこともあり、ローカル化の一途をたどっていた。1967年に山線経由の特急北海が誕生したものの、それも利用者が少なく、1986年11月には運行をやめていた。

こうした状況から上目名駅が廃止されたほか、不要となった行き合い線の撤去が相次ぎ、今さら列車を走らせても容易に交換できない状態。ATS（列車自動停止装置）もローカル列車に対応するだけの限定的な設備になっていた。

本格的な迂回運転をするには、こうした安全設備を万全にする必要がある。このため、直ちに必要な改良工事に着手。4月7日には全駅・全区間の信号機を30分間使用停止し、倶知安駅にある運行表示装置に迂回列車のダイヤを入れ込む作業を行った。

また、長万部駅構内に仮設の貨物専用ホームを突貫工事で作り上げ、目名駅には、かつてあった行き合い設備を復活させた。結果的に使用することはなかったが、長期化に対応するために万全の体制を取った。線路保守に当たる保線区は「マルタイ」（マルチプルタイタンパーの略）と呼ばれる道床を突き固める車両6両を使って、線路強化と乗り心地確保に当たった。

4月5日以降は函館―札幌間の臨時特急北斗12本のほか寝台特急北斗星など合計18本、貨物列車は10本が山線経由となった。迂回列車の番号には迂回の「う」を頭に付け、例えば下り寝台特急カシオペアは「う8009列車」などとした。有珠噴火の結果、函館本線は一時的にせよ、かつての黄金時代の輝きを取り戻したような路線に復活した。

5月5日以降は旅客列車の輸送力は平常に比べてほぼ7割に、貨物列車は4割強にまで回復した。噴火による幹線の長期迂回運転というJR北海道にとって初めての試練は、6月8日の室蘭本線全日運転再開をもって71日ぶりに正常化される。同日未明、洞爺駅に臨時停車した青森発札幌行き急行はまなすが安全確認をしながら札幌に向かった。これにより、函館本線の山線は迂回路線の役割を終え、再び静かなローカル線に戻った。

SL運転、ハイカラに

カシオペアなど寝台特急の華やかさが目を引く一方

SL函館大沼号の出発式は記念写真を撮ろうと大賑わい。松原光雄駅長（左、当時）も大サービスしていた＝2008年4月

で、２００１年4月28日、昔ながらの蒸気機関車が引くＳＬ函館大沼号がスタート。「地元密着の観光に役立てよう」と函館や沿線の自治体も後押しした。

機関車はＣ１１１７１で、１９５０～70年代に木古内や長万部に配属されていたことがあり、古巣にカムバックした形だ。長万部のあと、道東の標津線（廃止）を走り、廃車後は標茶町で保存展示されていた。状態が良かったため、ＪＲ北海道が手をかけて再び命を吹き込み、１９９９年から留萌本線のＳＬすずらん号で復活していた。

函館・道南にＳＬが走るのは１９７４年6月に瀬棚線のＣ11が廃止されて以来、27年ぶりとなる。まさに奇跡と言える復活劇だった。カフェカーを含む4両の復古調の客車を引き、函館から大沼、駒ヶ岳を通り、噴火湾に面した森まで走る。帰りはバック運転で砂原線を回り、函館に戻ってくる、駒ヶ岳1周ルートだ。

同号の出発式には井上博司市長（当時）ら関係者が出席。幕末の五稜郭戦争時代の祝砲を打ち上げ、鹿鳴館時代のドレス姿の女性が記念写真に納まるなど、歴史を大切に守り、ハイカラな街にふさわしい盛り上がりとなった。

この日、函館海洋気象台は五稜郭公園の桜、ソメイヨシノの開花を宣言。満席の216人は久しぶりに聞くSLの汽笛や「シュッ、シュッ、ポッ、ポッ」という走行音を聞きながら、春の訪れを満喫した。

この列車には筆者も何度か乗車したほか、大沼、駒ヶ岳、森に先回りし、同列車を撮影したことがある。大沼駅はホームが1本しかない駅だが、停車中はファンがあふれるほどの賑わいとなった。SLを初めて目にし、その旅に夢中になる子供たちも多い。いつの時代でもSLは子供に人気者だ。これ乗りたさに本州から駆け付けるファンもいて、お土産品が飛ぶように売れた。

仁山経由のSL復活

SL函館大沼号スタート2年目の2002年は、第1章で紹介したように、函館—本郷（現・渡島大野）に道南初の鉄道が開通して100周年の節目に当たった。

このため、函館支社にプロジェクトチームを設置。様々な記念企画を展開し、6月28日にSL函館大沼号のC11重連運転を実現したほか、7月10日にはSL函館本郷号と名を変えて、1日だけ函館—本郷間を無料運行した。

午前10時40分の函館出発の際、隣接するシーポートプラザに保存されている旧青函連絡船、摩周丸が汽笛を発し、それを合図に発車する〝サプライズ〟も演出。機関車前部のヘッドマークは「SL 函館本郷号100」とし、車両の行き先表示板は渡島大野ではなく、わざわざ「本郷」とする念の入れようだった。

渡島大野に到着すると、駅では味自慢の地元野菜の即売会を実施。同駅で40年勤務した元駅員が一日駅長を務め、昔のSL列車に乗ったことのある人たちは「懐かしいね」と沸いた。帰りは逆向き運転で函館に戻った。

本来のSL函館大沼号に話を戻すと、同列車は函館出発後、七飯から藤城線経由で大沼に抜ける通常の下り線ルートを取っていた。これはこれで景色も良く、沿線にはカメラの放列ができた。しかし、ファンの間

SL函館大沼号が仁山経由となり、本番前の試運転が行われた。右奥が現在も残る加速線＝2009年4月

から「せっかくだから、かつての仁山越えを再現させてほしい」との声が起きた。そこで、２００９年の運行からあえて勾配がきつい渡島大野、仁山経由が実現することになった。ＪＲ函館支社の粋な計らいだった。

当時、函館勤務で、〝仁山経由運動〟にこっそり１枚かんでいた筆者も、実現すると早速仁山駅に出かけ、渡島大野から煙を吐きながら上って来るＣ11を撮影した。ＳＬの仁山越えは実に43年ぶり。Ｃ62が引く急行列車やＤ51、Ｄ52の迫力には及ばないが、それでも１０００分の20の急勾配を懸命に上る姿は、これぞＳＬという力強さである。

乗車したときは最後尾の緩急車に陣取り、窓を開けて望遠レンズで前方のＳＬを撮る。七飯駅ホームでは小笠原憲生ＪＲ北海道函館支社長（当時）が制服姿で列車の安全走行を見守っていた。渡島大野を出るときは黒煙を上げ、右カーブの勾配を仁山に向かう。ＳＬ全盛時代を思わせるＣ11の走りっぷりに、私たちオールドファンは夢を見ているような感激を味わった。

正直なところ、仁山で停車して現存するスイッチバックの加速線に逆向きでいったん入り、そこで仕切り直して再び大沼に向かってほしかったが、それは贅沢というものだろう。

2009年は実は函館が1859年に貿易港として港を開いてから150周年の記念すべき年だった。「(イベリア半島の)ジブラルタルに匹敵する天然の良港」と太鼓判を押したのは、幕末に黒船を率いて函館を訪れた米国のマシュー・ペリー提督で、横浜と並ぶ開港はこれがきっかけとなった。

このため、函館ではペリーの再評価や五稜郭奉行所の復元工事など多彩な事業が目白押し。SL函館大沼号の機関車のヘッドマークには「祝 開港150周年」のロゴが入れられ、函館の歴史ドラマを強烈にアピールする一翼を担った。

語りつぐ摩周丸、八甲田丸

ここでシーポートプラザの摩周丸について触れておこう。同船は1965年6月に就航。津軽丸形の8327トン(その後の規程改正で5363トンに)で定員1200人、貨車(ワム換算)48両を積載でき

函館港に保存展示されている摩周丸。今にも出港しそうな趣だ＝2012年9月

た。１９８４年３月３日、航海中に船員居住区廊下で火災が発生し、一等航海士ら３人が死亡する事故が起きたこともある。１９８８年３月13日の青函連絡船最後の日には青森午後３時発の５便をもって役目を終えた。

その夏、開催された青函博では、洋上復活はしなかったが、函館会場に展示された。翌１９８９年７月、ＪＲ北海道、函館市、地元財界などで作る第３セクター、株式会社函館シーポートプラザが購入し、展示船への改造を行なった。１９９１年４月には同プラザが運営するショッピングモール「ピア（桟橋）マーケット」とともに「メモリアルシップ摩周丸」として一般公開が始まった。

その後、同プラザが経営難に陥り、２００２年に函館市が船体を買い取ることになり、改修工事を行って２００３年４月に「青函連絡船記念館摩周丸」として再開業。２００８年４月からは特定非営利活動団体「語りつぐ青函連絡船の会」（木村一郎理事長）が函館市の指定管理者となり、現在、展示公開されている。

２０１１年、摩周丸は日本の機械の発展に寄与した功績で、日本機械学会から機械遺産44号に指定された。

船内は有料で自由に見学ができ、２０１５年６月30日には船内で「思い出は文化財に―函館の海に輝く宝石」をテーマに就航50周年を記念するイベントがあり、シンポジウムや模擬出港、摩周丸の歌「心の宝物」の披露などが行われた。

この時は筆者も訪れて乗組員ＯＢによる出港時のアナウンスやドラの再現、元船長千葉辰見氏を中心とする模擬操船を見学したが、「ちょうせい、いっぽーつ（長声一発）」、「レッコー・ショア・ライン（出港、ワイヤ揚げ）」、「オール・クリア・サー」など、現役時代を彷彿させる張りのある声で操船を再現した。

「レッコー」はレッツ・ゴーを略した表現で、船内

船体が白と黄色の八甲田丸は青森港に保存展示されている＝2013年2月

では伝統的な指示の仕方。それを受けた航海士が応答するときは、船長に敬意を表して「サー」を付けていた。一連のやり取りはまるで摩周丸が本当に港を離れた錯覚に陥るほど見事な出来栄えだった。

一方、青森港にはかつての僚船、八甲田丸がこちらもメモリアルシップとして開放されている。特定非営利活動法人あおもりみなとクラブが管理運営をし、車両甲板では気動車特急キハ82形や郵便荷物合造車スユニ50形などを見ることができる。八甲田丸も摩周丸と同時に機械遺産に指定された。

筆者は摩周丸、八甲田丸どちらも見学し、行き届いた展示にいつも感心しているが、函館と青森という、北海道と本州の窓口になった両港に、動かないまでも青函連絡船の姿がいつまでもあって、連絡船80年の歴史を伝えてほしいと願っている。

消えた函館駅0番線

2001年、戦時中から親しまれてきた函館駅舎に替えて新駅舎を建設することになり、8月に2003年の完成を目指して新駅舎安全祈願祭が行われた。その1ヵ月後、一番駅舎に近い位置にあった0（ゼロ）番線がひっそりと歴史を閉じた。筆者が物心ついて函館駅で乗り降りするようになったとき、この0番線はすでにあり、よく利用した。

当時は0番線という名称は他駅にもあったが、「ホームが足りなくなって作ったのだろう」程度にしか思っていなかった。それが第4章で触れたように、戦後間もなく、進駐軍専用列車を留め置くために新設された、と後で知った。そのホームが駅の新築に伴って廃止されるのは、函館駅におけるひとつの戦後の終りだったのかもしれない。

実はこの0番線、ローカル列車専用とはいえ、1974年には1日に発着する旅客列車が27本、利用者は6000人を数えるほど賑わっていた。しかし、このホームだけ屋根がないため、「雨にぬれる」と乗客からすこぶる評判が悪い。そこで1975年3月に屋根を取り付けてサービス改善を図った経緯があった。

スーパー白鳥、八戸へ

２００２年12月1日のダイヤ改正では、函館─青森間で一段とスピードアップが図られた。東北新幹線が八戸まで延伸したのを機に、快速海峡を廃止し、函館─八戸間に特急スーパー白鳥と特急白鳥を新設。スーパー白鳥はＪＲ北海道の新鋭電車７８９系で４往復。白鳥はＪＲ東日本の４８５系で、快速海峡と同じ５往復とされた。

スーパー白鳥は函館─八戸を最速2時間50分台で結び、函館を午前7時発のスーパー白鳥10号に乗り、八戸で東北新幹線はやてに乗り換えれば、東京に午後１時８分に到着する。これにより、函館─東京間は１時間17分短縮された。

ＪＲ北海道はこれを契機に道内から東京ディズニーランドや青森・古牧温泉などの旅行商品を強化。道内旅行会社も「スーパー白鳥効果を観光客誘致の起爆剤にしたい」とアイデアを練った。ＪＲ北海道の坂本眞一社長（当時）は「北海道新幹線実現のためにも、陸路での人の流れを止めてはいけない」と意気込みを語った。

スーパー白鳥には筆者も何度か乗った。カーブと勾配が多い江差線はそれほど速度を出せないが、木古内を過ぎ、青函トンネルに入るころになると高速走行に入る。当時はまだ自由に出入りできた先頭車の運転台下で前方を見ていると、青函トンネルに一直線に吸い込まれるようだった。

下り坂を一気に海底へ。最深部を過ぎると、今度は上りだ。モーターの唸る音が一段と高くなり、１４０キロを維持しながら出口に向かう。前方上に微かに光が見えてくると、それがぐんぐん大きくなり、パーッと目の前が広がると本州口だ。トンネル通過時間はわずか24分ほど。青森からスイッチバックして八戸へ。在来線ながら、わずか3時間前後で到着するのは画期的だった。

前述したように１９９１年3月のダイヤ改正で特急はつかりが１４０キロ運転を実現していが、それは下り勾配だけで、スーパー白鳥になって初めて上り勾配も１４０キロ運転となった。

高速運転が可能なのは、トンネル内はほぼ直線で、

青函トンネル内で上り勾配でも140キロ運転を行ったスーパー白鳥＝2015年7月

路盤が強固なことと、その上に52・6キロに及ぶスーパーロングレールを敷設しているからだ。同レールは1本のレールを現場で溶接したもので、一定の温度、湿度が保たれる青函トンネルだから可能になった。

役割終えた海峡号

このダイヤ改正では一方で、青函トンネル開業時から連絡船に替わって函館―青森間を結んだ客車の快速海峡が前日の２００２年11月30日、役目を終え廃止された。快速海峡は同区間を特急券無しで乗れる唯一の実質的な普通列車。海底駅で見学のため停車したり、あるいはドラえもんのキャラクターを車体に描いたり、青函トンネルのＰＲに活躍した列車だった。

同日夜、函館駅で青森発の最終列車、海峡13号を迎

快速「海峡」の最終列車が函館に到着。多くのファンが見守るなか、運転士から函館駅長に「海峡」のヘッドマークが手渡された＝2002年11月

える「さよならセレモニー」が開かれた。午後11時過ぎ、12両のフル編成の列車が到着すると、14年間の働きをねぎらってヘッドマークが取り外された。わずか14年間の短命のパイオニアだった。

また同日、函館―札幌間の快速ミッドナイトも廃止された。快速海峡は青函トンネル開業と同日の3月13日、ミッドナイトは4ヵ月遅れの7月1日にそれぞれ運転開始したが、この2本で青森―函館―札幌を結ぶ兄弟列車のような仲だった。

ミッドナイトは当初、毎日運転の臨時列車だったが、このころは「青春18きっぷ」の販売期に合わせた文字通りの臨時列車となっていた。同きっぷは全国の普通列車乗り放題で、若者に人気だったが、両列車の同時廃止でせっかくの割引切符が使いづらくなったとの声が挙がった。

ローカルの主役キハ40

青春18きっぷと言えば、鉄道には必ず住民の足となる各駅停車が存在する。函館・道南の場合、電化区間が少ないので、主役は1両でも走行できる気動車だ。前述したように、戦前のガソリンカーから始まり、1960年代にキハ22形を中心に気動車が導入され、SLけん引の客車に取って代わった。

民営化後は函館運輸所のキハ40形が一手に引き受けてきた。同形は1980年前後に888両製作された量産車で、全国の非電化区間で多用されている。函館には2015年現在、30両が配置され、函館本線と江差線に使用。全車両がワンマン化改造を済ませている。そのうち9両は2016年3月に開業する道南いさり

キハ40の運転席。運転士は右手でブレーキを握っている＝2007年7月

国鉄時代から地味に活躍しているキハ40。ホームが板製の東山駅に到着する＝2015年6月

び鉄道に貸与される予定だ。

車体の色はもともと朱色の国鉄色だったが、今は白っぽいクリームにＪＲ北海道色の緑とラベンダー色の線を入れている。ちょっと地味だが、函館駅に行くと、いつも見かけることができ、地域の足としてフル回転。朝夕の混雑時は3両、4両と連結されて、なかなか迫力ある走りを見せてくれる。

国鉄時代の名残で、キハ40の窓は自由に開閉できる。夏、窓をいっぱい開けると、新鮮な外気が流れ込んでくる。重いエンジン音と相まって、ローカル線を走る楽しみを倍増させてくれる気動車だ。

お隣さんを実感

筆者は２００６年から3年間、函館勤務となった。高校卒業以来、37年ぶりの古里での生活である。鉄道で何より新鮮だったのは、特急を使えば隣の青森に2時間足らずで行けるようになったこと。下駄ばきで、ちょいと出かけるような感覚だ。札幌よりもずっと近い。列車内では津軽弁も多く聞かれ、青函トンネルが青函交流に果たす役割を実感した。

いくつか思い出があるが、２００７年春、さくらエクスプレスに乗って弘前の桜を見に行った。これはＪＲ北海道が改造したリゾート気動車、ノースレインボーを使った臨時列車である。先頭車2両はキハ１８３形、中間車3両のうち2両は同１８２形、1両はキサハ１８２形という編成。展望をよくするため床を高くし、中間のキサハは2階建て構造で、1階にはラウンジが設けられている。なかなか豪華な雰囲気だ。

気動車だから自力で走れるのだが、函館と青森の間はエンジンを切って電気機関車ＥＤ79に引っ張ってもらう。これは排気ガスを出す気動車は青函トンネルを走れないからで、まるで客車に乗っているようで静かだった。

青森に着くと機関車を解放し、今度は本来の気動車となって向きを変えて弘前

函館からの花見客を弘前に運び、人気を博した「さくらエクスプレス」

に向かう。弘前公園でたっぷり桜を見物し、ご機嫌になってまた青森からED79に引いてもらって帰ってきた。青森で乗り換える必要はなく、昔に比べて弘前が本当に近く思えた一日だった。

翌2008年春には角館に桜を見に行った。このときは北東北のフリー切符を買い、青森からJR東日本のレールを自在に乗り歩き、角館には奥羽本線鷹巣から秋田内陸縦貫鉄道を使って行った。

この鉄道は国鉄阿仁合線などを引き継いだ第三セクターで、「あきた♡美人ライン」と称して誠にサービスがいい。鉄橋に差し掛かった時、運転席後ろから写真を撮っていると、気づいた運転士さんが最徐行してくれた。角館の桜が満開だったこともあって、再訪したい鉄道だ。

2009年春には2度、北東北を訪れた。スーパー白鳥で八戸に行き、JR八戸線で久慈へ。ここで三陸鉄道北リアス線に乗り換え、田野畑、田老などを過ぎて宮古着。初めて乗った路線だったが、早春のリアス式海岸は険しくもある半面、豊かで美しかった。

この時、津軽鉄道、弘南鉄道など歴史があり、住民に親しまれている私鉄を40年ぶりに再訪した。「確か、弘前電鉄という私鉄もあったはず」と調べてみたら、1970年に弘南鉄道に経営権を譲渡し、今は弘南鉄道大鰐線になっていた。

JR線では山田線、釜石線、北上線、田沢湖線、五能線、花輪線（通称・十和田八幡平四季色彩ライン）などを駆け足で回った。北上の展勝地に咲き誇る桜も見事だった。三陸鉄道はじめ、これらJR路線が大地震と津波に襲われ、機能停止に陥るのはこの2年後である。住民のかけがえのない交通機関となっていただけに、早期の全面復旧が望まれる。

青森の夏のハイライト、ねぶた祭りも函館にいると気軽に見ることができた。午後、函館から特急スーパー白鳥に乗ればまだ明るいうちに青森に着く。地酒を楽しみながらねぶたを見学し、青森発午後10時過ぎの急行はまなすに乗車。一休みしていると、函館に翌日午前1時前に到着。帰宅が未明にはなるものの、函館にいると、ほとんど半日旅行で桜やねぶたを堪能できた。青函トンネルがなかったら、こうはいかなかったろう。

貨物も青函の主役

青函トンネルに関してはこれまで、旅客輸送を主に述べてきた。しかし、それと同様、重要な役割を持っているのは1987年の国鉄分割民営化で誕生した日本貨物鉄道会社（ＪＲ貨物）である。

北海道と本州の貨物輸送の歴史は、北海道産出の石炭など鉱物資源のほか、農産物、材木などの原材料を本州主要地域にいかに大量に速く運び、近代国家建設に役立てるか、という点が主眼だった。

しかし、青函連絡船では輸送量、所要時間に制限があり、戦後はトラック、フェリーに荷物を奪われる事態に。トンネル開業直前の連絡船の旅客便、貨物便は合わせて18往復。１９８０年前後に上下合わせて約６００万トンあった年間貨物量は約４００万トンに落ち込んでいた。

トンネル開業後は貨物列車が約25往復（臨時を含む）設定された。連絡船だと貨車の入替を含めて函館—青森が約6時間要したところ、開業後は3時間を切る列車も。行き合い交換や特急の追い抜きなどで、所要時間はまちまちだが、最短で従来の半分の所要時間だ。これが功を奏し、年間貨物量は再び５６０万トン前後に盛り返した。

貨物列車も旅客列車同様、すでに札幌中心のダイヤとなっていた。貨物の場合、札幌駅ではなく、白石区にある札幌貨物ターミナル（札タ）が基地となる。相手方となるのは東京、名古屋、大阪など大都市の貨物ターミナルだ。

異色なのは東京都千代田区飯田町にあった飯田町駅へ、コンテナ車ではなく、ワム（有蓋貨車）編成の〝紙列車〟があったことだ。同駅周辺には新聞社や印刷会社が多かったことから、同駅構内に飯田町紙流通センターが作られ、そこに北海道で生産される新聞用紙や書籍用紙を直接大量に積んでいた。

しかし、新聞印刷工場が続々郊外に移転したこともあって、このワム編成は１９９７年に廃止。同駅も１９９９年に廃止された。現在、北海道産の新聞用紙はコンテナで首都圏に運び込んでいる。

「赤熊」に「金太郎」

旅客同様、貨物列車もスピードアップが図られた。札幌ターミナル―隅田川間の列車1往復が最高速度100キロでの運転を実現し、時間短縮に貢献。間もなく広島と福岡各ターミナルの路線も加わり、とりわけ福岡とは2000キロを超す超長距離走行となった。現在、最長ルートは札幌貨物ターミナル―福岡貨物ターミナル間で、下りの所要時間は約43時間、上りは約36時間要している。

函館本線、室蘭本線の一部が電化されていない五稜郭―札幌ターミナル間は、1960年代から長くDD51形が担当していた。しかし、次第に老朽化と容量不足は否めず、JR貨物は強力なDF200形を開発、製造し、1994年から五稜郭機関区で運用を始めた。

愛称は「レッドベア（RED BEAR）」で、車体の赤と北海道のヒグマを組み合わせ、力量感をアピールした。DF200が配備されるごとに1960年代から主役を務めてきたDD51は廃車を余儀なくされ、2014年中に本線貨物列車はDF200一色になっ

「金太郎」ことEH500（左）と「レッドベア」DF200（右）が函館貨物駅（五稜郭駅）で交換する

た。

青函トンネルを挟んで電化区間の五稜郭—青森間は当初、五稜郭機関区のＥＤ79形が重連でけん引。その後、２車体固定連結で交流・直流両用の新鋭大型機、ＥＨ５００形が仙台総合鉄道部に配置され、２０００年から首都圏—五稜郭間を通しで運用されるようになる。

ＥＨ５００は「Ｈ」が示すように動輪軸が8個あり、それだけ強力なけん引力を持ち、青函トンネルでも空転しにくくなっている。気候が厳しい北海道でも故障しないよう、耐寒設備も十分施された。

愛称は「金太郎」。車体にはその名と鉞《まさかり》を持った金太郎のイラストが描かれ、パワーを誇示しているようだ。ＥＨ５００、ＤＦ２００とも「エコパワー」を前面に出し、ＪＲ貨物が取り組む「やさしく便利な鉄道コンテナ輸送」をアピールしている。

ここで札幌ターミナルを出た列車がどのように本州に渡るのか確認したい。ＤＦ２００に引かれて札幌ターミナルを出た列車は千歳線、室蘭本線を通り、長万部から函館本線へ。函館の一つ手前の函館貨物駅

道内貨物列車を一手に引き受けるDF200。大沼の名所を力強く走る

（五稜郭駅に隣接）に入り、停車する。

ここでＤＦ２００を解放。すると、すでに機関区を出て待機していたＥＤ79やＥＨ５００が今までの最後尾に連結され、向きを変えて発車すると函館本線と別れて江差線に入って行く。青函トンネルを抜ければ青森だ。青森から来る列車はこれと逆の動きをする。

ところで、江差線や海峡線の中には、大きな構内を持つ駅や信号場があることにお気づきかもしれない。これは旅客列車のためではなく、長大編成が多い貨物列車のすれ違い交換や、効率的な追い抜きのために作られてある。下り線がトンネルにある矢不来信号場はじめ渡島当別、泉沢駅、中小国信号場などで、貨物列車同士の交換や特急が貨物を追い抜くシーンは迫力満点だ。

五稜郭駅のお立ち台

北海道と本州の貨物列車がスイッチバックするのは函館貨物駅。その桔梗寄りに五稜郭駅構内をまたぐ長い跨線橋がある。ここは函館本線、江差線それに五稜郭機関区を出入りする機関車をつぶさに観察できる絶好のお立ち台だ。まだトワイライトエクスプレス、北斗星が走っていたころだが、早朝、ここに陣取ると、列車や機関車が行ったり来たりする醍醐味を味わえた。

まず、大阪からのトワイライトが機関車交代のため五稜郭に到着。間もなく上野からのカシオペアがその横を通って函館に向かって行く。トワイライトがゆっくり止まっている間に、函館で機関車を交代したカシオペアが札幌に向かって追い抜いて行く。それからトワイライトがＤＤ51に引かれて、カシオペアを追いかけるように札幌に向かう。さらに上野からの北斗星が通過。カシオペアと同じく函館で機関車が交代して札幌に走り去る。

これだけでもファンには豪華な〝モーニングセット〟だが、その間、函館貨物駅、五稜郭構内ではＥＤ79重連、金太郎のＥＨ５００、レッドベアのＤＦ２００に引かれた貨物列車が頻繁に発着を繰り返している。ポイントの切り替えも目まぐるしい。また、それぞれ寝台特急を青森から引いてきたＥＤ79がバックして、五稜郭機関区に単機で戻って行くのも見逃せない光景だ。

筆者など、函館のホテルに滞在するときは早起きして五稜郭に行き、この跨線橋に立って写真を撮ることがある。生まれた家はもうないが、目と鼻の先にあった。そのあたりにはショッピングセンターや住宅が立ち並んでいる。時代は移り変わっても私の鉄道趣味の原点だ。

ここに立っていると、50年以上前、C62の急行が高速で走り、D51が普通列車を引いて出発する横で、9600が休みなく入れ替えに励んでいたことが、昨日のことのように思い出される。

SLはこだてクリスマスファンタジー号も

2010年12月4日、函館―大沼間に新たにSLはこだてクリスマスファンタジー号が登場した。けん引するC11をイルミネーションで飾り付け、あたかもサンタの国からやってきたおとぎ列車の装いだ。

函館では毎年12月に函館港に高さ20メートルの巨大なモミの木のクリスマスツリーを飾り、はこだてクリスマスファンタジーを開催。この木は函館市の姉妹都市、カナダのハリファックス市から毎年送られてくるもので、光り輝くイルミネーションは冬の風物詩となっている。

SL列車はこれに彩りを添えるもので、函館―大沼公園間を1日2往復。車内はクリスマスにちなんだ装飾が施され、カフェカーではコーヒーや記念グッズ、土産を販売するほか、女性の客室乗務員がサンタやトナカイの衣装で車内を回り、大人も子供も楽しめる雰囲気作りをした。

一方で、冬の走行は雪で視界が悪くなるし、七飯からの藤城線は勾配もきつい。後部か

SLクリスマスファンタジー号の車内ではクリスマス衣装の女性がムードを盛り上げた＝2014年12月

ら黒塗りのディーゼル機関車ＤＥ10が文字通り黒子役で押しているが、製造から70年経ったＣ11にとっては難関続きだった。

しかし、雪をかぶった大沼のほとりを走る姿は函館・道南ならではの冬の旅情を演出する。左にカーブするあたりが撮影スポットで、機関士が煙を盛大に出してサービス。カメラのシャッター音が響く中、「ボッ、ボッ、ボッ、ボッ」と力強く走ったものだ。

寝台特急それぞれで夢の旅

これまで本州と北海道を結ぶ寝台特急に触れてきたが、筆者の北斗星、トワイライトエクスプレス、カシオペア乗車の思い出を紹介したい。中には何十回、何百回乗った人もおり、回数自慢はできないが、それぞれに興味深かった。

何はともあれ、出発前にお酒とつまみを買いこんで、個室で更け行く景色を眺めながら酔いにまかせるのが気に入った。ファンの中ではこれを「飲み鉄」と言っている。

北斗星は札幌発の上り列車より、上野発の下り列車の方が旅情を味わえたと思う。大都会の上野駅17番ホーム。ここで待っていると、最後尾の車両を先頭に、電気機関車が後ろから押す形で、行き止まりのホームに入線してくる。

目の前に停車する個室寝台車、食堂車――。これだけでも、これから始まる特別な旅に期待が広がろうというものだ。発車すると、季節にもよるが、暮れなずむ東京の下町を過ぎ、大宮、宇都宮とたどって夜の東北本線を北上。2階の個室からは展望がよく、非日常の旅を満喫できた。

２００２年3月に上野から札幌に向かったことがある。上野公園は桜の見ごろだった。ところが、川端康成ではないが、青函トンネルを抜けたら、そこは雪国だった。青森も北国だが、やはり寒さが違う。つくづく日本は南北に長い国だと実感する。

札幌駅4番ホームのトワイライトエクスプレスの案内表示。行き先の「ŌSAKA」が客を呼んだ＝2014年4月

函館で朝を迎え、方向を変えて大沼を過ぎ、噴火湾に沿って快調に走って行く。客車特有の静かなレール音が心地よい。やがて昭和新山、樽前山、ウトナイ湖などの名勝が現れては過ぎ去り、札幌が近づいたことを実感する。こうした北海道ならではは旅情が都会の人たちに根強い人気を生むのだろう。

逆に札幌から上野に向かうときは、大宮を過ぎると大都会に入って行くため、何かしらせわしない気がしてくるものだった。旅はやはり、北に向かうのが良い。

鉄道ファン同士で語らい

車体が深緑に金色帯のトワイライトエクスプレスには2014年4月下旬に札幌から大阪まで乗った。格別の用事はなく、乗ること自体が目的である。この日のけん引機はDD51 1093と同1148。乗った寝台車はオハネ25 523で5号車9番の個室だった。

午後2時5分、ドアが閉まり、さあ定時発車！と思ったが、なかなか動き出そうとしない。すると、「苗穂で踏切故障があり、遅れます」のアナウンス。出はな

北国への夢を乗せて、室蘭本線有珠付近を走行する下り北斗星＝2014年6月

をくじかれたが、発車を待ち切れず、缶ビールの栓を抜いてしまった。

6分遅れて発車と同時に車内に「いい日旅立ち」のメロディーが流れ、「皆様の夢を乗せまして トワイライトエクスプレス 札幌を発車いたしました」と女性の名調子のアナウンス（テープなのが残念だが）。これを聞くと、いっぺんにハイな気分になってしまう。この日の車掌は福田さんと柳田さん。途中停車駅の紹介で、富山、金沢、敦賀など、普段耳にしない駅名がどんどん出てくるのは長距離列車の醍醐味だ。

快調に滑り出したのもつかの間、今度は白石を過ぎたあたりで減速をはじめ、とうとう新札幌で停車。先方で置き石事故があり、そのまま45分間の停車を強いられた。他の列車を利用する人は気の毒だが、こちらは急ぐ旅ではないので、全く気にならない。

遅れたまま、洞爺を出ると「次の停車駅は新津です」のアナウンスが入る。途中、機関車や運転士交代のため、いくつか停車するが、次は一夜明けた新潟市の新津と聞くと、大阪までの長い道のりを実感する。

この日は八雲付近で美しい夕焼けを味わうことができた。定時運転なら見られなかったろう。ゆったりしたソファが窓を向いて並ぶ4号車のサロンカー「サロンデュノール」は、噴火湾（内浦湾）と夕暮れを満喫しようという客で席が埋まった。夕日はいよいよ角度を下げ、車内を赤く照らし出す。砂原線に入ると、暗闇が迫る中で駒ヶ岳が大沼側とは全く異なる姿を見せてくれた。

函館には入らず、江差線が分岐する五稜郭で青森に向けて方向転換。ホームに出ることはできないが、ＤＤ51が解放され、逆方向にＥＤ79が連結される。発車すると、何度もポイントを渡り、左カーブして江差線に入った。子供のころから見慣れた光景だが、トワイライトエクスプレスから見てみると、違った空間に見えるから不思議だ。

個室で軽い夕食を取り、青函トンネルを抜けた後、

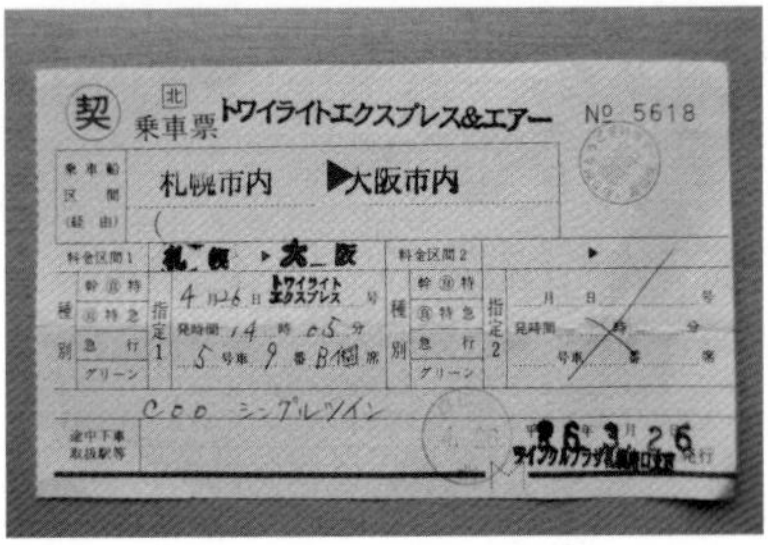

トワイライトエクスプレスの札幌から大阪までの乗車票＝2014年4月26日

レストラン車両ダイナープレデヤスのバータイムに行った。たまたま1人で旅行中している鉄道好きの中高年4人が同卓になり、初対面ながら打ち解けてグラスを傾け、鉄道旅行の体験談を語り合った。

一番の年輩とおぼしき方は大阪在住で何度もトワイライトエクスプレスで北海道に来ており、そのときは稚内まで行っての帰りだという。この列車を乗りこなしている、という感じで、話がバラエティに富んで興味深かった。

東京からの1人は〝乗り鉄〟で、全国鉄道路線制覇の野望を抱いて北海道内のJR路線を乗り歩き、このトワイライトエクスプレスで夜を過ごして高岡で下車するという。翌朝、早々と食事を済ませ、「今日は氷《ひ》見《み》線に乗ります」と張り切ってホームに下り立った。

立山連峰を左手に見ながらレストランで朝食。敦賀ではけん引機EF81が交代する。私が乗ったときは44から１０３へのバトンタッチだった。どちらもトワイライトエクスプレス色に塗られた専用機だ。敦賀を出ると、広大な鳩原ループ線に差し掛かる。車掌がアナウンスで進路を詳しく説明してくれる。

列車はカーブで坂をぐるっと上ると、さっき右に見えていた街並みが左に回り、ループ線ならではの面白みを味わえる。北陸本線の難所であり同時に名所のひとつだ。湖西線は琵琶湖のそばを通るので、その大きく美しい景色に見入ってしまう。古都・京都を過ぎ、トワイライトエクスプレスは大阪に定時到着した。

疾走するシルバーメタリック

カシオペアはなかなか乗車の機会に恵まれなかったが、２０１５年8月、旅好きの友人と個室を取った。ダイニングカーでの夕食は取れなかったので、部屋で注文しておいた和食のスペシャル弁当をいただく。最後尾の形式名カハフE26というラウンジカーに行くと、先端のワイドな窓から迫力ある風景を存分に味わえた。

洞爺のあたりで、太陽が真っ赤になって噴火湾に沈んでいくシーンに出合った。これも夜行ならではの情緒である。シルバーメタリックの車体に流星と5本の帯を彩ったカシオペアは、12両編成で星空の下を疾走

下りカシオペアが朝を迎えた。冬の日差しを浴び、八雲から長万部に向かって疾走する=2015年12月

する。

函館駅では向きを変えるため、ラウンジカーに赤い電気機関車ED79 20が連結される。それを一目見ようと、夜なのにラウンジカーにもホームにもカメラマンが鈴なりだ。

一夜明け、東北の農村地帯を走り抜け、宇都宮を過ぎると列車の本数が増えてくる。通勤電車のラッシュを縫いながら、上野駅午前9時25分定時到着。青森から約730キロの道程を引いてくれたのは、車両と同じシルバーメタリックに塗られたカシオペア専用機EF510の510だった。この510と509がカシオペア色に塗られ、ひときわ目立つ存在になっている。

本州と北海道を結ぶ寝台特急列車はよほど注目されたのか、推理小説やテレビの刑事ものに事件発生の舞台として多く登場している。とりわけ、列車ダイヤを使ったトリックが展開される西村京太郎氏の「十津川警部」シリーズには「寝台特急カシオペア殺人事件」「寝台特急カシオペアを追え」「豪華特急トワイライト殺人事件」「寝台特急北斗星(ロイヤル・トレイン)殺人事件」などがある。

筋書きに個室の密室性だけでなく、夜間の営業停車駅間距離の長さ（例えばトワイライトエクスプレスの洞爺―新津間、北斗星やカシオペアの仙台―函館間）を巧みに折り込み、読者に〝謎解き〟の面白さを提供する作品が多い。テレビ化されると実際の寝台列車の内部や走行シーンがふんだんに出てくるので、それだけでもファンにとっては見逃せない番組だ。

事故続きで減便、減速

２０１１年５月27日夜、石勝線を札幌に向かって１１０キロで走行していた特急スーパーおおぞら14号（６両編成）が占冠―新夕張間の第１ニニウトンネル（６８５メートル）に入ったところ、突然、床から激しい衝撃が発生。異常を察知した車掌が運転士に連絡し、トンネル内で緊急停車させた。

列車は脱線し、間もなく最後尾６両目床から炎が上がり、トンネルは煙に包まれた。乗客２４８人と乗務員４人は列車を下りて、暗闇の中を必死に避難。幸い死者は出なかったものの、乗客らは煤にまみれ、79人が咽頭炎などの軽症を負う事故となった。一歩誤れば大惨事になるところだった。

この事故をめぐり、ＪＲ北海道の現場対応能力、訓練不足もあらわになり、社会から厳しい批判を受けた。しかし、収まるどころか、全道で次々と事故や不祥事が発生することになる。この間、社長経験者２人が行方不明となって遺体で見つかる異常な状況にもなった。

函館・道南方面でも特急北斗のエンジンから発火（八雲駅構内、２０１３年４月８日）、貨物列車脱線（大沼駅構内、同９月19日）、貨物列車脱線（札苅駅構内、２０１４年６月22日）など重大事故が相次いだ。原因は様々だが、道民のみならず、全国的に安全面での信用を失ったのは痛

札苅駅構内で脱線した貨物列車。車輪が進行方向右側に脱線した＝2014年6月

い。

大沼駅での貨物列車脱線事故は、レール管理上の問題点が露わになった。担当する函館保線所大沼保線管理室が検査記録を改ざんしていたことが明らかになり、北海道警が捜査。その結果、道警は２０１５年12月、鉄道事業法違反（虚偽報告、検査忌避）などの疑いで、法人としてのＪＲ北海道と本社幹部ら19人を書類送検。さらに、レールの異常を知りながら放置していたとして、業務上過失往来危険容疑で同保線管理室の当時の幹部を書類送検した。

一連の事故を受け、２０１３年11月１日のダイヤ改正では安全確保のため、スーパー北斗、北斗の最高速度を１３０キロから１２０キロに減速する措置を取った。これは気動車特急の高速化を進めてきたＪＲ北海道の方針が安全管理上、行き詰ったことを物語っている。一時は函館―札幌間で３時間を切り、２時間59分というスーパー北斗もあったが、２０１６年現在では最速で３時間28分止まりとなっている。

こうした中、新函館北斗までの北海道新幹線の開業が２０１６年３月26日となることが決まり、ＪＲ北海道は新幹線準備と安全対策強化の両面でかつてない試練を迎えた。それはとりもなおさず、在来線の将来をも左右する重要な転換点ともなろう。

トラブルが続き、減速運転の措置がとられた特急北斗（右）。五稜郭で特急白鳥と行きかう＝2014年8月

第8章 北海道新幹線開業と課題

北海道新幹線と入れ替わりに多くの列車が消えて行った。27年間愛された北斗星も＝2014年10月

最速「はやぶさ」4時間2分

ＪＲ北海道は２０１５年12月18日、北海道新幹線の開業運行ダイヤと、それに関連する在来線ダイヤを発表した。それによると、①東京と新函館北斗を結ぶ直行列車「はやぶさ」は10往復②そのうち、大宮、仙台、盛岡、新青森だけに停車する最速列車は下り２本、上り１本の計３本③他に新函館北斗と仙台との間に「はやぶさ」１往復、盛岡、新青森との間にそれぞれ「はやて」１往復ずつ、計３往復の区間列車を設定―との内容になった。

ダイヤ発表前は「東京―新函館北斗間で４時間の壁を切る列車ができるのか」が大きな焦点となった。「４時間」は新幹線と飛行機との競争力の分かれ目とされる。結果は最速列車３本がいずれも４時間２分。これに対する評価は様々だが、ＪＲ北海道は「青函トンネル内の在来線貨物との共用区間等を勘案すると、現時点では精いっぱいのダイヤ」と説明した。

下りの最速はやぶさは東京発午前８時20分の５号と、同９時36分の11号で大宮、仙台、盛岡に停車して、新青森まで２時間59分。ここで２分間停車して乗務員が交代し、そのあと、新函館北斗まで１時間１分で到着する。

上りの最速は新函館北斗発午後５時21分のはやぶさ34号で、下り同様、新青森を含めて４つの駅に停車し、東京に同９時23分に到着する。

はやぶさは２０１６年３月現在、新青森―東京間を17往復しており、新函館北斗まで来るのは７本少ないが、ＪＲ北海道は開業日からゴールデンウィーク最終日の５月８日まで、混雑が予想される休日等に１日最大３往復の臨時はやぶさを運行することを追加発表し、ブームに対応する計画だ。ＪＲ北海道は１日平均５０００人の利用を見込んでいる。

一方、新函館北斗―東京間の運賃と特急料金を合わせた普通車指定席の総額は２万２６９０円。グリーン車は３万60円、最上級のグランクラスは３万８２８０円と決まった。全席指定だが、新函館北斗―新青森間のみ普通車の自由席料金で空席利用か、立ったまま乗車できるようにする。

特急料金については、新函館北斗―新青森間が

北海道新聞　2015年（平成27年）12月18日（金曜日）　2

3月26日へ 期待も加速

北海道新幹線　時刻表

※新青森―東京は東北新幹線。仙台―東京は停車駅のみ

上り

		はやぶさ10号	はやぶさ12号	はやぶさ16号	はやぶさ18号	はやぶさ22号	はやぶさ24号	はやぶさ26号	はやぶさ30号	はやぶさ34号	はやぶさ38号	はやぶさ96号	はやて98号	はやて100号
新函館北斗	発	6:35	7:34	9:31	10:49	12:44	13:35	14:44	16:17	17:21	18:36	19:37	20:39	21:59
木古内	〃	6:48	↓	9:44	↓	12:57	↓	14:57	16:30	↓	18:49	↓	20:52	22:12
奥津軽いまべつ	〃	7:26	↓	10:22	↓	13:35	↓	15:35	↓	↓	19:27	↓	21:30	22:50
新青森	着	7:41	8:35	10:37	11:50	13:50	14:36	15:50	17:20	18:22	19:42	20:38	21:45	23:05
	発	7:43	8:37	10:39	11:52	13:52	14:38	15:52	17:22	18:24	19:44	20:40	21:47	
七戸十和田	〃	7:58	8:52	10:54	↓	↓	14:53	↓	↓	↓	19:59	20:55	22:02	
八戸	〃	8:11	9:05	11:07	12:16	14:16	15:06	16:16	↓	↓	20:12	21:08	22:15	
二戸	〃	8:23	9:17	11:18	↓	↓	15:19	↓	↓	↓	20:24	21:20	22:27	
いわて沼宮内	〃	↓	9:30	11:31	↓	↓	15:32	↓	↓	↓	↓	21:33	↓	
盛岡	着	8:44	9:42	11:44	12:45	14:44	15:44	16:44	18:10	19:12	20:45	21:45	22:48	
	発	8:50	9:50	11:50	12:50	14:50	15:50	16:50	18:15	19:13	20:50	21:51		
新花巻	〃	↓	↓	↓	↓	↓	↓	↓	↓	↓	↓	22:03		
北上	〃	↓	↓	↓	↓	↓	↓	↓	↓	↓	↓	22:11		
水沢江刺	〃	↓	↓	↓	↓	↓	↓	↓	↓	↓	↓	22:19		
一ノ関	〃	↓	↓	↓	↓	↓	↓	↓	↓	↓	↓	22:29		
くりこま高原	〃	↓	↓	↓	↓	↓	↓	↓	↓	↓	↓	22:38		
古川	〃	↓	↓	↓	↓	↓	↓	↓	↓	↓	↓	22:48		
仙台	着	9:29	10:29	12:29	13:29	15:29	16:29	17:29	18:55	19:52	21:29	23:01		
	発	9:30	10:30	12:30	13:30	15:30	16:30	17:30	18:57	19:53	21:30			
大宮	着	10:38	11:38	13:38	14:38	16:38	17:38	18:38	20:06	21:00	22:38			
上野	着	10:58	11:58	13:58	14:58	16:58	17:58	18:58	20:26	↓	22:58			
東京	着	11:04	12:04	14:04	15:04	17:04	18:04	19:04	20:32	21:23	23:04			
新函館北斗からの所要時間		東京まで										仙台まで	盛岡まで	新青森まで
		4時間29分	4時間30分	4時間33分	4時間15分	4時間20分	4時間29分	4時間20分	4時間15分	4時間2分	4時間28分	3時間24分	2時間9分	1時間6分

下り

		はやて91号	はやて93号	はやぶさ95号	はやぶさ1号	はやぶさ5号	はやぶさ11号	はやぶさ13号	はやぶさ19号	はやぶさ21号	はやぶさ23号	はやぶさ25号	はやぶさ29号	はやぶさ33号
東京	発				6:32	8:20	9:36	10:20	12:20	13:20	14:20	15:20	17:20	19:20
上野	〃				6:38	↓	↓	10:26	12:26	13:26	14:26	15:26	17:26	19:26
大宮	〃				6:58	8:44	10:00	10:46	12:46	13:46	14:46	15:46	17:46	19:46
仙台	着				8:04	9:51	11:07	11:52	13:52	14:52	15:52	16:52	18:52	20:53
	発			6:40	8:06	9:52	11:08	11:54	13:54	14:54	15:54	16:54	18:54	20:55
古川	〃			6:53	↓	↓	↓	↓	↓	↓	↓	↓	↓	↓
くりこま高原	〃			7:02	↓	↓	↓	↓	↓	↓	↓	↓	↓	↓
一ノ関	〃			7:12	↓	↓	↓	↓	↓	↓	↓	↓	↓	↓
水沢江刺	〃			7:22	↓	↓	↓	↓	↓	↓	↓	↓	↓	↓
北上	〃			7:30	↓	↓	↓	↓	↓	↓	↓	↓	↓	↓
新花巻	〃			7:38	↓	↓	↓	↓	↓	↓	↓	↓	↓	↓
盛岡	着			7:49	8:45	10:31	11:47	12:33	14:33	15:33	16:33	17:33	19:33	21:34
	発		6:54	8:00	8:49	10:32	11:48	12:37	14:37	15:37	16:37	17:37	19:37	21:38
いわて沼宮内	〃		↓	8:12	↓	↓	↓	↓	↓	15:49	↓	17:49	19:49	↓
二戸	〃		7:15	8:24	9:10	↓	↓	↓	↓	16:02	↓	18:02	20:01	↓
八戸	〃		7:27	8:36	9:22	↓	↓	13:05	15:05	16:14	17:05	18:14	20:13	22:06
七戸十和田	〃		7:40	8:49	9:35	↓	↓	↓	↓	16:27	↓	18:27	20:25	↓
新青森	着		7:55	9:04	9:50	11:19	12:35	13:29	15:29	16:43	17:29	18:43	20:40	22:30
	発	6:32	7:57	9:06	9:52	11:21	12:37	13:31	15:31	16:45	17:31	18:45	20:42	22:32
奥津軽いまべつ	〃	6:48	8:13	↓	10:08	↓	↓	13:47	↓	17:01	↓	19:01	20:58	↓
木古内	〃	7:25	8:50	↓	10:45	↓	↓	14:24	16:22	17:38	↓	19:38	21:36	↓
新函館北斗	着	7:38	9:03	10:07	10:58	12:22	13:38	14:37	16:34	17:51	18:32	19:50	21:48	23:33
新函館北斗までの所要時間		新青森から	盛岡から	仙台から	東京から									
		1時間6分	2時間9分	3時間27分	4時間26分	4時間2分	4時間2分	4時間17分	4時間14分	4時間31分	4時間12分	4時間30分	4時間28分	4時間13分

歴史的な北海道新幹線開業ダイヤ。網かけが最速4時間2分の「はやぶさ」3本＝北海道新聞2015年12月18日朝刊

3930円になるなど、「他の新幹線に比べて高い」との指摘が相次いだ。JR北海道は「青函トンネルの維持費を確保する必要があるため」などと説明しているが、その後、ネット限定で新函館北斗—東京間の普通車指定席料金の最安値を1万5460円とするほか、普通列車限定の青春18きっぷを新函館北斗—新青森間について特例として認めるなど、乗客確保のため割引チケットを追加発表した。

1編成10両で定員731人

北海道新幹線は新函館北斗—新青森間約149キロで、このうち青函トンネル前後の約82キロはレール3本を使い、在来線との共用区間とする。途中駅は新青森側から奥津軽いまべつ、木古内の2駅。車両は東北新幹線のE5系と性能的には同様だが、北海道（HOKKAIDO）の頭文字を使ったH5系4編成（1編成10両、定員731人）が新函館北斗—東京間を走行する。当面、新函館北斗を発車するH5系は1日4本となる見込み。

東北新幹線のはやぶさは宇都宮—盛岡間を最速320キロで運転するが、盛岡以北は線路の強度やATS（自動列車停止装置）の能力などから、速度が260キロに制限されている。北海道新幹線の場合、在来線との共用区間で貨物列車とすれ違う際、コンテナが風圧で倒れる危険性を考慮し、在来線特急と同じ140キロに制限して走行することになった。

曲線の最小半径は4000メートル、最急勾配は1000分の20・8、電気方式は交流2万5000ボルト。トンネルは渡島当別トンネル（約8キロ）、津軽蓬田トンネル（約6・2キロ）など6本を新たに掘削した。トンネル断面は幅約10メートル、高さ約8メートル。橋梁は木古内川橋梁など5本を新設した。

全線149キロのうち、青函トンネルを含むトンネルが65％、高架橋が24％、切土・盛土が7％、橋梁が4％。2005年5月の着工以来、15年余の歳月をかけて完成にこぎつけた。

大量往来、企業交流も活発化

新函館北斗の駅名、開業日、運行本数などが矢継ぎ早に決まって来ると、ＪＲ北海道、ＪＲ東日本両社だけでなく、行政をはじめ経済団体、旅行会社、観光団体など関係機関が一斉に全国的なＰＲに乗り出した。

新函館北斗で発着する新幹線定期列車は1日13往復なので、全列車が満席だと仮定すると、1日９５０３人（1列車あたり定員７３１人×13本）に達する。これは飛行機でいえば、ボーイング７３７―８００形の57便分に相当する人数だ。したがって、ブームが巻き起これば、一度にかつてない旅客が乗り降りする事態になる。

ビジネス面では首都圏と結ばれるといっても、早急な効果は期待薄というのが定説だが、函館―仙台間が2時間半で結ばれ、日帰りが可能になることで双方の企業活動にとって大きなメリットが生まれるのは間違いない。実際、北海道経済連合会が２０１５年12月、東北経済連合会の会員企業にアンケートを取ったところ、7割近い企業が「北海道との現在の取り組みを強化する」「新規に取り組みたい」と前向きの考えを示し、これまでにない活発化が十分予想される。

在来線と共用でポイントに工夫

北海道新幹線と在来線の共用は、双方の軌間（2本の線路の頭の内側の幅）が異なることから、採用されることになった。これは全国の整備新幹線では初めてのことである。新幹線の軌間は標準軌と言われる１４３５ミリ、一方の在来線は１０６７ミリで、これを同じ路盤に敷設しなければならない。

具体的には在来線の2本のレールの外側、中心線寄りに新幹線の1本を付け足した。これで3本になり、そのうち進行方向左側の1本は在来線、新幹線の共用。右側の2本のうち、内側の1本は在来線、外側の1本は新幹線用だ。

北海道側、本州側とも青函トンネルに入る手前で在来線、新幹線が一体化す

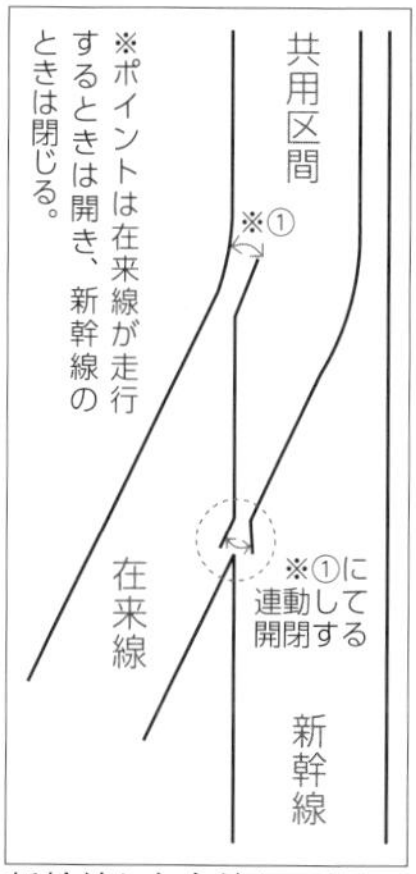

新幹線と在来線とのポイント略図

木古内側から新幹線（右高架）との供用区間に向かう在来線の上り線＝2015年12月

る。北海道側だと、木古内駅から地上の在来線、高架の新幹線が接近して並行し、在来上下線が左右に広がって空間を作ると、その中に高架の新幹線が割り込んでくる。

在来線が勾配を上り切り、新幹線と同じ高度になったところで、ポイントを渡って新幹線と一体化する。逆に共用区間が終わると、在来線が新幹線から分岐し、高架から下って分離して行く。ポイントで揺れないよう、クロス部分も密着するよう工夫されている。

新幹線と在来線との共用は慎重論が根強かったが、JR北海道の坂本眞一社長（当時）らが「とにかく北海道まで安いコストで新幹線を延伸させるにはこれが一番の方法」と政治家などを説いて回ったという。

最高級のおもてなし車両

H5系10両編成の外観は東北新幹線E5系と共通性を持たせるため、ボディ上部は鮮やかな常盤グリーンに統一。下部は飛雲ホワイトで、気品があり落ち着いた雰囲気を醸し出す。E5系と違って特徴的なのは彩

新函館北斗駅12番ホームで試乗会の出発を待つH5系＝2016年1月

香パープルの細いラインを入れた点で、北海道の代表的な花であるライラック、ルピナス、ラベンダーをイメージしたという。

また、1、3、5、7、10号車のドア横にはH5系のシンボルマークを飾り付けた。北海道地図をデザイン化し、その北海道にも飛来するハヤブサをモチーフにして、北海道と本州がスピーディに結ばれることを表現した。

乗り心地を向上させるため、揺れを自動的に感知して抑制するフルアクティブサスペンションや、曲線通過時に車体を傾斜させる装置も全車両に導入。また、防音壁とロングレールで騒音を抑制するとともに、トンネルに入る時に出口で発生する「ドン音」といわれる空気圧音を減少させる

北海道新幹線の試乗会。普通席（2列+3列）でもゆったりした旅が出来る＝2016年1月

カバーを設けるなどの対策を取った。

新幹線では最新鋭の車両だけあって、内部もこれまでになく各種設備が充実している。最高級の乗り心地を追求したグランクラス（新函館北斗方向の先頭10号車1両、定員18人）は片側1席と2席の3列で、自由に角度を変えられる読書灯や折りたたみ式テーブルを装備。カーペットは青地に湖や沼、津軽海峡の水面の輝きを模様で表した。

グリーン車（グランクラスに隣接、9号車1両、定員55人）は片側2席ずつ計4列で、壁の色を北海道の乳製品をイメージしたクリーム色とし、読書灯内蔵のシートで落ち着いた雰囲気を演出する。

普通車（最大定員１００人）は従来と同じ横が3席と2席の合計5列で床は雪の結晶がアクセント。ブラインドには縄文土器やアイヌ文様を取り入れたデザインを採用した。また、全車の座席にパソコンやスマートフォンの充電もできるようコンセントを設け、乗客の利便性を図った。

そのほか電動いす対応の大型トイレ、授乳もできる多目的室、化粧台や更衣台が付いた女性専用のスペースも用意。障害を持つ人のためにオストメイト対応の設備も取りつけた。

筆者は２０１５年暮れ、北陸新幹線の金沢発東京行き午後7時39分の「かがやき５１６号」のグランクラスの切符を取って乗り込んだ。通常、乗車率は6割を超えているが、この時は驚いたことに乗客はなんと筆者1人だけ。途中で乗ってくる客もなく、グランクラスを丸ごと1人で東京まで貸し切りという前代未聞の体験をした。

北陸新幹線「かがやき」のグランクラス。設備もサービスも飛行機のファーストクラス並みだ＝2015年12月

食事は弁当またはサンドイッチどちらかを選ぶことが出来、ビール、日本酒、ワインなどが飲み放題。筆者は彩り鮮やかな弁当をいただいたが、金沢の海と山の食材がびっしり詰まり、格別な味だった。飲み物も地元の日本酒のほか、グランクラス用に作られたワイン。

アテンダントの「おもてなし」も徹底しており、東京までグランクラスの旅をたっぷり楽しんだ。Ｈ５系のグランクラスも同様のサービスが期待できるだろう。

玄関口は新函館北斗と木古内に

さて、北海道新幹線の開業によって、函館・道南の２つの駅が大きく変貌する。渡島大野と木古内だ。無人駅だった渡島大野は新函館北斗と名前を変え、札幌延伸までの暫定起終点駅に。木古内は現駅舎と併設し、本州から来ると、北海道で初めての新幹線停車駅となる。

１９０２年、函館との間に汽車が走った本郷駅は戦時中の１９４２年、当時の大野村の名前を取って渡島大野と名前を変えた。蒸気機関車（ＳＬ）全盛時代は大沼までの急勾配を上るため、補助機関車の基地として重要な役割を果たしたことも前述した。北海道新幹線開業によって、街はずれの小さな駅は全国レベルの駅名に大出世することになる。

１９５７年、大野町となり、その後２００６年２月、上磯町と合併し、北斗市になった。旧大野町は北海道の水田発祥の地と知られる豊かな農村で、もう一つの上磯町は水産資源に恵まれるとともに、１８９２年からセメント工場が操業を始め、今でも基幹産業となっている。どちらも道南の鉄道の歴史の中では函館と密接なつながりを持っている。

一方の函館は１９０８年、青函連絡船の就航で本州との経済、文化関係を強化して以来、青函トンネル完成後も鉄道輸送の重要な役割を果たしてきた。それが今回、北海道新幹線の札幌延伸を最優先する構想から、肝心要のターミナル機能を新函館北斗駅に奪われる格好となった。

函館観光の一番人気、函館山にロープウェイで上ってみよう。日中、晴れていれば津軽海峡を眼下に３６０度の展望が楽しめる。函館の街は旧市街から左右に扇のように広がっている。

そのやや左、駒ヶ岳方向

北海道新幹線の表玄関として堂々の外観を誇る新函館北斗駅＝2015年12月

に目を凝らすと、海と山の間に「白い線」が水平にくっきりと走っているのが見える。波打つ海岸線は上磯当たりで手前にカーブし、函館港に向かって来るが、その白い線は反対方向に遠ざかって行く。

実はその白い線がコンクリートの壁に囲まれた北海道新幹線の高架線だ。望遠鏡で見ると七飯の新幹線車両基地、その奥に新函館北斗駅が見える。函館の人がこれを見て「新幹線は北斗に逃げて行った」と悔しがるのも無理はない。少なくとも北海道新幹線に関して函館は〝盲腸線〟に近い姿となり、本州との窓口としての機能は逆転する。

函館駅誘致、綱引きに敗れる

北海道新幹線開業に際し、玄関口をどこに作るのか――。この問題は函館市、周辺自治体、北海道、JR北海道など関係機関の極めて重要かつ政治的に敏感な課題となった。道南の盟主である函館市は「何としても函館駅へ乗り入れさせたい」と強硬に主張した。

しかし、木古内から新幹線を江差線と並行する形で函館に入れると、将来、札幌まで延伸した際は、現在の海峡線と函館本線のように、函館でスイッチバックしなければならない。そうすると、時間的にも安全確保のためにも、余計な手間暇がかかってしまう。また、五稜郭―函館間には線路の上を道路橋がまたいでおり、その改良も必要とされた。

次に函館市側が提案したのは、新幹線の新駅を内陸部に作ることは認めるが、その手前に函館に直結する単独の線路を新設し、列車の向きを変えることなく、函館駅に乗り入れさせる方式。これだと札幌延伸後も一部の列車は函館発着が可能になる。

ついには「木古内付近からもう一つ海底トンネルを掘り、函館駅直前で陸に上げたらどうか」という案も真面目に論議された。しかし、いずれも予算外のカネがかかる提案だった。

北海道新幹線を盛大に宣伝する函館駅前＝2015年

１９９４年10月、北海道は新駅について「渡島大野付近に建設する」との方針を明らかにした。当時の大野町（現・北斗市）は大歓迎したが、函館市や経済界は全く納得しない。ぎりぎりの巻き返し交渉を何度か続け、その結果、「在来線改良による函館駅乗り入れの検討をしていく」と、函館側の主張に一定の配慮を示す文言が入り、ようやく決着にこぎつけた。ただし、その後、真剣に検討された形跡はない。

函館は幕末に訪れた黒船のペリーが評価したように、「天然の良港」とされる。そのため、長く鉄道と青函連絡船の〝陸海コンビ〟で本州との窓口であり続け、青函トンネル完成後も旅客列車は原則、函館駅を経由した。

しかし、津軽海峡に突出していて街が狭く、在来線と速度や規模が異なる新幹線が通る駅としては全く不向きだったと言わざるを得ない。しかも、北海道新幹線の目的が道庁所在地の札幌への延伸だったため、その点でも函館に新幹線を引っ張り込むには分が悪かった。

難産の末、「新函館北斗」に

次に焦点となったのは、新駅の名称だった。木古内駅は現駅に併設されるので、何の問題もなかった。ところが新函館北斗の方は、現在の駅名渡島大野は旧大野町から取ったもので、現在、北斗市になっているのに今さら渡島大野はない。

仮の駅名として「新函館」が使われてきた経緯があり、函館側は「函館市内ではないが、新函館のほうが全国的に知名度は高く、観光客誘致の面でもメリットがある」と主張。これに対して北斗側は「地元の地名である北斗を入れなければ認めない」と、「新北斗函館」を提言し、双方譲らぬ対決となった。

２０１４年４月22日、工藤壽樹・函館市長、高谷寿峰・北斗市長、両市議会の正副議長の６人で構成する協議会が開かれたが、駅名については隔たりが埋まらず、ついに話し合いによる一本化を断念し、「ＪＲ北海道が決めた新駅の名称の考え方を尊重する」として、ＪＲ北海道に一任することを決めた。

ＪＲ北海道は高橋はるみ北海道知事の意向も踏ま

え、島田修社長が同年6月11日の記者会見で、新駅の名称を「新函館北斗」と決めたことを発表した。全国どころか外国からも観光客が押し寄せる有名観光地函館と、新駅の地元である北斗の双方の顔を立てた決着となった。

存在感増す木古内駅

新函館北斗とともに北海道新幹線の駅ができた木古内には、北海道新幹線が1日上下8本ずつ、計16本停車することになった。大方の予想以上に停車する列車が多く、木古内は手放しの喜びようだ。それだけ、木古内は本州へのゲートウェイ（玄関口）として将来の可能性を手中にしたと言えよう。

前述したように、新函館北斗―東京間の最短時間は4時間2分で、これは木古内を止まらないが、木古内停車のはやぶさのうち東京との最短時間は、これもまた4時間2分である。下りのはやぶさ19号と上りの同30号で、木古内側は「新函館北斗に対しても十分対抗できる」と意気込んでいる。

振り返れば、木古内は五稜郭―上磯間の上磯線が延伸してきた1930年10月に開業した。上磯以西の茂辺地、渡島当別、釜谷、泉沢、札苅と同時開業である。1936年11月の江差線全通、さらに1953年11月の松前線全通とともに、木古内は江差、松前という道南の古い歴史、文化を持つ街への分岐点になった。

上磯からの延伸時に機関車の方向転換、給水、給炭をするために駐泊所が置かれ、1937年3月に函館機関区木古内機関支区に昇格。当時は軽量のC11が数両配備され、旅客、貨物列車を受け持っていた。戦後は1961年に機関支区を廃止。機関車もC11に替わって五稜郭機関区のC58が主力となった。

1960年代には江差、松前両線ともコメ、ジャガイモなど農産物、それにマンガン、木材などを大量に積み出す一方、函館方面から肥料やセメントが運び込まれた。貨物列車が江差線は1日2往復、松前線は1往復あり、木古内駅は中継地として忙しかった。しかし、江差、松前両線ともトラックに主役の座を奪われ、1982年11月に貨物列車の運転を廃止。さらに旅客も激減し、松前線が1988年2月に歴史の幕を閉じた。

とはいえ、1988年3月に青函トンネルが開通すると、函館と青森方面を結ぶ特急が停車するようになり、青函トンネル内で事故発生時の救援基地ともなった。そのために青森側の津軽今別駅とともに、ディーゼル機関車DE10が2両配備されている。

実際、2005年12月3日午前、八戸から函館に向かっていた特急白鳥71号（8両編成、乗客530人）が、青函トンネル走行中に電気系統の故障で動けなくなったため、木古内のDE10が2両で救助に駆け付け、白鳥を連結して吉岡海底駅から引っ張り上げたことがあった。木古内が縁の下の力持ちを発揮したときだった。

駅舎デザインは高校生が選定

北海道新幹線の駅建設が決まると、木古内町はいち早く駅前整備に着手。大規模な無料駐車場、周辺道路整備、観光交流センターの建設をはじめ、バスやタクシーへの乗降客の利便性を向上させるとともに、駅前通商店街の景観統一事業も展開した。函館江差自動車道の木古内インターチェンジが2019年度開通することもあり、大森伊佐緒町長は「函館空港にも40分で行けるようになる」とアピールする。

新幹線駅は10両編成の列車が停車するとあって、周辺には見られない大規模な建物となった。駅舎デザインについては鉄道・運輸機構から2012年1月に有力3案が提示され、木古内町はその選定を同年3月に廃校になる木古内高校の全生徒15人に託した。

その結果、「小さな幸せの連なりが、いつまでも続いていく」というコンセプトで設計された案に決定。完成した駅を見ると、縦の線が力強く、印象的なデザインだ。高校生たちは「私たちのイメージと合っている」といい、数々の思い出とともに、将来への希望をこの駅舎に込めた。

駅前の一角にある道の駅「みそぎの郷（さと）きこない」に2016年1月、本格イタリア料理店「どうなんde's（デス）」がオープンした。シェフの奥田政行氏は山形県鶴岡市の食材を使って独創的な料理を提供する有名シェフ。「世界の料理人1000人」にも選出された実力派だ。

もともと木古内と鶴岡は明治時代、鶴岡の庄内藩士が開拓のため木古内に移住したのが縁で、姉妹提携を結んでいた。旧江差線の木古内の隣駅は渡島鶴岡といい、鶴岡からの移住の歴史を伝えていた。そんな関係が北海道新幹線開業で、いっぺんに花開いたといってよい。

もう一つ「急行」という名の食堂もある。ここのボリュームたっぷりのソース焼きそばが全国的に有名で、これを食べるためにわざわざ木古内にやって来る人も多い。新幹線関連工事のため駅前から少し離れた場所に移転したが、以前は駅の真ん前にでんと構えていた。まだ普通列車しか走っていない時代に「いつか木古内にも急行を」という願いから店名を付けたという。筆者も何度か通ったが、新幹線効果で再び話題になるかもしれない。

木古内駅はこれまでも海峡線と江差線木古内―函館間のローカル列車との乗り継ぎ駅だったが、これからは観光名所がある江差、松前方面への中継基地になるほか、新幹線開業と同時にスタートする第3セクター道南いさりび鉄道の起点ともなる。

七飯には総合車両基地新設

北斗市、木古内町の駅と関連して、七飯町には函館新幹線総合車両所が設置された。面積は約31万平方メートル（札幌ドームの5・6個分の広さ）を誇り、新幹線、在来の函館本線に挟まれ、列車から間近に見ることが出来る。

ここでは車両の集電装置、台車、ブレーキなど主要機器を2日に1回点検する仕業検査、およそ3万キロ走行ごと、または30日ごとに車両を運用から外してチェックする交番検査、さらにはすべての機器を取り外し、必要に応じて交換する全般検査など、車両の安全走行には欠かせない作業を日常的に行う。全国では

地元高校生がデザインを選定した木古内駅の外観。駅前では整備が急ピッチだった＝2015年12月

５つ目となる総合車両基地だ。

　七飯町は大沼国定公園や駒ヶ岳があり、新井満氏の名曲「千の風になって」が誕生した地としても知られる。大沼に居を構える新井氏の発信力もあって全国へのＰＲ材料になっているが、北斗市、木古内町に次ぐ「第３の新幹線の街」になったことで、中宮安一町長は「北海道新幹線の車両基地が存在する価値も強調したい」と売り込む考えだ。大沼湖畔にある大沼プリンスホテルは冬期休業を返上し、通年営業を再開するなど、観光客誘致の体制が整いつつある。

新函館北斗と木古内の競争激化

　ところで、函館駅と新函館北斗駅は17・9キロ離れている。したがって、新幹線で新函館北斗に来た客が

函館に陸揚げ後、函館総合車両基地で組み立てられ、姿を見せた北海道新幹線H5系の先頭車＝2014年11月

函館に行くなら、ＪＲ線で行くか、あるいはバス、タクシーか、それともレンタカーを使うか、なんらかの交通手段を使わなければならない。
　ＪＲ北海道は五稜郭—新函館北斗間を電化したうえ、新幹線の時間に合わせて、快速はこだてライナーを１日16往復運行することにした。札幌方面と新千歳空港間を結ぶ快速エアポートに使っている７３３系を新造し、３両編成のシャトルトレインとするもので、15分程度で結ぶ予定だ。
　しかし、新幹線の定員が７３１人なのに対して、はこだてライナー３両の定員は４３９人で、もし新幹線が満員で到着し、大半がライナーに乗ろうとすれば座れない客が出てしまう。快速エアポートにはある指定席のＵシートも連結されない。このため、関係団体から「６両編成にし、指定席も設けてほしい」との要望が出ている。
　函館—木古内間は約40キロで、函館—新函館北斗間の２倍以上あるが、途中まで高規格道路が開通しており、はこだてライナーを使って新函館北斗で新幹線に乗り継ぐ時間を考えれば、それほど不利な条件とは言

えない。「新幹線の運賃・特急料金も木古内利用の方が割安になる」との優位性もある。ただ、後述するが、JR江差線を引き継ぐ第3セクター道南いさりび鉄道は接続が円滑とは言えず、本数も少ないという弱点がある。

北斗市は駅前に584台分の立体駐車場を整備。さらに急きょ、開業時の混雑に対応するため、広い空き地に1600台分の無料駐車場を整備することにした。同時に立体駐車場に関しても、開業から当面は無料で提供することも決めた。

一方、木古内は駅周辺3ヵ所に合計300台分の駐車場を整備した。これは何日間駐車しても無料という破格の大サービス。北斗、木古内とも新幹線との接続はJR以外にも路線バス、レンタカーあるいはマイカー客向けの無料駐車場などを備え、多角的に客を呼び込む競争が激しさを増している。

函館と新函館北斗を結ぶ733系はこだてライナー。試運転が順調に進んだ＝2015年12月

江差線、幕を閉じる

北海道新幹線の工事が完成に近づくにつれ、JR北海道は安全対策と新幹線開業を優先させるため、国鉄からの民営化以来、ほとんど手を付けていなかった路線や駅の廃止や老朽車両の更新の中止、さらには列車本数の減便など、「負の側面」の整理に乗り出した。

北海道新幹線の開業まであと2年足らずとなった2014年5月11日、五稜郭と江差を結ぶ江差線の一部、木古内―江差間（42・1キロ）が廃止された。この日、沿線では列車が通るたびに名残を惜しむ町民の手が振られ、東京はじめ各地から集まった鉄道ファンが無数のシャッターを切った。

木古内発の最終列車は午後10時7分、江差駅に到着。人波があふれるホームでJR北海道の島田修社長が「北海道新幹線開業が間近で今後も道南の観光振興をお手伝いしたい」と約束。その一方で「病院に通うのが不便になる」と不安を漏らすお年寄りもいた。

1936年の開通後は順調に輸送量が増加。戦後は1960年代に準急えさし、おくしり、ひやま（おくしり、ひやまはその後、えさしに統合、1968年、急行に格上げ)が運行するなど、乗客増に対応してサービスを向上。江差—函館間を2時間足らずで結んだ。車内が混み合い、「座れない。立ちっぱなしだ」と苦情が寄せられるほどだった。

しかし、1970年代に入ると、道路改良、自動車の普及により乗客が減り、1980年に急行えさしを快速に格下げ。1982年には貨物扱いも取りやめ、暗雲が立ち込め始めた。1990年からは木古内—江差間で運転士が車掌を兼ねるワンマンカーに切り替え、合理化を図ったものの、同区間の1日の利用者は350人程度に落ち込んだ。

住民が地元PRのために作った「天ノ川駅」という本物そっくりの駅があった。江差に向かって左側にホームに似せた土盛りをし、駅名表示板を立てた。これが全国的に話題となり、「天ノ川駅」にあこがれて江差線にやって来るファンもいた。正式な駅ではないため停車はしないが、いっとき夜空の銀河を想像させる見事な演出だった。

2010年度の収支状況は営業収入1600万円に対して、費用はその20倍かかり、年間赤字額は3億円以上に上った。このため、JR北海道は2013年3月、江差線を廃止し、バス転換する方針について、沿線の江差、上ノ国、木古内3町と合意したことを発表した。

SL列車、名残惜しく

消えたのは江差線だけではない。2001年以来、春の大型連休と夏休み期間に函館—森間を走っていたSL函館大沼号と、2010年以来、11月から年末にかけて函館港で大規模に展開されるはこだてクリスマスファンタジーの応援役として、函館—大沼間を往復したSLはこだてクリスマスファンタジー号が、いずれも2014年の運行を最後に廃止となった。

JR北海道は両列車のほか札幌—蘭越間の函館本線の山線を走っていたSLニセコ号も2014年11月限りで運行を取りやめた。ニセコ号は1971年までC62重連で走っていた急行ニセコ時代から残る親しまれた列車名だった。起伏にとんだ美しい景色の中を走る富良野線の富良野・美瑛ノロッコ号も廃止。これにより、残ったのは釧路―標茶間のSL冬の湿原号だけとなった。

SL列車の廃止に踏み切ったのは①重いSLを走らせるため、線路の負担が大きい②2台のSLに安全確保のためのATS（自動列車停止装置）を装備するのが難しい③安全強化と新幹線開業準備を優先する―などの理由からだ。

これらの列車をけん引していたC11171と207のうち、207は東武鉄道に貸し出され、2017年度から東武鬼怒川線の下今市（栃木県日光市）―鬼怒川温泉駅（同）12・4キロで運行されることになった。

東武鉄道がSLを走らせるのはほぼ半世紀ぶり。207はもともと日高本線で活躍したSLで、急カーブに対応するため、ヘッドライトが左右についている変わり種だ。

華やかな寝台列車も次々に

青函トンネル開通以来、本州と北海道の間には豪華

北海道新幹線総合車両基地建設が始まったころの渡島大野。その横をSL函館大沼号が行く。新旧交代の時期が近づいた＝2012年5月

寝台特急と夜行急行列車がデビューし、便利さと豪華さで人気を博した。しかし、北海道新幹線の開業を機に、車両の老朽化、青函トンネルの夜間保守作業などを理由に、次々と廃止の運命をたどった。以後、青函トンネルを通過する通常の旅客列車は、新幹線オンリーとなる。

まずは札幌―大阪間の日本海ルートを約22時間で結んでいたトワイライトエクスプレス。１９８９年７月に運転開始し、長時間の変化に富む沿線風景で人気を集めた。しかし、車両の老朽化などを理由に廃止が決まり、２０１５年３月11日の大阪発、翌12日札幌発をもって最終列車となった。

また、青函トンネル開業時に運行を始めた札幌―上野間の北斗星は一時、臨時を含めて３往復していたが、２００８年に１往復に減り、２０１５年３月から週３回の臨時運転になっていた。

下り北斗星の最後の運行となった同年８月21日金曜日、上野駅17番ホームは、北斗星を見送ろうと２０００人を超すファンで大賑わいとなった。北斗星色の電気機関車ＥＦ５１０　５１５に引かれ、午後４

札幌—上野間を27年間走ったブルートレイン北斗星も姿を消した。新札幌駅でも別れを惜しむ人たちがカメラを向けた＝2015年8月

時20分に発車した北斗星は、蒸し暑さが残る首都圏を出て東北本線をひた走った。

日付が変わった22日未明、青森で函館運輸所青函派出所のＥＤ79２０にバトンタッチ。青函トンネルを通ってすっかり夜が明けた函館に着くと、函館運輸所のディーゼル機関車ＤＤ51１１３８と１１００の重連運転に最終ルートを託した。

函館から札幌まで、沿線にはカメラを持ったファンが大勢詰めかけた。筆者は撮影のため通い慣れた千歳線島松―北広島間の踏切で最後の雄姿を撮った。夏空の太陽にブルーの車体がひときわ映え、エンジンを震わせながら走る姿を見ると、惜別の思いが込み上げるのを抑えきれなかった。

折り返しの上り北斗星の発車時も札幌駅4番ホームは大勢の人波。機関車は下りと逆で１１００が先頭に立った。筆者は上野幌―西の里信号場間にある鉄橋を渡り切る個所で撮影した。

北斗星は満員の客を乗せ、札幌を遠ざかって行く。停車駅ごとに見送りを受け、同日夜、函館に到着。ＤＤ51とＥＤ79による、青函トンネル開業当時からまったく変わらない機関車付け替え作業が列車の前後で行われた。

翌23日午前9時25分、北斗星は上野駅に定時到着。途中、食堂車グランシャリオのクルーから「長年のご愛顧ありがとうございました」と感極まった放送が流れた。こうして戦後の鉄道界にあって一世を風靡したブルートレインは輝かしい歴史の幕を閉じた。

これで残ったのは札幌―上野間の臨時特急カシオペア（原則週3回運行）と、札幌―青森間の定期急行はまなすの2本だけとなった。しかし、カシオペアは新幹線開業直前の２０１６年3月19日上野発、翌20日札幌発が最終運転に。はまなすも3月20日の札幌発、折り返しの翌21日青森発をもって廃止されることが決まった。はまなすは老朽化したとはいえ、ブルートレインの面影を伝える貴重な列車で、しかも国鉄時代から続いたＪＲ全社最後の急行列車が消えることになる。

北斗星とカシオペアの廃止は、寝台列車を愛するファンだけでなく、ルートになっている第3セクターの青い森鉄道とＩＧＲいわて銀河鉄道に打撃となった。ＪＲが両鉄道に払っている線路使用料が消えてなくなるからだ。合計すると年間8億円程度といわれている。北海道新幹線と入れ替わりに開業する道南いさりび鉄道にとっても、開業前から安定収入の期待は裏切られた。

ただ、その後カシオペアは同年6月以降に復活することが確実になり、再び人気を集めそうだ。

青函結んだ特急白鳥も

北海道新幹線の開業で、海峡線を走る旅客列車はすべて新幹線に統合される。このため、寝台列車だけでなく、1日中、函館と新青森を往復した特急スーパー白鳥、特急白鳥も3月21日で一斉に廃止になる。

1988年3月の海峡線開業時に函館と盛岡を結んだ特急は、485系電車を使ったはつかりだった。そのころ、東北新幹線は盛岡止まりで、同駅で新幹線に接続していた。2002年12月に盛岡から八戸まで延伸されると、八戸と函館を直結する特急白鳥と名を変え、スーパー白鳥には強力、高速の新鋭電車789系(一部785系も使用)を投入した。

2010年12月、八戸―新青森間が開業してからは、スーパー白鳥、白鳥とも新青森で東北新幹線に接続するとともに、函館と新青森のシャトル列車として人々の往来に貢献した。

2016年3月の廃止時点では、スーパー白鳥が8往復、白鳥が2往復。JR北海道の789系は道内に転属するが、JR東日本所属の485系は全車が廃止される予定だ。485系は交流、直流の切り替えが可能で、全国どこでも走れる万能電車として重宝された。

また木古内の隣、知内駅が一足早く、2014年3月15日のダイヤ改正で駅機能を廃止し、知内信号場となった。もともと、青函トンネル開業と同時に新湯の里信号場として行き合い交換のため設置されたが、地元知内町が「駅として利用させてほしい」と請願。このため、1990年7月1日に知内駅としてオープン

青函トンネル開業以来、函館駅で青函をリレーした白鳥(右)と北斗(左)の特急コンビ=2016年1月

した。

といっても市街地から外れているため、利用者は少なく、かつては快速海峡が停車していたが、それが廃止されると、特急白鳥、スーパー白鳥が朝夕、計4本停車するだけの、事実上の〝秘境駅〟となっていた。

新幹線が走り始めると、知内信号場は在来線との供用区間になるため、それに合わせた工事が早くから進められた。プラットホームは取り外され、ホームと駅を結んでいた跨線橋も撤去され、新幹線がスムーズに走行できるよう整備されている。開業後は湯の里知内信号場と名前が変わる予定だ。

知内町の観光協会が立てた列車撮影用の展望台がある。階段を上ると、青函トンネルに出入りする列車を見通せるように作られた。これは鉄道ファンにとって、とてもありがたいサービス存在になっている。

全道で減便、駅廃止の合理化

全道に目を移すと、新幹線の陰の部分が浮かび上がってくる。JR北海道は2015年9月、普通列車79便（全体の約15％）を減らすとともに、函館本線鷲ノ巣、根室本線花咲、石北本線金華など無人駅8駅を廃止、さらに宗谷本線美深など9駅を無人化すると発表した。

例えば、札沼線浦臼―新十津川間は1日3往復ある列車が1往復まで減らされる。これに対して、新十津川町は「1往復だったら廃線に等しい」と現状維持を訴える。また、廃止や無人化される駅を抱える各自治体も「住民生活に及ぼす影響が大きい」などと反対する構えだ。

合理化の理由は鉄道事業の慢性的な赤字に加え、国鉄時代から使用しているキハ40形気動車の更新時期が近づいたこと。現在140両使用しているが、うち老朽化が著しい10両を更新せず、その分を減便するという。JR北海道は新幹線開業や安全対策に投資しなければならず、そのしわ寄せがローカル線に及んだ形だ。

貨物は新鋭大型機に交代

青函トンネル開業時は旅客も貨物も海峡線専用のE

Ｄ79がけん引していた。そのうち貨物は青函トンネル内の勾配が1000分の12ときつく、しかもターミナル同士を結ぶ長大列車を走らせるため、原則としてＥＤ79を2台連結する重連で輸送に当たった。

東北本線で貨物を引くＥＤ75も、勾配区間は重連でなければ力不足。これらは交流用機関車だが、隅田川ターミナルから直流区間終了の黒磯までは別な直流機関車が受け持ち、これらを合計すると首都圏から五稜郭まで合計5両の電気機関車が必要だった。

ＪＲ貨物としては、これら5両の機関車が1両で対応するのが効率的だと判断。交流・直流両用でパワーがあり、8軸で空転も少ないＥＨ500を設計、製造した。同形は仙台総合鉄道部に配置され、北は青函トンネルを抜けて五稜郭まで走ってきた。これにより、老朽化したＥＤ79は次第に廃車された。

しかし、北海道新幹線開業により、従来の2万ボルトが2万5000ボルトに引き上げられるほか、信号保安装置も新幹線仕様になることから、ＥＨ500は海峡線を走ることができなくなった。このため、ＪＲ貨物はＥＨ500同様、2車体を固定連結させた大型機ＥＨ800の製造に踏み切った。

ＥＨ800は試験機901を含めて17両作られ、全機が五稜郭機関区に配属された。将来は20両に増える見込み。五稜郭—青森信号場間の、道南いさりび鉄道を含む2万ボルト区間、新幹線との共用になる青函トンネルを中心とした2万5000ボルト区間を、電圧の切り替えを行いながら走行する。これにより、ＥＤ79は全廃。ＥＨ500は青森以南の運用となる。

ＥＨ800はまさに「マンモス機関車」の出で立ちだ。ＥＨ500が登場したときも、その巨大さに驚いたが、ＥＨ800は一段と力感がある。しかも、五稜郭機関区に所属する「北海道の機関車」である。ＳＬ時代を知る筆者はこのＥＨ800に、かつて国鉄五稜郭機関区に配置されていた貨物用大型機Ｄ52をオーバーラップさせる。

なお、デビューからまだ日が経っていないＥＨ500に替わり、ＪＲ貨物が急きょＥＨ800を製造したのは、北海道新幹線開業による電圧アップなど、同社とは直接関係ない要因がきっかけだ。それによるＪＲ貨物の負担が大きいため、独立行政法人鉄道建設・

青函の貨物列車の主役となるEH800　1。木古内で発車を待つ姿は力強い＝2015年12月

運輸施設整備支援機構の剰余金などから費用の支援がなされた。

北海道新幹線が開業すると、青函トンネルを走るのは新幹線ではH5系とJR東日本のE5系、それにこのEH800だけだ。まさに、新時代を印象付ける〝E・Hトリオ〟の独壇場となる。

道南いさりび鉄道が発足

北海道新幹線開業に伴ってもう一つの大きな話題は、半官半民の第3セクター道南いさりび鉄道の誕生だ。江差線五稜郭―木古内間（37・8キロ）が新幹線の並行在来線となるため、JR北海道から鉄道基盤と車両を譲り受け、新たにスタートすることになった。

2014年8月1日、北海道道南地域並行在来線準備株式会社が設立され、会社名を公募。6207件の応募の中から、最もふさわしい名称として「道南いさりび鉄道」が選ばれた。代表取締役は当初、北海道副知事が務めていたが、2015年6月に元函館市農林水産部長の小上一郎氏が就任した。

新幹線と同時開業する道南いさりび鉄道から見られる車窓。湾を越えて函館山が美しく見える＝2015年12月

資本金は4億6600万円で、北海道が80％を持ち、地元の北斗市が11・2％、函館市と木古内町が4・4％ずつとなっている。営業区間は木古内―五稜郭間（駅数は12）で、全列車が函館に乗り入れ、乗客の便宜を図る。本社は函館駅近くに設置した。

使用車両はこれまでも江差線を走っていた気動車キハ40形9両。函館―上磯間は通勤、通学客のほか、通院のため利用するお年寄りなどが多い。これまで通り、住民の足としての活躍が期待される一方、貨物列車がすべてこの鉄道を走ることになる。その利用料は収入の約90％になる見通しだ。

同時に期待されているのが、木古内から函館までの短絡アクセスとしての役割だ。前述したように、新幹線のターミナルは新函館北斗だが、そこから函館に行くにはアクセス列車のはこだてライナーに乗り換え、約15分かかる。

一方、新函館北斗の手前の木古内で下りると、函館までの距離は長いが、新函館北斗までの乗車時間13分をカットできる。所要時間は20分程度余計にかかる程度で、観光客には気にならない差といえる。

さらに木古内と道南いさりび鉄道のタッグマッチが注目される。木古内は駅前を整備し、有名シェフのレストランも進出するとあって、「ぜひ、ここで下車して新鮮な地元食材を使った料理を食べてほしい」とアピール。これに呼応して道南いさりび鉄道も「函館山を望む海岸線の眺めは絶景。イカ漁シーズンともなれば漁火（いさりび）の幻想的風景を楽しめる」と、木古内からの新幹線客を誘導しようと懸命だ。

そのため、同鉄道は観光列車「道南いさりび食堂ながまれ号」の導入を決定。「ながまれ」とは「ゆっくりして」とか「のんびりして」を意味する道南の古い方言だそう。車両2両を改装し、濃紺色をベースにした外観にはイカ釣りのいさり火や星をイメージしたラッピングを施すという。

観光列車として走るときは4人掛けシートにヘッドレストや道南スギで作ったテーブルを取り付け、リラックスして飲食できるようにする。食事は地元自慢の牛肉、カキ、ホッキなどがふんだんに盛られることになりそう。2016年は5月下旬から10月までの週末計12回（毎回50人募集）予定しており、函館を午後4時出発、約4時間かけて木古内を往復する。

筆者にとっては道南いさりび鉄道の路線は幼いころから親しんだルート。小学生のころは函館からSLけん引の海水浴臨時列車が走り、渡島当別あたりの海岸で貝類を採ってはその場で焼いて味わった。当時は、密漁などと厳しいことは言われなかった。

グルメや景色だけではない。おそらく鉄道ファンにとっても道南いさりび鉄道は魅力的な路線になるはずだ。ローカル色豊かなキハ40のほか、EH800が引く長大なコンテナ列車が通り、時には駅や信号場でEH800同士の迫力ある交換も見られるだろう。

同鉄道のダイヤは現行江差線の函館―上磯・木古内間の本数（計37本）を維持するほか、運行時間を調整して等間隔に近づけ、土日・休日運休している列車を休ませないで走らせる。JR路線になる五稜郭―函館間は全列車が乗り入れ、乗客の利便性を確保する。在来線の特急がなくなる分、余裕は生まれるが、貨物列車との調整があり、今後、乗客の推移を見ながら独自のダイヤづくりを進めることになろう。

北陸新幹線効果を金沢で見る

筆者はこれまで東海道、山陽、東北、九州、新潟、長野の各新幹線に乗り、東北新幹線の最高速度320キロを含めて、その高速走行と利便性を体感してきた。前述したが、2015年末には同年3月に開業した北陸新幹線に初めて乗車。東京発午前8時36分の「かがやき」505号の普通車は満席で上野、大宮停車後は瞬く間に高崎を通過する。速度を260キロに上げ、1時間半足らずで長野に到着し、先行の「はくたか」555号を追い抜いた。途中、軽井沢あたりの勾配で若干、振動は感じるものの、ほとんど揺れない快適な乗り心地だ。

長野から新たに延伸した北陸新幹線に入る。隣席は東京勤務の会社員で、名古屋の実家に里帰りするが、北陸新幹線ができたので金沢の友人と会い、そのあと名古屋に向かうという。金沢が近くなったので、こんな寄り道も可能になった、と喜んでいた。金沢に着いてみると、東京からわずか2時間34分の短い旅。函館から札幌行き特急スーパー北斗に乗れば、だいたい登別まで行くような時間感覚だ。

金沢に昼前に着いたので、駅向かいの有名な近江市場に行くと、日本人のみならず、アジア系の観光客が鈴なりになっている。見ていると、高級なズワイガニが飛ぶように売れ、市場独特の威勢の良い掛け声が全店で飛び交っている。明らかに新幹線効果だ。金沢城や兼六園など有名観光地もシーズンオフなのに賑わっていた。

北陸新幹線で脚光を浴びている和倉温泉の高級旅館、加賀屋の小田禎彦相談役（石川県観光連盟理事長）は2015年12月に札幌で開かれた講演会で「東京から列車で4時間かかっていた金沢が最速2時間28

外国人客も混じって威勢のいい掛け声が響く金沢・近江市場＝2015年12月

分で来られるようになった。東京だけではない。仙台や福島の人が大宮で東北新幹線から乗り換えて、ものすごい勢いで北陸に来てくれている」と、予想外の新幹線効果を強調した。

金沢はもともと関西圏だが、新幹線開業により首都圏どころか、観光客の出発地が一気に東北圏まで拡大したことに、驚きを隠さない。これを好機とみて東北でのPRを強化する考えだ。

金沢での土産品の売り上げを見ると、和菓子の名物きんつばは7倍に、地酒は8倍に、近江町のすし店では割りばしが客足に追いつかず、足りなくなったという。観光カリスマとも言われる小田氏は「北陸は近代化が遅れたがゆえに、日本の伝統が色濃く残っている。この新幹線ブームを定住人口の増大につなげたい」と、新幹線を起爆剤にした街づくりの将来像を熱っぽく語る。

北海道と東北の観光活発に

旅行の目的を極めて大ざっぱに分類すると、「仕事(ビジネス)」か「観光」かの二つになるという。これを基礎に、JR東日本が各新幹線を調査した結果によると、東海道新幹線はビジネスが80%に達し、旅行は少数派だが、東北新幹線はビジネス52%に対して旅行は48%でほぼ拮抗。上越新幹線はビジネス47%で旅行は53%となり、旅行が若干多いが、東北と同じくほぼ半々だ。ところが長野新幹線(北陸新幹線の金沢延伸以前)はビジネス41%、旅行59%と明らかに旅行目的がビジネス客を上回っている。

これらをさらに分析すると、東京から離れた場所ほど、観光など旅行目的が目立っている。すなわち、大量輸送と速さを保証する新幹線で時間を有効に使い、その分、目的の観光地でゆっくりしたい、という客が多いからだ。

こうした傾向から東京と新函館北斗の間は、東京―新青森より観光客が圧倒的に多くなると推測される。さらに、これまで鉄道でも飛行機でも函館と距離が感じられた北関東圏や南東北、例えば宇都宮、郡山、福島、あるいは東北新幹線に駅はないが、山形とか、そうした都市との間で観光を目的に往来する人々が飛躍的に増えるだろう。ちなみに山形市の佐藤孝弘市長は函館出身で、両市の関係強化に意欲的だ。

実は開業ダイヤを策定するに当たり、函館ははやぶさの一部でいいから、宇都宮に停車するよう要請していた。これは観光客だけでなく、修学旅行を誘致するためだ。高校生だと一度に大量に団体で移動するし、将来の函館ファンを増やす機会にもなる。今回は見送られ、来るとしても仙台で乗り換えが必要だが、今後の誘致活動の大きなテーマになる。

逆に札幌や道内各地から新幹線への接続列車を使うことで、東北にも出かけやすくなる。函館にいると、青森のねぶた祭りはじめ北東北のイベントは身近な存在だが、現状、札幌の感覚では東京よりはるかに遠いのではないか。

しかし、札幌からでも新幹線を使えば、新青森まで5時間前後の旅となり、東北がぐんと近く感じるようになるはずだ。例えば札幌発午前6時のスーパー北斗2号―はやぶさ16号の接続を使えば、新青森に同10時37分に到着する。

縄文人の生活を掘り起こした青森の三内丸山遺跡はもちろん、藤原氏の栄華を伝える中尊寺を中核に世界遺産に指定されている平泉など、東北ならではの見どころには事欠かない。このため「新幹線開業で北海道と東北の関係が化学反応を起こして劇的に変化する」と指摘する識者が多い。

これに合わせて車内文字ニュースにも一工夫された。JR北海道と地元紙北海道新聞社が提携し、新青森―新函館北斗間で北海道内4本、道外4本の計8本と、関連地域の天気予報2本、合計10本が流される。特に旅行中、気になる天気予報は道外、道内それぞれ5ヵ所をピックアップ。道外は東京、仙台、盛岡、秋田、青森で、道内が函館、札幌、旭川、釧路、帯広。新函館北斗から内陸部へ乗り継ぐ乗客にもきめ細かく配慮した構成だ。

新幹線の私的な楽しみ方

北海道新幹線開業が本決まりになったころ、函館生まれの筆者としては何としても開業日に乗車したいと決心した。それで、どこに行くか。考え付いたのは、新幹線を乗り継いで鹿児島中央まで〝一気通貫〟で乗車することである。

ダイヤ発表後、時刻表とにらめっこしながら、こんな計画を立てた。新函館北斗発午前6時35分の1番列車はやぶさ10号に乗ると、東京着が同11時4分。ここで同11時30分発、東海道新幹線ののぞみ29号に乗り換え、今度は新大阪で下りて、午後2時20分発のみずほ617号に乗車。そのまま鹿児島中央に直行すれば、同6時20分に到着する。新函館北斗から11時間45分の旅である。この目的は朝、函館の朝市でイカ刺し定食を食べて、鉄道だけで鹿児島に行き、夜、鹿児島で焼酎を飲みながら北海道、本州、九州が新幹線で結ばれたことを勝手に祝う―ことに尽きる。

もっとも、それだけではもったいないので、薩摩（現・鹿児島県）出身で北海道の鉄道建設を推進した当時の開拓長官黒田清隆や函樽鉄道の立役者、園田実徳、さらにサッポロビールの創設者、村橋久成のゆかりの地を訪ねて、北海道と鹿児島が新幹線でつながったことを報告するのもいいだろう。

筆者は幸いにも、開業当日の上り1番列車はやぶさ10号の指定券を取れたので、計画通り鹿児島まで行くことにした。新幹線のお陰で、鹿児島が急に身近な存在になってきた。

先に北陸新幹線開業により、東北からも観光客が押し寄せたことを紹介したが、そのカギになるのが東北新幹線と上越新幹線、北陸新幹線の乗換駅になっている大宮駅の存在だ。函館から向かった場合、上越、北陸に行こうとすれば、終点東京に行くより大宮で乗り換えれば早いし、安い。

鹿児島に行くのと同様に新函館北斗をはやぶさ10号で出発すると、大宮に同10時38分着。同56分発のかがやき509号に乗り換えると、長野同11時52分、富山午後0時40分、終点金沢には同1時に到着する。新函館北斗から6時間25分である。旅の疲れをいやすため、駅から徒歩3分の近江市場で新鮮な魚をメーンにした昼食はいかがか。

途中、日本アルプスを眺める富山で降りて、宇奈月温泉、さらに足を延ばしてトロッコ電車が走る黒部峡谷鉄道に乗り、山深い黒部ダムに向かうのも一興だろう。

また、新潟に行きたい人はこんなダイヤもある。新函館北斗から大宮までは同じで、大宮発午前10時42分のとき315号に乗ると、終点新潟に午後0時21分に到着。新函館北斗から5時間46分だ。佐渡に渡る人ならば、ここからジェットフォイルで1時間5分。目と鼻の先である。

以上、「金に糸目を付けなければ」という条件だが、今まで「飛行機でなければ行けない」と思い込んでいた観光地が、新幹線を活用すれば意外に早く手軽に行けるということに気付く。（北海道新幹線以外のダイヤは2016年2月現在）

新幹線で「知床行きもあり」だ

開業前に北海道の観光関係者が大宮で開業を宣伝した際、道行く市民が大いに関心を寄せてくれた。中には「北海道新幹線を使ってぜひ知床に行きたい」と語った市民がいたという。函館―知床が700キロ近くあることを知っている道民は「無理、無理」と言いたくなる話だが、そうでもなさそうだ。

JR東日本の話では2002年、東北新幹線が八戸に延伸し、「はやて」が新設された時、「はやてで行く沖縄」のキャンペーンを展開したところ、「羽田空港が近くなる」という感覚が反応したのか、予想外に当たったという。

当時を知る担当者は「新幹線のインパクトは強いものがある。新幹線を契機に北海道に行きたい人が増えれば、それだけ北海道全体にメリットが生まれる。知床行きも、ありですよ」と、単に函館圏のみならず、新幹線効果を広域的にとらえることが重要だと語る。

それには新函館北斗あるいは木古内から札幌など道央、道北、道東への接続が重要となる。JR北海道は従来の特急スーパー北斗、北斗を3往復増発。一部に特急用気動車261系を新たに投入した上で、上下全列車を新函館北斗経由として、札幌のみならず、道南の温泉地、さらには道東、道北への効果的な乗り継ぎを強化する。また、駅前からは定期、観光バスもスタート。さらにレンタカー会社も進出し、交通運輸関係各社が内陸部への「脚力の強化」を競っている。

JR東海相談役で日本の観光のリーダーでもある須田寛氏は講演で、「新幹線開業をチャンスとしてとらえ、北海道全体が大きく変わってほしい。いや、北海道が全国の観光のあり方を変えたと評されるようになっていただきたい」と、強い期待感を示した。

同時に須田氏は「北海道新幹線の乗車率が悪ければ、後に控えている山陰や四国の新幹線構想に『待った』がかかるかもしれない」と警告を鳴らす。単に鉄道側からの発言ではなく、北海道の可能性を熟知した上での助言と受け取るべきだろう。

課題克服して札幌延伸へ

ともあれ、北海道新幹線はスタートする。注目された新函館北斗—東京の「4時間切り」は安全が確かめられたら遠からず実現するだろう。むしろ、それより重要なのは函館圏と東北圏がどれだけ経済交流を活発化させるか、ということではないか。

同時に観光交流も期待される。開業日が迫るにつれ、全道の観光地で新幹線を利用する知恵を絞り始めた。北海道ブランドの農産品、魚介類など食材への関心も高まっている。函館圏に観光客が増えれば、全道の食材が求められ、たとえ観光客が来なくても、新幹線効果を期待できるはずだ。

それに「おもてなし」を磨かなければならない。金沢駅のショッピングモールには「あんやと　またお越しくださいませ」と書かれた幕が張られてあった。「あんやと」は方言で「ありがとう」の意。筆者は初めて知ったが、旅の疲れを癒すような柔らかなニュアンスに、地元の人たちの温かい気持ちを感じた。こんな、何気ない言葉と笑顔があれば、人が人を呼んでくれるだろう。

そのほかの課題もたくさんある。関係者からは①2030年度完成予定の札幌延伸の前倒しを図る②青函トンネル内の貨物列車とのすれ違いによる140キロ制限を早期に解消する③はこだてライナーやスーパー北斗など接続列車の利便性を向上させる④他新幹線に比べて割高な料金を改善し、利用しやすい制度を作る⑤新幹線を中核として在来線、飛行機、バス、フェリー、レンタカーなどを組み合わせて総合的な交通体系を構築する⑥第3セクターの道南いさりび鉄道の経営を安定させ、景観と料理を楽しむ列車を充実させる

―などが挙げられている。

さらに長期的には①新幹線と在来線どちらも走行できるフリーゲージトレインを採用し、新幹線の活用圏域を拡大する②200キロで走行できる貨物専用の新幹線列車を導入する③新幹線の一部車両にスペースを作り、朝とれた生鮮品を積んで午前中に首都圏に配送する―などの先進的なアイデアが出ている。いずれも容易ではないが、北海道新幹線の開業を機に他の新幹線にはない、北海道独自の哲学（鉄学）を持った新幹線が走ることに夢を託したい。

札幌延伸については、新函館北斗―札幌間約211キロで、途中駅は新八雲（仮称）、長万部、倶知安、新小樽（仮称）を予定。すでに一部でトンネル工事が始まっている。政府は2016年度予算案の中で、新函館北斗―札幌間の建設事業費に前年度当初比70％増の340億円を計上した。新青森―札幌間の総建設費のうち道内分は1兆3300億円（2006年の試算）とされ、まだ緒に就いたばかりだが、札幌延伸の前倒しが可能になるもならないも、北海道新幹線の活用のあり方にかかってくる。

新函館北斗の札幌側行き止まり。この先が札幌までつながるのはいつのことか＝2015年12月

函館・道南鉄道ものがたり【年表】

文久	
1861年（文久元年）	青森の滝屋喜蔵が箱館定飛脚問屋取次所を開き、箱館奉行所に届ける荷物の取り扱いを開始する。これをもって本州と北海道の定期航路の初めとされる。
明治	
1873年（明治6年）	北海道開拓使が青森―函館間に定期航路を開設する。
1885年（明治18年）	三菱商会などを統合した日本郵船が青函間で定期運航を開始する。
1896年（明治29年）	平田文右衛門らが呼びかけ人となり、函樽鉄道株式会社が発足する。
1897年（明治30年）	亀函馬車鉄道株式会社が東川町―弁天間に馬車鉄道を走らせる。
1900年（明治33年）	11月 函樽鉄道株式会社が北海道鉄道株式会社に社名を変更する。
1902年（明治35年）	12月10日 北海道鉄道株式会社が経営する函館・道南地方では初めての鉄道が函館―本郷間で開業する。初代函館駅も開業する。
1904年（明治37年）	7月1日 現在の函館駅の地に、2代目函館駅が開業する。初代函館駅は亀田駅となる。 10月15日 函館―高島間（現・小樽）が開通する。
1905年（明治38年）	8月1日 最後の未完成区間である高島―小樽（現・南小樽）間がつながり、函館―小樽間が全通する。
1906年（明治39年）	9月8日 函館―札幌間を1日1往復12時間で結ぶ直通列車の運行が始まる。
1907年（明治40年）	7月1日 北海道鉄道が国有化される。
1908年（明治41年）	3月7日 青森―函館間に青函連絡船「比羅夫丸」が就航する。

明治	
1910年（明治43年）	12月15日 青函連絡船を横付けできる木造桟橋が竣工し、使用を開始する。
1911年（明治44年）	8月29日 亀田駅が廃止になる。 9月1日 五稜郭駅が開業する。
大正	
1913年（大正2年）	5月4日 若松町から出火した火の手が函館駅に燃え移り、2代目駅舎はこれを機に建て替えられることになる。 6月29日 函館水電株式会社が東雲町―湯の川間で路面電車を運行する。 9月15日 上磯軽便線五稜郭―上磯間が開業する。
1914年（大正3年）	12月10日 函館駅の3代目の駅舎が完成する。左右対称のルネッサンス様式の木造2階建て。 同日 車両を運ぶ艀「車運丸」が就航する。
1916年（大正5年）	4月10日 函館―釧路間の急行1、2列車に道内では初めての食堂車が連結される。
1920年（大正9年）	10月24日 寿都鉄道黒松内―寿都間が開業する。
1923年（大正12年）	函館市会議員の阿部覚治が著書『大函館論』のなかで、函館―大間（下北半島）間の海底鉄道の必要性を論じる。
1924年（大正13年）	10月4日 函館桟橋駅の使用が開始され、函館桟橋駅―函館駅間が開業する。
1925年（大正14年）	8月1日 青函連絡船による貨車航送が始まる。
昭和	
1927年（昭和2年）	12月25日 渡島海岸鉄道東森仮停車場―砂原間が開業する。

昭和

1928年（昭和3年）	9月13日 森—砂原間が開通し、渡島海岸鉄道が全通する。
1929年（昭和4年）	1月5日 大沼電鉄大沼公園—新本別間が開業する。 6月17日 駒ヶ岳が大噴火し、鹿部村などに甚大な被害を与える。 12月13日 瀬棚線国縫—花石間が開業する。
1930年（昭和5年）	10月25日 上磯線上磯—木古内間が開業する。木古内には機関車の駐泊所が設けられ、鉄道の街としての歴史がスタートする。
1932年（昭和7年）	11月1日 瀬棚線国縫—瀬棚間が開業する。
1936年（昭和11年）	6月1日 函館—上磯間でガソリンを燃料とするガソリンカーの運転が始まる。 9月15日 本郷（現・渡島大野）—軍川（現・大沼）間に仁山信号場が開設される。 11月10日 上磯線五稜郭—江差間が全通し、名称も江差線となる。
1937年（昭和12年）	2月 函館と戸井を結ぶ戸井線の工事が始まる 10月12日 福山線（後の松前線）木古内—渡島知内間が開業する。
1938年（昭和13年）	1月18日 3代目函館駅の給湯室の円筒が過熱して出火する。
1942年（昭和17年）	4月1日 本郷駅を渡島大野駅に改称する。 12月20日 4代目函館駅が竣工、開業する。 12月27日 函館—五稜郭間が複線化される
1943年（昭和18年）	1月10日 五稜郭操車場の使用を開始する。 11月1日 函館市交通局が発足し、路面電車は函館市の管理となる。

昭和

1944年（昭和19年）	10月11日 五稜郭機関区駐泊所が五稜郭機関区に昇格する。
1945年（昭和20年）	1月25日 戦時輸送強化のため、渡島海岸鉄道が国有化される。 6月1日 大沼電鉄が全線廃止になる。 森—砂原—軍川間の砂原線が開業。合わせて砂原の駅名が渡島砂原に変更される。 7月14日 アメリカ海軍艦載機の空襲で、青函連絡船は6隻が沈没、5隻が破壊される。 8月30日 本州からの復員輸送が本格化し、まず横須賀からの一団が青函連絡船で函館に到着する。 10月 函館—網走間に急行1列車、2列車が復活したが、石炭事情が悪化して2ヵ月で他の列車とともに運転中止になる。
1946年（昭和21年）	2月11日 上野—札幌間で軍専用の臨時列車がスタートする。 4月22日 連合軍専用列車を上野—札幌間で運転を開始する。
1947年（昭和22年）	11月21日 洞爺丸が就航する。
1948年（昭和23年）	1月16日 大沼電鉄が新銚子口—鹿部間で再び営業を始める。 7月1日 戦後初の大規模ダイヤ改正が行われ、函館—旭川間の急行列車増発をはじめ、函館—岩見沢間に室蘭本線経由の不定期急行列車が設定される。
1949年（昭和24年）	9月 戦時中に禁止されていた青函連絡船出港時の五色のテープが復活する。
1951年（昭和26年）	4月1日 函館—釧路間の「まりも」、函館—網走間の「大雪」など函館発の急行が愛称を付けて次々と復活する。
1952年（昭和27年）	12月 大沼電鉄が再び廃止になる。

昭和	
1953年（昭和28年）	11月8日 福山線木古内—松前間が全通し、松前線と改称される。
1954年（昭和29年）	9月26日 日本海難史上最大の惨事となった洞爺丸事故が発生する。
1956年（昭和31年）	9月 急行用機関車として本州からC62形の北海道転出が始まり、函館にも運用される。
1960年（昭和35年）	7月1日 函館—札幌間で急行「すずらん」が運行を開始する 10月1日 函館—江差間で準急「えさし」が運行を開始する。
1961年（昭和36年）	10月1日 「サンロクトオ」のダイヤ改正で、函館—旭川間に道内史上初めての特急となる、「おおぞら」が登場する。
1963年（昭和38年）	江差線、松前線にレールバスが投入される。
1964—1965年（昭和39—昭和40年）	新造船の津軽丸、八甲田丸、松前丸、大雪丸、摩周丸、羊蹄丸（八甲田丸を除く5隻はいずれも2代目の命名）が次々と就航する。
1964年（昭和39年）	10月1日 函館—釧路間で特急「おおとり」が運行を開始する。
1965年（昭和40年）	10月1日 函館—旭川間で特急「北斗」が運行を開始する。
1966年（昭和41年）	10月1日 七飯—大沼間に下り専用の短絡線として藤城線（函館本線の支線）が開業する。瀬棚線（国縫—瀬棚間）で急行「せたな」が運転を開始する。
1967年（昭和42年）	3月1日 函館—旭川間で小樽経由の特急「北海」が運行を開始する。函館本線全線を結ぶ特急は初登場。 6月1日 マイカーの普及で自動車航送（カーフェリー）も行うことになる。青森発の十和田丸から航送を開始。

昭和	
1970年（昭和45年）	1月10日 青函連絡船の乗船客が累計1億人に達し、船上で記念イベントを行う。
1972年（昭和47年）	5月11日 寿都鉄道が運行休止になる。
1973年（昭和48年）	8月5日 この日の乗船客が合計3万4560人を数え、1日の客数としては青函航路開設以来最多を記録する。
1974年（昭和49年）	6月30日 函館方面でのSLの運行を終了する。長万部—瀬棚間でSLさよなら列車が運行される。
1980年（昭和55年）	10月1日 これまで函館を中継点とし、本州と道内を結ぶ列車、青函連絡船を中心に作っていた列車ダイヤを、千歳空港発着の航空機との接続を重視した札幌中心のダイヤに作り変える。
1985年（昭和60年）	3月10日 青函トンネルの本坑が貫通する。
1987年（昭和62年）	3月16日 瀬棚線が全線廃止になる。快速「せたな」が廃止になり、函館—長万部間で快速「アイリス」の運行を開始する。 4月1日 日本国有鉄道が北海道旅客鉄道株式会社（JR北海道）など旅客鉄道6社（JR各社）に分割民営化される。貨物分野は日本貨物鉄道株式会社（JR貨物）に振り分けられる。
1988年（昭和63年）	1月6日 「大雪丸」が最後の航海を終える。 2月1日 松前線が廃止される 3月13日 青函トンネル開通に伴い、青函連絡船が廃止される。 函館本線函館駅—五稜郭駅間が電化になる。 上野—札幌間で寝台特急「北斗星」の運行を開始する。 海峡線中小国—木古内間が開業する。 6月3日 青函連絡船の暫定運航を開始する。 7月1日 函館—札幌間で夜行の快速「ミッドナイト」の運行を開始する。

昭和	
	9月18日 青函連絡船の暫定運航が終了する。
平成	
１９８９年 （平成元年）	7月21日 大阪―札幌間に寝台特急「トワイライトエクスプレス」が運行を開始する。（当初は団体専用列車）
１９９４年 （平成６年）	3月1日 函館―札幌間に特急「スーパー北斗」の運行を開始する。
１９９７年 （平成９年）	3月22日 ダイヤ改正で、夜行急行「はまなす」と快速「海峡」に、「のびのびカーペット車」と名付けられたカーペット車が組み込まれる。 7月19日 車内に自転車を持ち込める「サイクル駒ヶ岳号」の運行を開始する。
１９９９年 （平成11年）	7月16日 札幌―上野間に寝台特急「カシオペア」が運行を開始する。
２００１年 （平成13年）	4月28日 ＳＬ函館大沼号の運行を開始する。
２００２年 （平成14年）	12月1日のダイヤ改正で函館―青森間を結んだ「快速海峡」が前日の２００２年11月30日に廃止。函館―札幌間の「快速ミッドナイト」も廃止された。東北新幹線が八戸まで延伸したのを機に、函館―青森―八戸間に「特急スーパー白鳥」と「特急白鳥」の運行を開始する。
２００３年 （平成15年）	6月21日 5代目函館駅が完成する。
２００４年 （平成16年）	12月16日 政府・与党が北海道新幹線新青森―新函館（当時）の２００５年度の着工を決める。
２００５年 （平成17年）	5月22日 渡島大野駅で北海道新幹線の起工式が行われる。
２０１０年 （平成22年）	12月4日 函館―大沼間に新たに「ＳＬクリスマスファンタジー号」が登場する。 東北新幹線は八戸―新青森間が開業し、全線開業となる。

平成	
２０１４年 （平成26年）	3月14日 知内駅が廃止になる。 5月11日 江差線木古内―江差間が廃止になる。 6月11日 ＪＲ北海道が北斗市内に設置される新駅の名称について北海道新幹線の駅名を「新函館北斗」に決定する。 8月10日 函館―大沼公園間を走る「ＳＬ函館大沼号」が廃止になる。 10月13日 北海道新幹線のＨ５系車両が初めて函館に上陸する。 12月2日 北海道新幹線のＨ５系車両が試運転で初めて新幹線木古内駅に入る。 12月25日 函館―大沼公園間を走る「ＳＬはこだてクリスマスファンタジー号」が廃止になる。
２０１５年 （平成27年）	3月12日 寝台特急「トワイライトエクスプレス」が札幌発で運行を終了する。 3月14日 寝台特急「北斗星」が定期運行を終了する。 6月30日 北海道新幹線奥津軽いまべつ駅（青森県今別町）が完成する。 7月24日 北海道新幹線木古内駅が完成する。 8月22日 寝台特急「北斗星」が札幌発ですべての運行を終了する。 9月3日 北海道新幹線新函館北斗駅が完成する。 12月18日 ＪＲ北海道が北海道新幹線の運行ダイヤを発表する。
２０１６年 （平成28年）	3月20日 寝台特急「カシオペア」が札幌発で運行を休止する。 3月21日 特急「スーパー白鳥」「白鳥」が運行を終了。急行「はまなす」は青森発で運行を終了する。 3月26日 北海道新幹線新青森―新函館北斗間が開業予定。 第３セクター道南いさりび鉄道が営業を開始予定。

写真・図版一覧

表紙カバー　原田伸一
表紙　原田伸一

P1　原田伸一
P2-3　原田伸一
P4-5　原田伸一
P6-7　原田伸一
P8-9　原田伸一
P10-11　原田伸一
プロローグ　原田伸一
目次　原田伸一

第1章扉　原田伸一
P18　JR北海道
P20　函館市中央図書館
P21　北斗市
P22　北斗市
P25（上）原田伸一
P25（下）原田一夫
P26　原田秀一
P27　原田伸一
P33　原田伸一
P34　小樽市総合博物館

第2章扉　原田伸一
P40　函館市中央図書館
P44　北海道新聞社
P46　北海道新聞社
P47　北海道新聞社
P50　函館市中央図書館
P51　原田伸一
P52　国土地理院
P56（上）原田秀一
P56（下）原田伸一
P57　原田秀一
P59（上）原田一夫
P59（下）原田一夫
P63（上）原田伸一
P63（下）原田一夫
P64　北海道新聞社
P65　原田伸一
P66　原田秀一
P67　原田伸一
P70（上）七飯町歴史館
P70（下）国土地理院
P71「写真で見る江差町史」
P72　原田伸一
P73（上）原田伸一
P73（下）原田伸一
P75　函館市中央図書館
P76　原田伸一

第3章扉　原田伸一
P82　北海道新聞社
P85　北海道新聞社
P88　北海道新聞社
P89（上）北海道新聞社
P89（下）原田一夫
P92（上）原田伸一
P92（下）原田伸一
P93　北海道新聞社
P94-95　原田伸一
P96（上）原田伸一
P96（下）原田伸一
P97（上）原田伸一
P97（下）原田伸一
P99　原田伸一
P100（上）原田伸一
P100（下）原田伸一
P102　国土地理院
P103　原田一夫
P105　原田伸一
P106　北海道新聞社
P109　青森空襲を記録する会
P110-111　原田伸一
P114　北海道新聞社

第4章扉　原田伸一
P119　原田伸一
P121　北海道新聞社
P127（上）原田伸一
P127（下）原田伸一
P128（右上）北海道新聞社
P128（左上）原田一夫
P128（右下）北海道新聞社
P128（左下）原田伸一
P129　原田伸一
P130　北海道新聞社
P131　北海道新聞社
P133　原田一夫
P135（上）原田一夫
P135（下）原田一夫
P137　原田伸一
P138　原田伸一
P139　原田伸一
P140　原田一夫
P142　原田一夫
P143　原田伸一
P145　原田伸一
P148（上）原田伸一
P148（下）原田伸一
P149（上）原田一夫
P149（下）原田伸一
P150　原田一夫
P151　原田伸一
P152　原田一夫
P153（上）原田伸一
P153（中）原田伸一
P153（下）原田伸一
P155（上）原田伸一
P155（下）原田伸一

P156 （上）原田一夫
P156 （下）原田一夫
P157 （上）原田伸一
P157 （下）原田伸一
P158 （上）原田一夫
P158 （下）原田一夫
P159 原田一夫
P160 原田伸一
P161 原田一夫
P162 原田伸一
P163 原田伸一
P165 （上）原田伸一
P165 （下）原田伸一
P168 （上）原田伸一
P168 （下）原田伸一
P169 原田伸一
P170-171 原田伸一

第5章扉 原田伸一
P174 原田伸一
P175 （上）原田伸一
P175 （下）国土地理院
P176 原田伸一
P177 （上）原田伸一
P177 （下）原田伸一
P178 原田伸一
P179 原田伸一
P180 （上）原田伸一
P180 （下）原田伸一
P181 原田伸一
P184 原田伸一
P186-187 原田伸一
P187 原田伸一
P190 （上）北海道新聞社
P190 （下）北海道新聞社
P192 原田伸一
P193 原田伸一
P194 原田伸一
P199 原田伸一

P202-203 原田伸一
P205 北海道新聞社
P207 原田伸一
P210 原田一夫
P212 （上）北海道新聞社
P212 （下）北海道新聞社
P213 （上）原田伸一
P213 （下）原田伸一
P216 北海道新聞社

第6章扉 原田伸一
P220 原田伸一
P221 北海道新聞社
P223 北海道新聞社
P228 （上）北海道新聞社
P228 （右下）北海道新聞社
P228 （左下）原田伸一
P231 （上）原田伸一
P231 （下）原田伸一
P233 北海道新聞社
P236 北海道新聞社
P237 原田伸一
P239 北海道新聞社
P240 原田伸一
P241 原田伸一
P243 原田伸一
P244 北海道新聞社
P245 原田伸一
P246 原田伸一
P247 原田伸一
P248 原田伸一

第7章扉 原田伸一
P250 原田伸一
P251 （上）原田伸一
P251 （下）原田伸一
P252 北海道新聞社
P254 原田伸一
P256 原田伸一
P257 原田伸一
P258 原田伸一
P261 （上）原田伸一
P261 （下）北海道新聞社
P262 （上）原田伸一
P262 （下）原田伸一
P263 原田伸一
P266 原田伸一
P267 原田伸一
P269 原田伸一
P270 原田伸一
P271 原田伸一
P272 原田伸一
P274 原田伸一
P275 北海道新聞社
P276 原田伸一

第8章扉 原田伸一
P282 原田伸一
P283 （上）原田伸一
P283 （下）原田伸一
P284 原田伸一
P285 原田伸一
P286 原田伸一
P290 原田伸一
P291 原田伸一
P292 原田伸一
P294 原田伸一
P295 原田伸一
P297 原田伸一
P300 原田伸一
P301 原田伸一
P303 原田伸一
P309 原田伸一

あとがき 原田伸一
著者略歴 原田一夫
裏表紙 原田伸一

【主な参考文献】

函館市史、北斗市史、七飯町史、砂原町史、鹿部町史、森町史、八雲町史、長万部町史、黒松内町史、木古内町史、知内町史、福島町史、江差町史、松前町史、戸井町史、今金町史、瀬棚町史、寿都町史、「北海道鉄道百年史　上、中、下」（国鉄北海道）、「道南鉄道１００年史　遥《はるか》」（ＪＲ北海道函館支社）、「青函トンネルから英仏海峡トンネルへ」（持田豊、中公新書）、「弾丸列車」（前間孝則、実業之日本社）、「新幹線を航空機に変えた男たち」（同、さくら舎）、「国鉄車両配置表」、「蒸気機関車小史」（臼井茂信）、「日本の蒸気機関車」（臼井茂信、西尾克三郎、以上鉄道図書刊行会）、「Ｄ52物語」（Ｄ52物語制作委員会）、「時刻表復刻版」（日本交通公社）、「青函連絡船50年史」（国鉄青函船舶鉄道管理局）、「イノベーションへの挑戦」（柿沼博彦）「懐かしの北海道鉄道の旅」（矢島睿、以上中西出版）「鉄道による貨物輸送の変遷」（太田幸夫、富士コンテム）「フリーゲージ・トレインが運ぶ北海道の未来～北海道の新幹線を２００％活用する～」（佐藤馨一、中添眞、柏櫓社）、「昭和の鉄道―近代鉄道の基盤づくり」（須田寛、交通新聞社新書）、「鉄道ピクトリアル」「鉄道ファン」「鉄道ジャーナル」「キネマ旬報」「鉄道ダイヤ情報」「国鉄時代」等の鉄道専門誌。「車掌の仕事」「北海道の鉄道」「北海道鉄道なんでも事典」（以上、田中和夫、北海道新聞社）、「写真集さようなら青函連絡船」「国鉄北海道ローカル線」「写真で見る北海道の鉄道　上、下」「さよなら江差線」「函館の路面電車１００年」（以上、北海道新聞社）。その他、北海道新聞や旧地元新聞の記事を引用させていただいた。（著者敬称略）

和暦・西暦対照表

和暦	西暦
明治 元年	1868年
明治 2年	1869年
明治 3年	1870年
明治 4年	1871年
明治 5年	1872年
明治 6年	1873年
明治 7年	1874年
明治 8年	1875年
明治 9年	1876年
明治10年	1877年
明治11年	1878年
明治12年	1879年
明治13年	1880年
明治14年	1881年
明治15年	1882年
明治16年	1883年
明治17年	1884年
明治18年	1885年
明治19年	1886年
明治20年	1887年
明治21年	1888年
明治22年	1889年
明治23年	1890年
明治24年	1891年
明治25年	1892年
明治26年	1893年
明治27年	1894年
明治28年	1895年
明治29年	1896年
明治30年	1897年
明治31年	1898年
明治32年	1899年
明治33年	1900年
明治34年	1901年
明治35年	1902年
明治36年	1903年
明治37年	1904年
明治38年	1905年
明治39年	1906年
明治40年	1907年
明治41年	1908年
明治42年	1909年
明治43年	1910年
明治44年	1911年
明治45年 ／大正元年	1912年
大正 2年	1913年
大正 3年	1914年
大正 4年	1915年
大正 5年	1916年
大正 6年	1917年
大正 7年	1918年
大正 8年	1919年
大正 9年	1920年
大正10年	1921年
大正11年	1922年
大正12年	1923年
大正13年	1924年
大正14年	1925年
大正15年 ／昭和元年	1926年
昭和 2年	1927年
昭和 3年	1928年
昭和 4年	1929年
昭和 5年	1930年
昭和 6年	1931年
昭和 7年	1932年
昭和 8年	1933年
昭和 9年	1934年
昭和10年	1935年
昭和11年	1936年
昭和12年	1937年
昭和13年	1938年
昭和14年	1939年
昭和15年	1940年
昭和16年	1941年
昭和17年	1942年
昭和18年	1943年
昭和19年	1944年
昭和20年	1945年
昭和21年	1946年
昭和22年	1947年
昭和23年	1948年
昭和24年	1949年
昭和25年	1950年
昭和26年	1951年
昭和27年	1952年
昭和28年	1953年
昭和29年	1954年
昭和30年	1955年
昭和31年	1956年
昭和32年	1957年
昭和33年	1958年
昭和34年	1959年
昭和35年	1960年
昭和36年	1961年
昭和37年	1962年
昭和38年	1963年
昭和39年	1964年
昭和40年	1965年
昭和41年	1966年
昭和42年	1967年
昭和43年	1968年
昭和44年	1969年
昭和45年	1970年
昭和46年	1971年
昭和47年	1972年
昭和48年	1973年
昭和49年	1974年
昭和50年	1975年
昭和51年	1976年
昭和52年	1977年
昭和53年	1978年
昭和54年	1979年
昭和55年	1980年
昭和56年	1981年
昭和57年	1982年
昭和58年	1983年
昭和59年	1984年
昭和60年	1985年
昭和61年	1986年
昭和62年	1987年
昭和63年	1988年
昭和64年 ／平成元年	1989年
平成 2年	1990年
平成 3年	1991年
平成 4年	1992年
平成 5年	1993年
平成 6年	1994年
平成 7年	1995年
平成 8年	1996年
平成 9年	1997年
平成10年	1998年
平成11年	1999年
平成12年	2000年
平成13年	2001年
平成14年	2002年
平成15年	2003年
平成16年	2004年
平成17年	2005年
平成18年	2006年
平成19年	2007年
平成20年	2008年
平成21年	2009年
平成22年	2010年
平成23年	2011年
平成24年	2012年
平成25年	2013年
平成26年	2014年
平成27年	2015年
平成28年	2016年
平成29年	2017年
平成30年	2018年
平成31年	2019年

あとがき

「汽車が好き」というだけで中学生の時から始めた鉄道写真だが、1960年代から70年代初めまで、蒸気機関車を中心に道内と全国各地で撮影した1万枚を超えるネガが手元にたまった。

そのSLは一部現役を除けば40年以上前に姿を消し、それに代わったディーゼル機関車や電気機関車、さらには花形の気動車や電車特急も急速に世代交代が進んでいる。この本が世に出るころには北海道新幹線が開業し、私が親しんだ函館・道南の鉄道に劇的な変革が起きているだろう。

そんなめまぐるしい歴史を文章と写真でまとめてみたい、という思いを随分前から抱いていた。今回、北海道新聞社から上梓できたのは望外の喜びである。

物語の中心となった函館は「北海道では一番のものがたくさんある」のが自慢の街だ。米国ペリー提督が率いる黒船が函館に来たのをきっかけに1859年、横浜と同時に国際貿易港として門戸を開放。いち早く造船技術、西洋料理、写真を習得するなど、独自の先進性と文化を誇った。ただ、海運が早く発達したゆえに、内陸に比べて鉄道開通が遅れてしまったのは否めない。

函館──本郷間に陸蒸気が走ったのが「第1の革命」だとすると、青函連絡船の就航は「第2の革命」。そして本州と北海道を地続きにした国家プロジェクト・青函トンネルの開通は「第3の革命」になる。この流れに沿えば、北海道新幹線は「第4の革命」と言ってよい。将来、札幌延伸や貨

物新幹線などが実現すれば、はるかに大規模な「第5の革命」が起きるはずだ。

執筆を始めた2015年は戦後70年の節目の年だった。戦争中、多くの兵士が鉄道で戦地に赴いたこと。また、軍事輸送を担った列車や青函連絡船が無差別に爆撃され、多くの人命が奪われたこと。こうした事実にあらためて向き合い、鉄道が戦争に翻弄される時代はもうあってはならない、という思いをいっそう強くした。

写真の撮り方を教えてくれた父・一夫（2013年死去）が「今のうちに写真を撮っておけばいつか役に立つことがある」と口癖のように言っていた。祖父・秀一（1963年死去）が1920年代に撮った当時最新鋭のSLや青函連絡船の乾板写真が残っていたのも幸運だった。その意味で、この本は親子3代、ほぼ1世紀に渡る私家版鉄道写真の記録でもある。

執筆に当たっては、多くの先達の資料を活用させていただいた。また、JR北海道、JR貨物北海道支社はじめ皆様からご指導やご教示を賜ったほか、青函連絡船については特定非営利活動法人「語りつぐ青函連絡船の会」（函館）の白井朝子副理事長、高橋摂事務局長の貴重なご助言をいただいた。心より感謝申し上げたい。また、元同僚で北海道新聞社出版センターの五十嵐裕揮さんには最後まで励ましていただいた。お陰でやっと終着駅に定時到着しそうである。ご乗車ありがとうございました。

■著者略歴

原田 伸一（はらだ　しんいち）

1950年、函館市生まれ。父は国鉄職員。1963年から本格的に鉄道写真の撮影を始める。学生時代を通じて道内ほか九州、中国、中部、東北各地で蒸気機関車（SL）を撮影。1973年、室蘭工業大学開発工学科を卒業し、北海道新聞社入社。写真部、社会部、東京政経部、外報部（ロンドン駐在）などで取材。2006年、函館支社長。2015年、常務取締役を退任。これまで「写真で見る北海道の鉄道　上、下」「さよなら江差線」「函館の路面電車100年」「北海道の赤い電車─さよなら711系」（以上、北海道新聞社刊）、「CD付き　D51　魅惑の爆走」「同　C62巨体の咆哮」「週刊SL鉄道模型　Nゲージ　ジオラマ製作マガジン」（以上、講談社刊）、「D52物語」（D52物語制作委員会）等に写真提供。また、JR北海道車内誌「THE JR Hokkaido」に「線路が紡ぐ物語　鉄道記念物・準鉄道記念物の18史」、「北海道　鉄旅セレクション」を連載した。鉄道専門誌にも随時寄稿。北海道鉄道観光資源研究会（札幌）に所属するほか、北海道新聞社のどうしんウェブにブログ「SL　煙の王国から」を公開している。

ブックデザイン　佐々木正男（佐々木デザイン事務所）

函館・道南鉄道ものがたり ─ SLから新幹線まで

2016年3月26日初版第1刷発行

著者　原田伸一

発行者　松田敏一

発行所　北海道新聞社

〒060-8711　札幌市中央区大通西3丁目6

出版センター　編集　011-210-5742

営業　011-210-5744

印刷　札幌大同印刷株式会社

ISBN　978-4-89453-820-7